老人福祉施設のための

新社会福祉法人会計基準詳解

新日本有限責任監査法人 編

税務経理協会

目　次

第2章　移行措置

第３章　新会計基準での財務諸表等作成の留意点

第1章　新社会福祉法人会計基準の概要

1　社会福祉法人会計基準改正の経緯

(1)　従来の社会福祉法人の会計制度

社会福祉法人会計基準が制定される以前の社会福祉法人の会計制度は，「社会福祉施設を経営する社会福祉法人の経理規程準則の制定について（昭和51年1月31日　社施第25号厚生省社会局長，児童家庭局長連名通知）」（以下「経理規程準則」）に基づくものでありました。しかしこの経理規程準則は，主として措置費等公的資金の収支を明瞭にし，その受託責任を明らかにすることを基本的な目的としており，社会福祉法人運営においてその経営状況を適切に把握するための会計とは目的を異にしていました。

その後の社会福祉制度の様々な改革の中で，社会福祉法人の経営に関して法人単位での経営を可能にし，会計制度についても適正な経営運営が可能となるような基準の必要性が高まり，平成12年２月に損益計算の考え方を採り入れ，法人全体の経営状況を把握できる法人制度共通の会計基準として「社会福祉法人会計基準（平成12年２月17日　社援第310号厚生省大臣官房障害保健福祉部長，社会・援護局長，老人保健福祉局長，児童家庭局長連名通知）」（以下「旧会計基準」）が制定され，同年４月より適用が開始されました。

また，平成12年４月から介護保険制度がスタートすることとなり，介護保険サービスを提供する社会福祉法人を含むすべての介護保険事業者に向けて「指定介護老人福祉施設等会計処理等取扱指導指針（平成12年３月10日　老計第８号厚生省老人保健福祉局老人福祉計画課長通知）」（以下「指導指針」）が制定され，介護老人保健施設の会計ルールとして，「介護老人保健施設会計・経理準則（平成12年３月31日　老発第378号厚生省老人保健福祉局長通知)」(以下「老健準則」) も制定されました。

(2) 社会福祉法人会計基準の改正

社会福祉法人においては，社会福祉法第24条に経営の原則が以下のように規定されています。

> 社会福祉法人は，社会福祉事業の主たる担い手としてふさわしい事業を確実，効果的かつ適正に行うため，自主的にその経営基盤の強化を図るとともに，その提供する福祉サービスの質の向上及び事業経営の透明性の確保を図らなければならない。

また，同法第44条第４項には，情報の開示について以下のように規定されています。

> 社会福祉法人は，第２項の書類（事業報告書，財産目録，貸借対照表及び収支計算書）及びこれに関する監事の意見を記載した書面を各事務所に備えて置き，当該社会福祉法人が提供する福祉サービスの利用を希望する者その他の利害関係人から請求があつた場合には，正当な理由がある場合を除いて，これを閲覧に供しなければならない。

社会福祉法人の事業経営の透明性は情報開示される書類を通しても確保される必要があります。しかし，従来は旧会計基準，指導指針や老健準則など様々な会計の基準が設定されており，**図表１－１**のように旧会計基準では社会福祉事業については原則として旧会計基準を適用するとしながらも，運用の実態としては事業ごとに適用される基準が異なっていました。また，公益事業については，社会福祉法人会計基準によることができるという取扱いになっており，収益事業については，一般に公正妥当と認められる企業会計の基準によるものとされていました。事業形態によって科目の体系や会計処理方法が異なる基準を適用するため，法人全体を表すすべての事業を合算した決算書を作成することが困難となっていました。

このように，従来の社会福祉法人における会計のルールは，作成サイドにとっても読者サイドにとっても決してわかりやすい体系になっているとはいえず，採用する基準によって計算結果が異なるため法人間での比較が行いづらいなどの問題点が指摘されていました。

図表1－1　【改正前における基準等の適用】

<table>
<tr><th></th><th>事　　業</th><th>原則</th><th>運用実態</th></tr>
<tr><td rowspan="9">社会福祉事業</td><td>障害者関係施設（就労支援施設を除く）
保育所
その他児童福祉施設
保護施設</td><td rowspan="9">すべての社会福祉法人に会計基準を適用</td><td>社会福祉法人会計基準による
（措置施設のみを運営している法人は，当分の間，「経理規程準則」によることができる）</td></tr>
<tr><td>養護老人ホーム
軽費老人ホーム</td><td>社会福祉法人会計基準による
（指定特定施設の場合は，指導指針が望ましい）</td></tr>
<tr><td>特養等介護保険施設</td><td>指導指針が望ましい
（会計基準によることができる）</td></tr>
<tr><td>就労支援施設</td><td>就労支援事業会計処理基準による</td></tr>
<tr><td>介護老人保健施設</td><td>老健準則による</td></tr>
<tr><td>訪問看護ステーション</td><td>訪問看護会計・経理準則による</td></tr>
<tr><td>重症心身障害児施設</td><td>病院会計準則による</td></tr>
<tr><td>病院・診療所</td><td>病院会計準則による</td></tr>
<tr><td colspan="2">公益事業</td><td colspan="2">社会福祉法人会計基準に準じて行うことが可</td></tr>
<tr><td colspan="2">収益事業</td><td colspan="2">一般に公正妥当と認められる企業会計の基準を適用</td></tr>
</table>

昨今の社会福祉法人は，民間非営利法人の健全な発展という社会の要請のもと，法人を取り巻く社会経済状況の変化を受け，より一層の効率的な経営が求められています。また，公的資金や寄附金等を受け入れていることから，経営実態をより正確に反映した形で国民や寄附者に説明する責任があるため，事業

の効率性に関する情報の充実や事業活動状況の透明化が求められています。

このようなことから，社会福祉法人全体を適用対象とした一元化された簡素でわかりやすい会計の基準を作成することを目的に今回の改正が行われ，改正後は**図表１－２**のような適用になっています。

図表１－２　【改正後の適用】

<table>
<tr><th></th><th>事　　業</th><th>適　　用</th></tr>
<tr><td>社会福祉事業</td><td>障害者関係施設
保育所
その他児童福祉施設
保護施設
養護老人ホーム
軽費老人ホーム
特養等介護保険施設
就労支援施設
介護老人保健施設
訪問看護ステーション
重症心身障害児施設
病院・診療所</td><td rowspan="3">すべての社会福祉法人に新会計基準を適用</td></tr>
<tr><td colspan="2">公益事業</td></tr>
<tr><td colspan="2">収益事業</td></tr>
</table>

2　新会計基準の基本的な考え方及び主な改正点

(1)　新会計基準の基本的な考え方

①　適用範囲の一元化

従来は，事業の種類により社会福祉事業，公益事業及び収益事業の３つの会計単位に分けられ，それぞれの事業内容によって，旧会計基準，指導指針，老健準則及び企業会計原則等の様々な会計ルールに従って計算書類を作成していました。新会計基準においては，事業ごとの区分は従来どおりですが，すべての事業に統一されたルールとして一元的に適用されることとなっています。

②　外部報告目的の導入

従来の会計制度下では，承認された事業計画及び収支予算に基づく理事者の事業遂行状況を把握することに主眼が置かれており，寄附や補助金の対象となった事業ごとの収支状況を明らかにすることも重要とされていました。このため，会計ルールも事業ごとに異なっていましたし，全体を合算して法人全体を把握することが困難な状況となっていました。すなわち，外部に公表することはあまり目的とされていませんでした。

新会計基準は，すべての事業を適用範囲とし，それぞれの事業が同一の会計ルールに従って会計処理を行うため，それらを合算することにより法人全体の財務諸表を容易に作成できるようになりました。このことにより法人全体の財政状態や運営状況を把握することが容易となり，経営分析や他法人との比較分析が比較的容易に行いうるようになりました。また，注記情報の充実や附属明細書の共通化も行われ，ディスクロージャーの充実がより一層図られています。

なお，旧会計基準では作成すべき決算書を「計算書類」と定義していましたが，新会計基準では「財務諸表」という用語が用いられるようになっています。一般的に，「財務諸表」という用語は，外部報告用の書類に用いられることが多いため，この点をとっても新会計基準は外部公表を意図して作成された基準であるといえます。

③　企業会計手法の導入

新会計基準は，従来の旧会計基準や指導指針，就労支援事業会計処理基準及びその他会計に係る関係通知を参考に作成されていますが，あわせて様々な企業会計の手法を取り入れた「公益法人会計基準（平成20年４月11日　内閣府公益認定等委員会）」や企業会計基準（企業会計基準委員会）等も参考に作成されています。

なお，旧会計基準では事業活動収支計算書（指導指針では事業活動計算書）でしたが，新会計基準では事業活動計算書となり，科目名も「収入・支出」ではなく「収益・費用」に変更されています。新会計基準では，企業会計でいうところの損益計算書である事業活動計算書と資金収支計算書の違いが明確にされたといえます。

④ 新会計基準の構成

従来は，旧会計基準，指導指針及び老健準則等それぞれにおいて，会計ルール，様式例や勘定科目の説明等を含んだ構成となっていましたが，新会計基準では**図表１－３**のように分割された構成となっています。

図表１－３ 【新会計基準の構成】

	内　　容
社会福祉法人会計基準	・基準とその注解 ・財務諸表（注記含む）の様式（第１号の１様式～第３号の４様式） ・附属明細書の様式の一部（別紙１～別紙４） ・財産目録の様式（別紙５）
社会福祉法人会計基準適用上の留意事項（運用指針）	・会計基準適用に当たっての留意事項 ・具体的な科目及び配分方法（別添１） ・減価償却資産の償却率，改訂償却率及び保証率表（別添２） ・勘定科目説明（別添３） ・その他重要な事項に係る附属明細書の様式（別紙①～別紙⑲）
社会福祉法人会計基準への移行時の取扱い	・旧会計基準等からの移行時の取扱い ・旧会計基準等と新会計基準の勘定科目比較表

(2) 新会計基準の主な改正点

① 財務諸表体系の見直し

旧会計基準で作成していた４種類の計算書類は従来どおり作成します。それらに加えて，現行の多岐にわたる（附属）明細表を統一し，附属明細書として新たに整理されました。また，運営内容をより正確に説明する趣旨から注記事項も大幅に拡充されています。

作成すべき書類が以下のように変更されています。

図表１－４　【財務諸表体系の見直し】

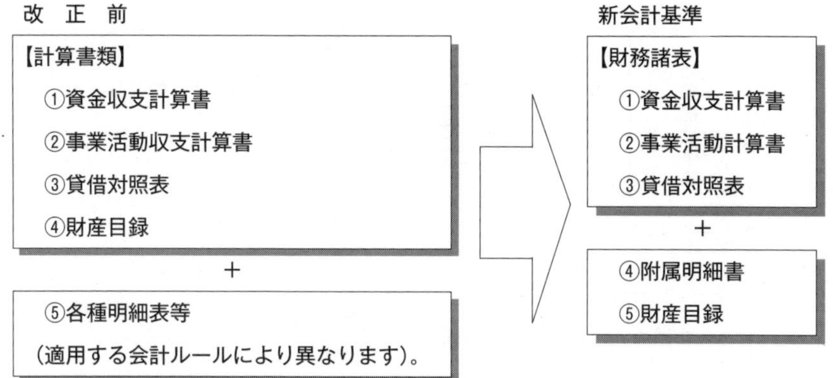

②　区分方法の変更

区分方法は，指導指針での考え方を参考に以下のように変更されました。

図表１－５　【新会計基準での経理区分方法】

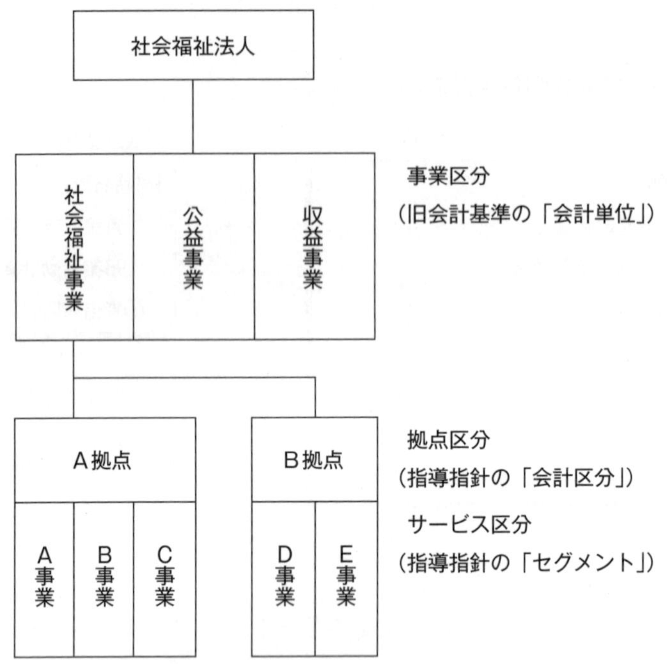

(i)　事業区分

法人全体を社会福祉事業，公益事業，収益事業に区分します。旧会計基準の会計単位と同じ区分です。

(ii)　拠点区分

事業区分を拠点別に区分します。指導指針における会計区分に準じたものです。

拠点区分は，原則として予算管理の単位とし，一体として運営される施設，事業所又は事務所をもって１つの拠点区分とします。具体的な区分については，法令上の事業種別，事業内容及び実施する事業の会計管理の実態を勘案して設定する必要があります。

公益事業（社会福祉事業と一体的に実施されているものを除く）もしくは収益事業を実施している場合は，これらは別の拠点区分とし，各拠点区分について，その主たる事業が社会福祉事業，公益事業及び収益事業のいずれであるかにより，属する事業区分を決定します。

また，次の施設の会計は，それぞれの施設ごと（同一種類の施設を複数経営する場合は，それぞれの施設ごと）に独立した拠点区分とする必要があります。

㈠ 生活保護法第38条第１項に定める保護施設

㈡ 身体障害者福祉法第５条第１項に定める社会参加支援施設

㈢ 老人福祉法第20条の四に定める養護老人ホーム

㈣ 老人福祉法第20条の五に定める特別養護老人ホーム

㈤ 老人福祉法第20条の六に定める軽費老人ホーム

㈥ 老人福祉法第29条第１項に定める有料老人ホーム

㈦ 売春防止法第36条に定める婦人保護施設

㈧ 児童福祉法第７条第１項に定める児童福祉施設

㈨ 母子及び寡婦福祉法第39条第１項に定める母子福祉施設

㈩ 障害者自立支援法第５条第12項に定める障害者支援施設

(サ) 介護保険法第８条第25項に定める介護老人保健施設

(シ) 医療法第１条の５に定める病院及び診療所（入所施設に附属する医務室を除く）

上記(ア)から(シ)まで以外の社会福祉事業及び公益事業については，原則として，事業所又は事務所を単位に拠点とし，同一の事業所又は事務所において複数の事業を行う場合は，同一拠点区分として会計を処理することができます。ただし，それらの事業が(ア)から(シ)の事業を行う施設において一体的に実施されている場合は，当該施設の拠点区分に含めて会計を処理することができるとされています。

なお，新たに施設を建設するときは，拠点区分を設けることができるとされています。

ⅲ　サービス区分

拠点区分において実施する複数の事業について，法令等の要請によりそれぞれの事業ごとの事業活動状況又は資金収支状況の把握が必要な場合に設定します。

介護保険サービスについては，「指定居宅サービスの事業の人員，設備及び運営に関する基準」やその他の介護保険事業の運営に関する基準において区分すべきことが定められている事業をサービス区分とします。例えば，同一拠点内で実施する特養，通所介護，短期入所生活介護事業等がそれぞれサービス区分とされます。これは，指導指針のセグメントに準じた取扱いとなっています。

また，障害福祉サービスについては，「障害者自立支援法に基づく指定障害福祉サービスの事業等の人員，設備及び運営に関する基準」において区分すべきことが定められている事業をサービス区分とします。

その他の事業については，法人の定款に定める事業ごとに区分するとされています。

なお，特定の補助金等の使途を明確にするために，さらに細分化することもできるとされています。

ただし，以下の介護サービスと一体的に行われている介護予防サービスなど，両者のコストをその発生の態様から区分することが困難である場合には，勘定科目として介護予防サービスなどの収入額のみを把握できれば同一のサービス区分として差し支えないとされています。

・　指定訪問介護と指定介護予防訪問介護
・　指定通所介護と指定介護予防通所介護
・　指定認知症対応型通所介護と指定介護予防認知症対応型通所介護
・　指定短期入所生活介護と指定介護予防短期入所生活介護
・　指定小規模多機能型居宅介護と指定介護予防小規模多機能型居宅介護
・　指定認知症対応型共同生活介護と指定介護予防認知症対応型共同生活介護
・　指定訪問入浴介護と指定介護予防訪問入浴介護

・　指定特定施設入所者生活介護と指定介護予防特定施設入所者生活介護
・　福祉用具貸与と介護予防福祉用具貸与
・　福祉用具販売と介護予防福祉用具販売
・　指定介護老人福祉施設といわゆる空きベッド活用方式により当該施設で実施する指定短期入所生活介護事業

(iv)　本部会計区分の取扱い

本部会計については，法人の自主的な決定により，拠点区分又はサービス区分とすることができます。

なお，介護保険サービス，障害福祉サービス，保育所運営費並びに措置費による事業の資金使途制限に関する通知において，これらの事業から本部会計への貸付金を年度内に返済する旨の規定があるにもかかわらず，年度内返済が行われていない場合には，サービス区分間貸付金（借入金）残高明細書（別紙⑩）を作成することが必要となります。

法人本部に係る経費については，理事会，評議員会の運営に係る経費，法人役員の報酬等のように，その他の拠点区分又はサービス区分に属するものではなく，法人本部の帰属とすることが妥当であると考えられるものが計上されることになります。

③　その他の主な改正点

(i)　公益法人会計基準（平成20年４月）に採用されている会計手法の導入

財務情報の透明性を向上させるために，新たな会計手法が導入されています。

詳細については，**第１章３**（12頁）を参照して下さい。

(ii)　基本金・国庫補助金等特別積立金の取扱い

旧会計基準の第４号基本金が廃止され，国庫補助金等特別積立金の取扱いが一部変更されました。

詳細については，**第３章４**(6)①（85頁）及び②（88頁）を参照して下さい。

ⅲ　引当金の範囲

旧会計基準では，徴収不能引当金，賞与引当金，退職給与引当金に加えてその他の引当金が規定されていましたが，新会計基準では，その他の引当金が削除され，退職給与引当金が退職給付引当金に変更されています。

詳細については，**第３章4**(7)⑧（96頁）を参照して下さい。

ⅳ　共同募金配分金等の取扱い

共同募金配分金等の取扱いについて指導指針に規定がありましたが，内容を見直したうえで，新会計基準で取扱いが明示されました。

詳細については，**第３章2**(7)（71頁）もしくは**第３章3**(6)（79頁）を参照して下さい。

3　新会計基準で取り入れられた主な会計手法

今回の改正では，公益法人会計基準（平成20年４月）を参考に，企業会計で採用されている以下のような会計手法が導入されています。なお，リース会計や退職給付会計については，運用指針で簡便的な取扱い方法が示されています。

(1)　ワン・イヤー・ルール（１年基準）
(2)　金融商品会計
(3)　リース会計
(4)　退職給付会計
(5)　減損会計
(6)　税効果会計

以下，それぞれについて概略を説明します。

(1) ワン・イヤー・ルール（１年基準）

<新会計基準注解>

（注７） 資産及び負債の流動と固定の区分について

未収金，前払金，未払金，前受金等の経常的な取引によって発生した債権債務は，流動資産又は流動負債に属するものとする。

ただし，これらの債権のうち，破産債権，更生債権等で１年以内に回収されないことが明らかなものは固定資産に属するものとする。

貸付金，借入金等の経常的な取引以外の取引によって発生した債権債務については，貸借対照表日の翌日から起算して１年以内に入金又は支払の期限が到来するものは流動資産又は流動負債に属するものとし，入金又は支払の期限が１年を超えて到来するものは固定資産又は固定負債に属するものとする。

現金及び預貯金は，原則として流動資産に属するものとするが，特定の目的で保有する預貯金は，固定資産に属するものとする。ただし，当該目的を示す適当な科目で表示するものとする。

従来は，経常的な取引によって発生した債権債務は，流動資産又は流動負債に属し（正常営業循環基準），貸付金，借入金等の経常的な取引以外の取引によって発生した債権債務は，その契約期間が１年以内であれば流動資産又は流動負債に属するものとし，１年を超えるものは固定資産又は固定負債に属するものとされていました。

今回の改正では，経常的な取引によって発生した債権債務は，従来と同様に流動資産又は流動負債に属するものとされていますが（正常営業循環基準），貸付金，借入金等の経常的な取引以外の取引によって発生した債権債務については，契約期間が１年以内か１年を超えるかではなく，貸借対照表日の翌日から起算して１年以内に入金もしくは支払の期限が到来するかどうかで流動区分とするか固定区分とするかを判断することになりました。この分類基準をワン・イヤー・ルール（１年基準）といいます。

なお，資金収支計算書の支払資金（流動資産及び流動負債）は，引当金及び棚卸資産（貯蔵品を除きます）を除くとされていますが，あわせて１年基準により固定資産又は固定負債から振り替えられたものも除くとされていますので留意が必要です。

(2) 金融商品会計

<新会計基準>

第４章　貸借対照表

３　貸借対照表価額

(2) 受取手形，未収金，貸付金等の債権については，取得価額から徴収不能引当金を控除した額をもって貸借対照表価額とする。

(3) 満期まで所有する意思をもって保有する社債その他の債券（以下「満期保有目的の債券」という。）等については，取得価額をもって貸借対照表価額とする。満期保有目的の債券等以外の有価証券のうち市場価格のあるものについては，時価をもって貸借対照表価額とする。（注16）

第５章　財務諸表の注記

財務諸表には，次の事項を注記しなければならない。

(11) 満期保有目的の債券の内訳並びに帳簿価額，時価及び評価損益

<新会計基準注解>

（注２）　重要性の原則の適用について

重要性の原則の適用例としては，次のようなものがある。

(4) 取得価額と債券金額との差額について重要性が乏しい満期保有目的の債券については，償却原価法を適用しないことができる。

（注16）　満期保有目的の債券の評価について

満期保有目的の債券を債券金額より低い価額又は高い価額で取得した場合において，取得価額と債券金額との差額の性格が金利の調整と認められるときは，償却原価法に基づいて算定された価額をもって貸借対照表価額としなければならない。

＜運用指針＞

18　引当金について

(1)　徴収不能引当金について

ア　徴収不能引当金の計上は，原則として，毎会計年度末において徴収することが不可能な債権を個別に判断し，当該債権を徴収不能引当金に計上する（会計基準別紙２参照）。

イ　ア以外の債権（以下「一般債権」という。）については，過去の徴収不能額の発生割合に応じた金額を徴収不能引当金として計上する。

新会計基準では，新たな会計手法として「金融商品に関する会計基準（企業会計基準第10号）」の考え方を参考にした時価会計の手法が導入されています。

①　債権の評価

受取手形，未収金，貸付金等の債権について，取得価額から徴収不能引当金を控除した額をもって貸借対照表価額とする点は，旧会計基準と同じです。

旧会計基準では，債権を３つに分類（健全な債権，徴収不能のおそれのある債権及び徴収不能の可能性がきわめて高い債権）してその分類ごとに徴収不能額を見積もるとされていましたが，新会計基準では，徴収することが不可能な債権とそれ以外の債権（一般債権）とに分類して徴収不能額を算出することとされています。いずれにしても合理的な徴収不能額を見積もるという点では変更はありません。

② 有価証券の評価

旧会計基準によれば，有価証券は取得価額で計上され，時価が著しく下落した場合は，回復の可能性が認められる場合を除き時価で評価が行われていました。

今回の改正では，有価証券を満期保有目的の債券（満期まで所有する意思をもって保有する社債その他の債券）とそれ以外の有価証券に区分し，それぞれについて規定しています。

ここで，満期保有目的の債券と分類するためには，あらかじめ償還日が定められており，かつ，額面金額による償還が予定されていることと，当該債券を満期まで所有する意思をもって保有することが必要になります。満期まで所有する意思をもって保有するとは，法人が償還期限まで所有するという積極的な意思とその能力に基づいて保有することを意味します。保有期間をあらかじめ決めていない場合や市場金利等の動向により売却が予測されるような場合には，満期まで保有する意思があるとは認められません。また，満期までの資金繰計画やその他の障害により継続的な保有が困難と判断される場合には，満期まで保有する能力があるとは認められません。

満期保有目的の債券については，取得価額をもって貸借対照表価額としますが，取得価額と債券金額に差額があり，その差額が金利の調整と認められる場合については，償却原価法に基づいて算定された価額（償却原価）をもって貸借対照表価額としなければなりません。ただし，取得価額と債券金額との差額について重要性が乏しい場合には，償却原価法を適用しないことができるとされています。また，満期保有目的の債券に関する時価情報については，財務諸表の注記において時価及び評価損益等の開示が求められています。

満期保有目的の債券以外の有価証券のうち，市場価格のない有価証券については，従来どおり取得価額をもって貸借対照表価額（ただし債券については必要に応じて償却原価）とされますが，市場価格のある有価証券については，時価をもって貸借対照表価額とし，評価損益は事業活動計算書に計上されます。

なお，貸借対照表上では，流動資産区分の有価証券を「有価証券」として表示し，固定資産区分の有価証券を「投資有価証券」として表示します。社会福祉法人においては，通常，満期保有目的の債券のうち，貸借対照表日の翌日から起算して１年以内に償還期日を迎えるものを流動資産区分とし，それ以外の有価証券については固定資産区分として計上されることになります。

旧会計基準と新会計基準における有価証券の貸借対照表価額をまとめると**図表１－６**のようになります。

図表１－６　【有価証券の貸借対照表価額】

区　分		旧会計基準	新会計基準
満期保有目的の債券		取得価額 ただし，時価（実質価額）が著しく下落した場合は回復の見込みがあると認められない限り時価 （実質価額）	取得価額 （取得価額≠債券金額で，差額が金利の調整と認められ，重要性がある場合は償却原価） ただし，時価が著しく（帳簿価額から概ね50％超）下落した場合は回復の見込みがあると認められない限り時価
満期保有目的債券以外の有価証券	市場価格あり		時価 （市場価格のある債券のうち，取得価額≠債券金額で，差額が金利の調整と認められ，かつ重要性がある場合はいったん償却原価で評価したうえで時価評価…※）
	市場価格なし		取得価額 （債券のうち，取得価額≠債券金額で，差額が金利の調整と認められ，かつ重要性がある場合は償却原価…※） ただし，実質価額が著しく（帳簿価額から概ね50％超）下落した場合は回復の見込みがあると認められない限り実質価額

※　満期保有目的でない債券の取扱いについては，「金融商品に関する会計基準（企業会計基準第10号）」及び「金融商品会計に関する実務指針（日本公認会計士協会会計制度委員会報告第14号）」を参考に記載しています。

償却原価法とは，金融資産（又は金融負債）を債権額（又は債務額）と異なる金額で取得し，その取得価額で帳簿に計上した場合において，当該差額に相当する金額を償還期に至るまで毎期一定の方法で取得価額に加減する方法をいいます。

債券のクーポン利率が取得時の市場金利水準と比較し乖離しているような場合，債券価額は額面金額と乖離することがあります。例えばクーポン利率が市場金利を下回る水準である場合，通常，債券価額は下落します。額面金額より下回る水準で債券を取得した場合，満期に額面金額で償還がなされることにより，償還時に差益が生じます。このような差益を利息の調整と考えることにより，調整後の利率（実効利率）と市場金利とは同じ程度の水準となります。

このように額面金額と異なる価額で債券を取得し，取得価額で評価を行った場合には償還時に償還差損益が計上されますが，会計上，利息は時の経過とともに発生すると考えられますので，金利調整額である差額を保有期間にわたって配分するとともに配分額を債券の帳簿価額に加減算する必要があります。この一連の手続を償却原価法といいます。なお，差額を期間配分する方法には，利息法と定額法の２つの方法があり，継続適用を前提として簡便的な定額法を採用することができます。

③　時価開示を行う目的

時価とは公正な評価額をいい，市場において形成されている取引価格，気配又は指標その他の相場（以下「市場価格」）に基づく価額をいいます。市場価格がない場合には合理的に算定された価額を公正な評価額とします。

株式や債券等の有価証券は，常に価値変動のリスクにさらされています。時価情報を開示することにより，法人の期末時点での財政状況を適切に表示できるようになるとともに，含み損を抱えた有価証券の帳簿価額を適時に切り下げることにより，資産の過大計上を防ぎます。

また，評価益についても適時に財務諸表に反映させることにより，含み益を用いた利益操作を行う余地を減少させます。

なお，満期保有目的の債券は，時価の変動により利益を得ることを目的としておらず，満期まで約定利息を受け取るために保有しているものであるため，時価評価は行いませんが，リスク開示のために時価情報が注記として開示されます。

(3)　リース会計

<新会計基準注解>

(注２)　重要性の原則の適用について

重要性の原則の適用例としては，次のようなものがある。

(5)　ファイナンス・リース取引について，取得したリース物件の価額に重要性が乏しい場合，通常の賃貸借取引に係る方法に準じて会計処理を行うことができる。

(注９)　リース取引に関する会計

１　リース取引に係る会計処理は，原則として以下のとおりとする。

(1)「ファイナンス・リース取引」とは，リース契約に基づくリース期間の中途において当該契約を解除することができないリース取引又はこれに準ずるリース取引で，借手が，当該契約に基づき使用する物件(以下「リース物件」という。)からもたらされる経済的利益を実質的に享受することができ，かつ，当該リース物件の使用に伴って生じるコストを実質的に負担することとなるリース取引をいう。

また，「オペレーティング・リース取引」とは，ファイナンス・リース取引以外のリース取引をいう。

(2)　ファイナンス・リース取引については，原則として，通常の売買取引に係る方法に準じて会計処理を行うものとする。

(3)　ファイナンス・リース取引のリース資産については，原則として，有形固定資産，無形固定資産ごとに，一括してリース資産として表示する。ただし，有形固定資産又は無形固定資産に属する各科目に含めることもできるものとする。

(4) オペレーティング・リース取引については通常の賃貸借取引に係る方法に準じて会計処理を行うものとする。

(5) ファイナンス・リース取引におけるリース資産の取得価額及びリース債務の計上額については，原則として，リース料総額から利息相当額を控除するものとする。

2 利息相当額をリース期間中の各期に配分する方法は，原則として，利息法（各期の支払利息相当額をリース債務の未返済元本残高に一定の利率を乗じて算定する方法）によるものとする。

3 リース取引については，以下の項目を財務諸表に注記するものとする。

(1) ファイナンス・リース取引の場合，リース資産について，その内容（主な資産の種類等）及び減価償却の方法を注記する。

(2) オペレーティング・リース取引のうち解約不能のものに係る未経過リース料は，貸借対照表日後1年以内のリース期間に係るものと，貸借対照表日後1年を超えるリース期間に係るものとに区分して注記する。

<運用指針>

20 新たに導入した会計手法とその簡便法について

(1) リース会計

ア リース会計処理について

企業会計においてはリース取引の会計処理はリース会計基準に従って行われる。社会福祉法人においてもリース取引の会計処理はこれに準じて行うこととなる。

土地，建物等の不動産のリース取引（契約上，賃貸借となっているものも含む。）についても，ファイナンス・リース取引に該当するか，オペレーティング・リース取引に該当するかを判定する。ただし，土地については，所有権の移転条項又は割安購入選択権の条項がある場合等を除き，オペレーティング・リース取引に該当するものと推定することとなる。

なお，リース契約１件当たりのリース料総額（維持管理費用相当額又は通常の保守等の役務提供相当額のリース料総額に占める割合が重要な場合には，その合理的見積額を除くことができる。）が300万円以下のリース取引等少額のリース資産や，リース期間が１年以内のリース取引についてはオペレーティング・リース取引の会計処理に準じて資産計上又は注解（注９）に記載されている注記を省略することができる等の簡便的な取扱いができるものとする。

イ　利息相当額の各期への配分について

リース資産総額に重要性が乏しいと認められる場合は，次のいずれかの方法を適用することができる。

①　会計基準注解（注９）の定めによらず，リース料総額から利息相当額の合理的な見積額を控除しない方法によることができる。この場合，リース資産及びリース債務は，リース料総額で計上され，支払利息は計上されず，減価償却費のみが計上される。

②　会計基準注解（注９）の定めによらず，利息相当額の総額をリース期間中の各期に配分する方法として，定額法を採用することができる。

なお，リース資産総額に重要性が乏しいと認められる場合とは，未経過リース料の期末残高（会計基準注解（注２）で通常の賃貸借取引に係る方法に準じて会計処理を行うこととしたものや，会計基準注解（注９）に従い利息相当額を利息法により各期に配分しているリース資産に係るものを除く。）が，当該期末残高，有形固定資産及び無形固定資産の期末残高の法人全体の合計額に占める割合が10％未満である場合とする。

① リース会計導入の目的

従来，リース取引はその取引契約に係る法的形式に従って，賃貸借取引として処理されていました。しかしながら，リース取引の中には，リース対象となる資産を割賦で購入する場合と経済的な実態がほとんど変わらないものがあります。にもかかわらず，単純に法的形式に従って会計処理を行う場合，財務諸表が法人の財政状態を適切に表さなくなる可能性がありました。

このようなリース取引については割賦購入による資産取得との経済的実態の類似性に着目し，リース取引に係る資産及び負債の認識を求めることにより，法人の経済的実態を適切に表した財務諸表を作成することを目的としてリース会計が導入されました。

② リース取引の分類

リース取引とは，特定の物件の所有者たる貸手が，当該物件の借手に対し，合意された期間にわたりこれを使用収益する権利を与え，借手は，合意された使用料を貸手に支払う取引をいいます。

リース契約には，ファイナンス・リース取引とオペレーティング・リース取引があります。

ファイナンス・リース取引とは，リース契約に基づくリース期間の中途において当該契約を解除することができないリース取引又は法的形式上は解約可能であるとしても，解約に際し相当の違約金を支払う必要がある等の理由から事実上解約不能と認められるリース取引（ノンキャンセラブル）であり，借手が，リース物件からもたらされる経済的利益を自己所有するとするならば得られると期待されるほとんどすべて実質的に享受することができ，かつ，当該リース物件の使用に伴って生じるコストを実質的に負担することとなるリース取引（フルペイアウト）をいいます。また，ファイナンス・リース取引は，リース契約上の諸条件に照らしてリース物件の所有権が借手に移転すると認められるもの（所有権移転ファイナンス・リース取引）とそれ以外（例えば，リース期間終了後にリース業者にリース物件を返却する必要があるような取引）の所有権移転外ファイナンス・リース取引に分類されます。

オペレーティング・リース取引とは，ファイナンス・リース取引以外のリース取引をいいます。

③　リース会計の処理

新会計基準では，ファイナンス・リース取引については，原則として，通常の売買取引に係る方法に準じた会計処理を行うものとされ，オペレーティング・リース取引については通常の賃貸借取引に係る方法に準じて会計処理を行うものとされています。

運用指針においてリース取引の会計処理はリース会計基準（「リース取引に関する会計基準（企業会計基準第13号）」）に準じて行うとありますので，リース会計基準を参考にファイナンス・リース取引の借手側の主な会計処理について**図表１－７**に示します。

図表１－７　【ファイナンス・リース取引の処理】

	所有権移転	所有権移転外
基本的な処理方法	【原則】 売買処理	【原則】 同左
	【例外】 個々のリース資産の重要性が乏しい場合＊[1]賃借処理可	【例外】 個々のリース資産の重要性が乏しい場合＊[2]賃借処理可
売買処理を行った場合 ①リース資産及びリース債務の計上額 ②利息相当額の処理方法	①リース料総額から利息相当額を控除した金額＊[3] ②リース期間にわたり利息法により配分	【原則】 ①リース料総額から利息相当額を控除した金額＊[4] ②リース期間にわたり利息法により配分
		【例外】 リース料総額に重要性が乏しい場合＊[5]は以下のいずれかを適用可

		(その１) ①リース料総額 ②利息相当額の配分の処理は行わず，減価償却費のみを計上する (その２) ①リース料総額から利息相当額を控除した金額＊4 ②リース期間にわたり定額法により配分
減価償却	自己所有の固定資産に適用する減価償却方法と同一の方法による（耐用年数は経済的使用期間）	【原則】 リース期間を耐用年数とし，残存価額をゼロとして償却（償却方法は，自己所有の固定資産に適用する方法と同一である必要はない）
		【例外】 ファイナンス・リース取引の判定＊6の際に再リース期間をリース期間に含めている場合は，再リース期間を耐用年数に含める リース契約に残価保証の取決めがある場合は，当該残価保証額を残存価額とする

＊１　個々のリース資産の重要性が乏しい場合とは，次の(a)又は(b)のいずれかを満たす場合をいいます。

(a)　重要性が乏しい減価償却資産について，購入時に費用処理する方法が採用されている場合で，リース料総額が当該基準額以下のリース取引

ただし，リース料総額にはリース物件の取得価額のほかに利息相当額が含まれているため，その基準額は当該法人が減価償却資産の処理について採用している基準額より利息相当額だけ高めに設定することができます。また，この基準額は，通常取引される単位ごとに適用されるため，リース契約に複数の単位のリース物件が含まれる場合は，当該契約に含まれる物件の単位ごとに適用できます。

(b)　リース期間が１年以内のリース取引

＊２　個々のリース資産の重要性が乏しい場合とは，次の(a)から(c)のいずれかを満たす場合をいいます。

(a)　重要性が乏しい減価償却資産について，購入時に費用処理する方法が採用されている場合で，リース料総額が当該基準額以下のリース取引

ただし，リース料総額にはリース物件の取得価額のほかに利息相当額が含まれているため，その基準額は当該法人が減価償却資産の処理について採用している基準額より利息相当額だけ高めに設定することができます。また，この基準額は，通常取引される単位ごとに適用されるため，リース契約に複数の単位のリース物件が含まれる場合は，当該契約に含まれる物件の単位ごとに適用できます。

(b)　リース期間が１年以内のリース取引

(c)　事業内容に照らして重要性の乏しいリース取引で，リース契約１件当たりのリース料総額（維持管理費用相当額又は通常の保守等の役務提供相当額のリース料総額に占める割合が重要な場合には，その合理的見積額を除くことができます）が300万円以下のリース取引（１つのリース契約に科目の異なる有形固定資産又は無形固定資産が含まれている場合は，異なる科目ごとに，その合計金額により判定します）

＊３　貸手の購入価額等が明らかな場合は，当該価額によりますが，貸手の購入価額等が明らかでない場合は，借手の見積現金購入価額（当該リース物件を借手が現金で購入するものと仮定した場合の合理的見積金額）とリース料総額（割安購入選択権がある場合にはその行使価額を含みます）の現在価値とのいずれか低い額によります。

＊４　貸手の購入価額等（貸手の購入価額等が明らかでない場合は借手の見積現金購入価額）とリース料総額の現在価値とのいずれか低い額によります。

＊５　リース料総額に重要性が乏しい場合とは，未経過リース料の期末残高が，当該期末残高，有形固定資産及び無形固定資産の期末残高の法人全体の合計額に占める割合が10％未満である場合をいいます。この場合の未経過リース料残高は，重要性により賃貸借処理を採用したものや，利息相当額を利息法により原則的に各期に配分しているリース資産に係るものを除きます。

＊６　リース取引がファイナンス・リース取引に該当するかどうは，先述のとおりノンキャンセラブルとフルペイアウトの要件をいずれも満たす必要があり，その経済的実質に基づいて判断すべきものでありますが，次の(a)又は(b)のいずれかに該当する場合には，ファイナンス・リース取引と判定されます。

(a)　現在価値基準

解約不能のリース期間中のリース料総額の現在価値が，見積現金購入価額の概ね90％以上であること

(b)　経済的耐用年数基準

解約不能のリース期間が，当該リース物件の経済的耐用年数の概ね75％以上であること（ただし，リース物件の特性，経済的耐用年数の長さ，リース物件の中古市場の存在等を勘案すると，上記(a)の判定結果が90％を大きく下回ることが明らかな場合を除きます）

④ リースに係る開示

ファイナンス・リース取引のリース資産については，原則として，有形固定資産，無形固定資産ごとに，一括して「有形リース資産」，「無形リース資産」として表示します。ただし，有形固定資産又は無形固定資産に属する各科目に含めて表示することもできます。リース債務については，貸借対照表日後１年以内に支払の期限が到来するものは流動負債の「１年以内返済予定リース債務」として計上し，貸借対照表日後１年を超えて支払の期限が到来するものは固定負債の「リース債務」として計上します。

ファイナンス・リース取引の場合は，リース資産について，その内容（主な資産の種類等）及び減価償却の方法について注記が必要です。

オペレーティング・リース取引のうち解約不能な契約がある場合は，その未経過リース料を貸借対照表日後１年以内のリース期間に係るものと，貸借対照表日後１年を超えるリース期間に係るものとに区分して注記する必要があります。

<注記例>

２．重要な会計方針

(2) 固定資産の減価償却の方法

・ 建物並びに器具及び備品―定額法

・ リース資産

所有権移転ファイナンス・リース取引に係るリース資産

自己所有の固定資産に適用する減価償却方法と同一の方法によっている。

所有権移転外ファイナンス・リース取引に係るリース資産

リース期間を耐用年数とし，残存価額を零とする定額法によっている。

・

・

○. リース取引関係

(1) ファイナンス・リース取引

・ 所有権移転ファイナンス・リース取引

リース資産の内容

その他の固定資産

××事業における検査機器（機械及び装置）である。

・ 所有権移転外ファイナンス・リース取引

リース資産の内容

その他の固定資産

本部におけるコンピュータ，サーバー及びコピー機（器具及び備品）である。

(2) オペレーティング・リース取引

オペレーティング・リース取引のうち解約不能のものに係る未経過リース料

１年内	×××
１年超	×××
合計	×××

(4) 退職給付会計

<新会計基準>

第５章　財務諸表の注記

財務諸表には，次の事項を注記しなければならない。

(4) 法人で採用する退職給付制度

<新会計基準注解>

(注19) 引当金について

⑵ 原則として，引当金のうち賞与引当金のように通常1年以内に使用される見込みのものは流動負債に計上し，退職給付引当金のように通常1年を超えて使用される見込みのものは固定負債に計上するものとする。

また，徴収不能引当金は，当該金銭債権から控除するものとする。

⑷ 職員に対し退職金を支給することが定められている場合には，将来支給する退職金のうち，当該会計年度の負担に属すべき金額を当該会計年度の費用に計上し，負債として認識すべき残高を退職給付引当金として計上するものとする。

<運用指針>

20 新たに導入した会計手法とその簡便法について

⑵ 退職給付会計

ア 期末要支給額による算定について

退職給付会計の適用に当たり，退職給付の対象となる職員数が300人未満の社会福祉法人のほか，職員数が300人以上であっても，年齢や勤務期間に偏りがあるなどにより数理計算結果に一定の高い水準の信頼性が得られない社会福祉法人や原則的な方法により算定した場合の額と期末要支給額との差異に重要性が乏しいと考えられる社会福祉法人においては，退職一時金に係る債務について期末要支給額により算定することができるものとする。

イ 独立行政法人福祉医療機構の実施する社会福祉施設職員等退職手当共済制度の会計処理

独立行政法人福祉医療機構の実施する社会福祉施設職員等退職手当共済制度及び確定拠出年金制度のように拠出以後に追加的な負担が生じない外部拠出型の制度については，当該制度に基づく要拠出額である掛金額をもって費用処理する。

ウ　都道府県等の実施する退職共済制度の会計処理

都道府県等の実施する退職共済制度において，退職一時金制度等の確定給付型を採用している場合は，約定の額を退職給付引当金に計上する。ただし被共済職員個人の拠出金がある場合は，約定の給付額から被共済職員個人が既に拠出した掛金累計額を差し引いた額を退職給付引当金に計上する。

なお，簡便法として，期末退職金要支給額（約定の給付額から被共済職員個人が既に拠出した掛金累計額を差し引いた額）を退職給付引当金とし同額の退職給付引当資産を計上する方法や，社会福祉法人の負担する掛金額を退職給付引当資産とし同額の退職給付引当金を計上する方法を用いることができるものとする。

①　退職給付会計導入の目的

退職給付会計は，より適正な期間損益計算と財政状態の適正表示を目的として，異なる退職給付の支給方法（年金支給，一時金支給）や退職給付の積立方法（外部積立，内部引当）を統一的な方法で処理しようとするものです。

退職給付とは，一定の期間にわたり労働を提供したこと等の事由に基づいて，退職以後に職員に支給される給付をいい，退職一時金及び退職年金等がその典型になります。

退職給付は，職員が労働協約等に基づいて提供した労働の対価として支払われる賃金の後払いであり，その職員の勤務期間を通じた労働の提供に伴って発生していると考えられます。

退職給付会計を導入することにより，現在までに発生していると認められる法人の将来の支出負担が，財務諸表上退職給付引当金として適切に表示されるとともに，退職金制度の異なる法人間の比較可能性を確保することが可能となります。

退職給付会計の導入とあわせて，法人が採用する退職給付制度を財務諸表に注記することが求められています。

② 退職給付会計の処理

退職給付会計では，将来支給する退職金（退職年金）のうち，当該会計年度の負担に属すべき金額を当該会計年度の費用に計上し，負債として認識すべき残高を退職給付引当金として計上します。

社会福祉法人で採用されている代表的な退職給付制度の会計処理について説明します。

(i) 掛金の拠出以外に追加的な負担が生じない外部拠出型の制度（確定拠出型）

この場合は，退職給付引当金の計上はなく，掛金の支払時に費用処理を行うのみとなります。代表的な制度として，独立行政法人福祉医療機構の実施する社会福祉施設職員等退職手当共済制度が挙げられます。

(ii) 都道府県等の実施する退職共済制度

都道府県等の実施する退職共済制度において，退職一時金制度等の確定給付型を採用している場合は，約定の額を退職給付引当金に計上します。ただし被共済職員個人の拠出金がある場合は，約定の給付額から被共済職員個人が既に拠出した掛金累計額を差し引いた額を退職給付引当金に計上することになります。

なお，簡便法として，期末退職金要支給額（約定の給付額から被共済職員個人が既に拠出した掛金累計額を差し引いた額）を退職給付引当金とし同額の退職給付引当資産を計上する方法や，社会福祉法人の負担する掛金額を退職給付引当資産とし同額の退職給付引当金を計上する方法を用いることができるとされています。

以上より，都道府県等の実施する退職共済制度を利用している場合は，以下の３つのうちいずれかの方法により計上することになります。

・ 退職給付引当資産は掛金累計額，退職給付引当金は期末要支給額で計

上する方法

・　退職給付引当資産，退職給付引当金ともに期末要支給額で計上する方法

・　退職給付引当資産，退職給付引当金ともに掛金累計額で計上する方法

(iii)　退職金規程に基づく内部留保による退職一時金制度

職員の人数が300人未満であれば，退職金制度対象者の期末要支給額の合計額（年度末に全員が退職した場合に支給されるであろう退職金総額）が退職給付引当金として計上されることになります。なお，職員数が300人以上であっても年齢や勤務期間に偏りがあるなどにより数理計算結果に一定の高い水準の信頼性が得られない場合や原則的な方法により算定した場合の額と期末要支給額との差異に重要性が乏しいと考えられる社会福祉法人においては，退職一時金に係る債務について期末要支給額により算定することができるものとされています。ただし，あくまで簡便的に認められている方法ですので，原則的に数理計算を行い，退職給付債務を算出しその金額をもって退職給付引当金とすることを妨げるものではありません。

(5)　減 損 会 計

<新会計基準>

第４章　貸借対照表

３　貸借対照表価額

(6)　資産の時価が著しく下落したときは，回復の見込みがあると認められる場合を除き，時価をもって貸借対照表価額としなければならない。ただし，有形固定資産及び無形固定資産について使用価値を算定でき，かつ使用価値が時価を超える場合には，取得価額から減価償却累計額を控除した価額を超えない限りにおいて使用価値をもって貸借対照表価額とすることができるものとする。（注18）

<新会計基準注解>

> （注18）　固定資産の使用価値の見積もりについて
> ⑴　使用価値により評価できるのは，対価を伴う事業に供している固定資産に限られるものとする。
> ⑵　使用価値は，資産又は資産グループを単位とし，継続的使用と使用後の処分によって生ずると見込まれる将来キャッシュ・フローの現在価値をもって算定する。

①　減損会計とは

減損会計は，時価が著しく下落し多額の含み損を抱えた資産について，過大となった帳簿価額を減額することで資産価値の下落を適時に貸借対照表に反映させ，財務情報の透明化を図る会計手法です。

新会計基準では，資産の時価が著しく下落したときは，回復の見込みがあると認められる場合を除き，時価をもって貸借対照表価額としなければならないとされており，原則として，強制評価減を行う必要があります。

ただし，有形固定資産及び無形固定資産について使用価値を算定でき，かつ使用価値が時価を超える場合には，帳簿価額（取得価額から減価償却累計額を控除した価額）を超えない限りにおいて，例外的に時価ではなく使用価値をもって貸借対照表価額とすることができるものとされています。

ここでいう著しい下落とは，時価が帳簿価額から概ね50％を超えて下落している場合をいうものとされています（運用指針20⑶）。

なお，社会福祉法人において固定資産を使用価値により評価するか否かは任意ですが，使用価値により評価できるのは，対価を伴う事業（収益事業だけでなく，社会福祉事業，公益事業を含みます。）に供している固定資産に限られます。

新会計基準における減損会計の判定のフローをまとめると**図表１－８**のようになります。

図表１－８　【減損の判定】

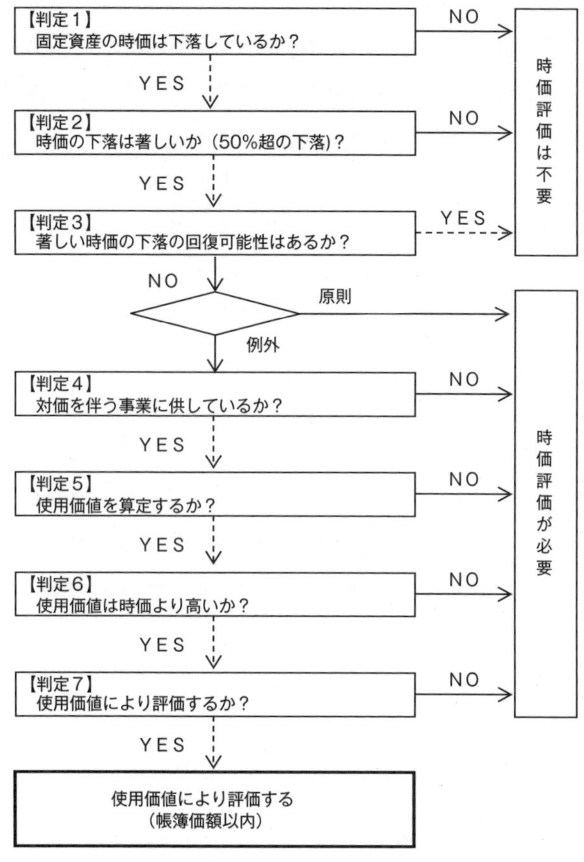
【判定１】
固定資産の時価は下落しているか？
NO
YES
【判定２】
時価の下落は著しいか（50%超の下落）？
NO
YES
【判定３】
著しい時価の下落の回復可能性はあるか？
YES
時価評価は不要
NO
原則
例外
【判定４】
対価を伴う事業に供しているか？
NO
YES
【判定５】
使用価値を算定するか？
NO
YES
【判定６】
使用価値は時価より高いか？
NO
YES
【判定７】
使用価値により評価するか？
NO
時価評価が必要
YES
使用価値により評価する
（帳簿価額以内）

②　対象となる資産の範囲

他の規定により時価評価あるいは強制評価減を求められる資産（時価評価を行う金融商品，繰延税金資産等）を除き，固定資産は基本財産・その他の資産に関わらず，減損会計の対象資産となります。

ただし，減損会計は時価の著しく低下した資産に対して強制評価減を行うためのものですから，実務上，減損会計の適用の要否を判断するために時価を把握しなければならない固定資産は，強制評価減が必要になるおそれのあるものです。具体的にはバブル期に取得した土地及び建物あるいは書画骨董等の固定資産の時価が著しく下落していないかどうかというような場合であり，通常に使用している什器備品や車両運搬具まで厳密に時価を把握する必要はありません。ただし，電話加入権等の時価が著しく下落しており，その金額に重要性があるような場合には時価評価が必要となります。

なお，社会福祉法人における固定資産の減損会計は，企業会計と異なり，減損の兆候の有無に関係なく，時価と帳簿価額との比較が行われます。

③ 時価と使用価値

減損会計での時価とは通常，観察可能な市場価格をいい，市場価格が観察できない場合には合理的に算定された価額（例えば，不動産鑑定評価額等）を用います。

固定資産の使用価値は，対価を伴う事業に供している固定資産について，資産又は資産グループの継続的使用と使用後の処分によって生ずると見込まれる将来キャッシュ・フロー（つまり資産の使用によって生じる収入と資産売却時の売却収入）の現在価値をもって算定します。

(6) 税効果会計

<新会計基準注解>

（注２） 重要性の原則の適用について

重要性の原則の適用例としては，次のようなものがある。

(6) 法人税法上の収益事業に係る課税所得の額に重要性が乏しい場合，税効果会計を適用しないで，繰延税金資産又は繰延税金負債を計上しないことができる。

①　税効果会計とは

税効果会計は，会計上の収益又は費用と課税所得計算上の益金又は損金の認識時点の相違等により，会計上の資産又は負債の額と課税所得計算上の資産又は負債の額に相違がある場合において，法人税その他利益に関連する金額を課税標準とする税金（以下「法人税等」）の額を適切に期間配分することにより，法人税等を控除する前の利益（当期活動増減差額）と法人税等を合理的に対応させることを目的とする手続です。

税効果会計を適用すると，繰延税金資産及び繰延税金負債が貸借対照表に計上されるとともに，当期の法人税等として納付すべき額及び税効果会計適用による法人税等の調整額が事業活動計算書に計上されます。

税効果会計で使用される勘定科目は以下のとおりです。

表示区分	勘定科目	内　　容
事業活動計算書	法人税等調整額	税効果会計の適用により計上される法人税，住民税及び事業税の調整額
貸借対照表 流動資産	繰延税金資産	税効果会計適用に伴う繰延税金資産のうち，流動資産又は流動負債に属する特定の資産又は負債に関連して計上されるもの及びそれ以外に計上されるものの中で貸借対照表日から１年以内に取り崩されると認められるもの
貸借対照表 固定資産	繰延税金資産	税効果会計適用に伴う繰延税金資産のうち，固定資産又は固定負債に属する特定の資産又は負債に関連して計上されるもの及びそれ以外に計上されるものの中で貸借対照表日の翌日から起算して１年を超えて取り崩されると認められるもの
貸借対照表 流動負債	繰延税金負債	税効果会計適用に伴う繰延税金負債のうち，流動資産又は流動負債に属する特定の資産又は負債に関連して計上されるもの及びそれ以外に計上されるものの中で貸借対照表日の翌日から起算して１年以内に取り崩されると認められるもの

貸借対照表 　固定負債		税効果会計適用に伴う繰延税金負債のうち，固定資産又は固定負債に属する特定の資産又は負債に関連して計上されるもの及びそれ以外に計上されるものの中で貸借対照表日の翌日から起算して１年を超えて取り崩されると認められるもの

② 税効果会計の仕組み

法人税等は，会計上，課税所得の源泉となる取引又は事象が発生した期に認識すべき費用です。税効果会計が適用されない場合には，当期の法人税等として納付すべき額（申告納付税額及び更正等に基づく追徴税額等）のみが費用として計上され，会計上の利益と課税所得との間に差異があるときは，その差異の税額への影響が財務諸表に反映されません。

これに対して，税効果会計が適用された場合には，当期の法人税等として納付すべき額と会計上の利益と課税所得との差を説明するものとして法人税等調整額が，事業活動計算書に計上されることになります。

以下，税効果会計の概要を簡略化して説明します。

税引前当期活動増減差額　1,000 課税所得　1,500（＝1,000＋徴収不能引当金繰入超過額加算500） 実効税率　30％ 法人税等　450（＝1,500×30％） 　徴収不能引当金繰入超過額は将来減算一時差異（当期においては損金として認められないが，将来税務上損金として認められ課税所得の計算上減算されるもの）とする

このような条件の場合，事業活動計算書の末尾（「特別増減の部」と「繰越活動増減差額の部」の間）は以下のようになります。

（税効果会計適用前の事業活動計算書）

税引前当期活動増減差額	1,000
法人税，住民税及び事業税	450
当期活動増減差額	550

（税効果会計適用後の事業活動計算書）

税引前当期活動増減差額	1,000
法人税，住民税及び事業税	450
法人税等調整額※	△150
当期活動増減差額	700

※将来減算一時差異500×実効税率30％＝150
　→（借）繰延税金資産　150　　（貸）法人税等調整額　150

税効果会計適用前の事業活動計算書における法人税等の負担額は450，見かけ上の負担率は45％（＝450÷1,000×100％）であり，実効税率の30％と相違しています。このことは，会計上の利益と課税所得に差異が生じていることを表していますが，その差異の税額への影響が財務諸表に反映されていません。

これに対し，税効果会計適用後の法人税等の負担額は300（＝450－150），見かけ上の負担率は30％（＝300÷1,000×100％）で実効税率と一致しており，会計上の利益と課税所得の差異が税額に与える影響は「法人税等調整額」として表示されています。

なお，確定した法人税，住民税及び事業税のうちの未払額については，貸借対照表の流動負債の部に「未払法人税等」の科目を設けて記載します。

③　税効果会計の適用

新会計基準では，法人税法上の収益事業を営んでおり，かつ申告義務がある場合には，原則として税効果会計を適用する必要があります。

しかし，注解のように課税所得の額に重要性が乏しい場合は，税効果会計を適用しないことができると規定されています。

ここで，重要性が乏しい場合とは，財務諸表の読者が判断を誤らない程度に重要性がないことを意味し，税効果会計を導入した際に事業活動計算書に計上される法人税等調整額が，当期活動増減差額に与える影響，貸借対照表に計上される繰延税金資産及び繰延税金負債が，それぞれ資産合計及び負債合計に与える影響などを考慮して，総合的に判断する必要があります。

仮に課税所得の額に重要性があり，税効果会計を適用しなければならないと判断した場合は，「税効果会計に係る会計基準（平成10年10月30日　企業会計審議会）」，「同注解」及び「個別財務諸表における税効果会計に関する実務指針（日本公認会計士協会　会計制度委員会報告第10号）」等を参考に対応する必要があります。

4　新会計基準の適用

新会計基準は，平成24年４月１日（平成24年度決算）より適用するものとされていますが，平成27年３月31日（平成26年度決算）までの間は，従来の会計処理によることができます。

資金収支計算書及び拠点区分資金収支計算書は予算と決算を対比する形式で表示されますので，移行する年度の予算から新会計基準によって作成する必要があります。すなわち，法人全体（勘定科目は大区分まで）及び拠点区分ごと（勘定科目は小区分まで）の予算が必要になります。

第2章　移行措置

新会計基準への移行の方法については，「社会福祉法人会計基準への移行時の取扱い」（以下「移行時の取扱い」）としてまとめられています。ここでは，その移行時の取扱いを参考に老人福祉施設で採用されていた主な基準等からの移行を中心として，その方法について説明します。

なお，移行時の取扱いに定められていない事項について移行調整が必要となった場合には，それぞれの会計処理方法の差異を十分考慮したうえで，適切な方法により調整をする必要があります。

1　移行に関する共通事項

(1)　新会計基準への移行時における基本的な考え方

今回の改正のように，新しい基準が設定されるような場合は，移行年度の期首時点で新制度下の基準に移行することになります。すなわち会計年度の期首である４月１日の処理から新会計基準に従って処理する必要があります。

ここで，貸借対照表については前年度からの残高を引き継ぎますので，前期末の残高を期首に繰り越す際に，新しい基準の勘定科目や処理方法に沿った貸借対照表に組み替える必要があります。

具体的には，まず，移行年度期首の貸借対照表残高を拠点区分ごとに把握したうえで，移行時の取扱いに旧会計基準，指導指針及び老健準則等と新会計基準との勘定科目比較表が別紙で用意されていますので，その比較表をもとに新会計基準の勘定科目に組替えを行い，次に，従来採用していた基準等からの移行に必要となる会計処理（図表２－１）を移行年度期首における仕訳処理とし

図表２－１　【移行に係る調整】

	旧会計基準	指導指針	老健準則
事業区分・拠点区分・サービス区分の設定	調整有	ほぼ調整不要	調整有
貸借対照表の組替え	調整有		
有価証券に係る調整	調整有	旧会計基準からの移行と同様	調整有
ファイナンス・リース取引について，通常の売買取引に係る方法に準じて会計処理を行う場合の調整	調整有	旧会計基準からの移行と同様	旧会計基準からの移行と同様
退職給付引当金に係る調整	調整有	旧会計基準からの移行と同様	旧会計基準からの移行と同様
その他の引当金に係る調整	調整有		旧会計基準からの移行と同様
第４号基本金計上金額に係る調整	調整有	旧会計基準からの移行と同様	
国庫補助金等特別積立金取崩額の計算	調整有（指導指針による処理結果を採用していた場合はなし）	旧会計基準による処理結果を採用していた場合は調整有	
設備資金借入金元金償還補助金に係る国庫補助金等特別積立金の設定	調整有（指導指針による処理結果を採用していた場合はなし）	旧会計基準による処理結果を採用していた場合は調整有	旧会計基準からの移行と同様
資本剰余金の振替え			調整有
利益剰余金の振替え			調整有
資金収支計算書における支払資金の残高の設定			調整有

て行うことになります。

また，法人全体の資金収支計算書（第１号の１様式）と拠点区分資金収支計算書（第１号の４様式）については，決算の額を予算の額と対比して記載する必要があることから，移行年度の予算から新会計基準の体系に準拠したものを作成，運用する必要があります。

なお，経理規程準則から旧基準，指導指針等に移行した際に，平成12年２月17日付社援施第８号等の通知に基づく特例を使用した場合は，その特例に基づく結果を前提に今回の新会計基準への移行を行うこととしても差し支えないとされています。

⑵　移行年度の事業活動計算書及び貸借対照表における前年度との対比について

法人全体の事業活動計算書（第２号の１様式），拠点区分事業活動計算書（第２号の４様式），法人全体の貸借対照表（第３号の１様式）及び拠点区分貸借対照表（第３号の４様式）については，「当年度」及び「前年度」の比較形式で作成しなければならないとされていますが，従来の基準と新会計基準とでは，評価方法，財務諸表の表示区分等が異なる場合があるため，新会計基準移行年度に限り，事業活動計算書，拠点区分事業活動計算書，貸借対照表及び拠点区分貸借対照表の前年度の数値の記載は不要とされています。

⑶　会計基準移行年度における過年度分の収益又は費用の取扱いについて

従来の基準から新会計基準へ移行するに当たり，評価基準及び評価方法等の相違から，計算される会計数値に差異が生ずる場合には，当該差異について調整を行う必要があります。その調整の結果，移行前の会計年度に生じていた収益又は費用もしくは収入又は支出（以下「過年度分の収益又は費用等」）については，原則として，事業活動計算書上は特別増減による収益又は費用として計上します。ただし，重要性が乏しい場合にはサービス活動外増減による収益又は費用として計上することができます。資金収支計算書上で過年度分の調整が必要な場合は，その他の活動による収入及び支出として計上することになります。

なお，事業活動計算書の特別増減による収益又は費用，資金収支計算書のその他の活動による収入及び支出における修正項目が複数になる場合には，以下のいずれかの方法により計上します。

・　事業活動計算書の「その他の特別収益」又は「その他の特別損失」，資金収支計算書の「その他の活動による収入」又は「その他の活動による支出」の中区分科目として，修正項目ごとに性格を明らかにする名称を付した勘定科目を設けて計上する方法。

・　事業活動計算書の「その他の特別収益」又は「その他の特別損失」，資金収支計算書の「その他の活動による収入」又は「その他の活動による支出」の中区分科目として「会計基準移行に伴う過年度修正額」等の勘定科目を設け，小区分として内訳科目を設けるか，内訳を注記する方法。

2　旧会計基準からの移行

(1)　事業区分・拠点区分・サービス区分の設定

①　事業区分の設定

旧会計基準の会計単位である社会福祉事業，公益事業，収益事業の区分を基礎としながら新会計基準の「事業区分」を設定します。

②　拠点区分の設定

旧会計基準においては，経理区分が会計単位それぞれの内訳として法人本部及び定款に記載した社会福祉事業ごとに設定されていますが，新会計基準においては，一体として運営される施設，事業所及び事務所ごとに拠点区分を設定します。詳細は，**第１章2**(2)②（７頁）を参照して下さい。

③　サービス区分の設定

新会計基準においては，拠点区分において複数のサービスを実施している場合には，サービス区分を設定します。詳細は，**第１章2**(2)②（７頁）を参照して下さい。

(2)　貸借対照表の組替え

旧会計基準においては，貸借対照表は会計単位ごとに作成することとされており，経理区分ごとに作成することは要請されていませんが，貸借対照表残高を拠点区分ごとに把握するに当たり，経理区分ごとに把握できる場合は，それを利用することができます。

貸借対照表を拠点区分ごとに組み替える際には，あわせて拠点区分ごとの移行年度の資金収支計算書の前期末支払資金残高及び拠点区分ごとの移行年度の事業活動計算書の前期繰越活動増減差額を設定します。

この際に，会計基準移行年度期首現在における拠点区分ごとの期首貸借対照表における流動資産から流動負債（引当金を除く）を控除した金額と拠点区分ごとの移行年度の資金収支計算書の前期末支払資金残高が一致している必要があります。また，拠点区分ごとの期首貸借対照表の次期繰越活動増減差額と拠点区分ごとの移行年度の事業活動計算書の前期繰越活動増減差額も一致している必要があります。

(3)　有価証券に係る調整

有価証券については，旧会計基準では取得価額をもって貸借対照表価額とすることが原則とされており，満期保有目的の債券に係る償却原価法の適用については特に規定されていませんでした。

これに対し，新会計基準では，満期保有目的の債券等については，取得価額をもって貸借対照表価額とし，満期保有目的の債券以外の有価証券のうち市場価格のあるものについては，時価をもって貸借対照表価額としなければならないこととされています。また，満期保有目的の債券については，償却原価法に基づいて算定された価額をもって貸借対照表価額とすることとされました。

このため，新会計基準移行に当たり，有価証券については満期保有目的の債券かそれ以外のものかに区分したうえで，次の方法による調整を行う必要があります。

① 会計基準移行年度期首に所有する有価証券のうち，時価評価を適用するものに係る会計基準移行年度の前年度末の帳簿価額と前年度末の時価との差額は，過年度の収益又は費用等として調整します。

② 会計基準移行年度期首に所有する有価証券のうち，償却原価法を適用するものに係る会計基準移行年度期首の帳簿価額と取得時から償却原価法を適用したこととして算定した移行年度期首の帳簿価額との差額は，過年度の収益又は費用等として調整します。

(4) ファイナンス・リース取引について，通常の売買取引に係る方法に準じて会計処理を行う場合の調整

ファイナンス・リース取引（所有権移転ファイナンス・リース取引及び所有権移転外ファイナンス・リース取引）について，旧会計基準では通常の売買取引に係る方法に準じた会計処理は特に規定されていませんでしたが，新会計基準では原則として通常の売買取引に係る方法に準じて会計処理を行うこととされました。

新会計基準への移行に当たり，従来売買処理されていないファイナンス・リース取引については，原則として新会計基準移行年度において賃貸借処理から売買処理へ変更することとしますが，リース取引開始日が新会計基準移行前の取引については，次のいずれかの方法による調整を行うこととされています。

① 新会計基準移行年度において，賃貸借処理から売買処理に変更し，リース取引開始時から売買処理を適用した場合の新会計基準移行年度期首までの減価償却累計額をリース料総額（現在価値へ割引後）から控除した金額をリース資産に，未経過リース料相当額（利息相当額控除後）をリース債務に計上する方法。

なお，リース資産計上金額とリース債務計上金額との差額は，過年度の収益又は費用として調整します。

② 新会計基準移行年度における未経過リース料残高相当額（利息相当額控除後）を取得価額とし，会計基準移行年度期首に取得したものとしてリース資産，リース債務を計上する方法。未経過リース料期末残高相当額（利息相当額控除後）を取得価額とした場合は，新会計基準適用後の残存期間における利息相当額については，利息法によらず，利息相当額の総額をリース期間中の各期に配分することができます。

③ リース取引開始日が新会計基準移行年度前の所有権移転外ファイナンス・リース取引で，従来賃貸借処理を行っていたものについては，当該リース契約が終了するまでの期間，引き続き賃貸借処理によることができます。ただし，この場合は，リース会計基準によるとその旨等の注記が必要となっていますので留意が必要です。この注記の内容については，**第3章5**(2)②（115頁）を参照して下さい。

(5) 退職給付引当金に係る調整

従来，都道府県等の実施する退職共済制度に加入している法人が採用している退職給与引当金に係る会計処理として次の方法が挙げられます。

① 退職共済預け金は掛金累計額，退職給与引当金は期末退職金要支給額で計上する方法

② 退職共済預け金，退職給与引当金ともに期末退職金要支給額で計上する方法

③ 退職共済預け金，退職給与引当金ともに掛金累計額で計上する方法

これに対し，新会計基準では，下記④～⑥の方法を認めています。

④ 退職給付引当資産は掛金累計額，退職給付引当金は期末退職金要支給額で計上する方法

⑤ 退職給付引当資産，退職給付引当金ともに期末退職金要支給額で計上する方法

⑥　退職給付引当資産，退職給付引当金ともに掛金累計額で計上する方法

新会計基準への移行に当たり採用できる会計処理の方法は，従来採用している会計処理の方法により次のように区分されますが，移行時に限り，従来採用している方法から新会計基準で認められるそれぞれの方法への変更を認めることとされています。

・　従来，①を選択している法人

④の方法を選択することを原則とするが，⑤又は⑥の方法に変更することも可

・　従来，②を選択している法人

⑤の方法に移行することを原則とするが，④又は⑥の方法に変更することも可

・　従来，③を選択している法人

⑥の方法に移行することを原則とするが，④又は⑤の方法に変更することも可

なお，独自に退職金制度等を設けている場合においては，厳密に数理計算を行うか，もしくは簡便的に期末要支給額により算定するか等十分に検討して退職給付引当金を計上する必要があります。

また，退職給付引当金を新たに計上する場合の会計基準変更時差異（新会計基準の適用初年度期首における，新会計基準でのあるべき退職給付引当金の金額と従来の基準等により計上されたあるべき退職給与引当金残高との差額のうち，算出方法の相違により生じた差異）については，新会計基準移行年度から15年以内の一定の年数にわたり定額法により費用処理します。なお，一定の年数にわたる費用処理には，移行初年度に一括して費用処理する方法も含まれます。

(6)　その他の引当金に係る調整

旧会計基準では徴収不能引当金，賞与引当金，退職給与引当金以外のその他の引当金の計上が認められていましたが，新会計基準の運用指針では，引当金については，当分の間，原則として徴収不能引当金，賞与引当金，退職給付引

当金に限定されています。

新会計基準への移行に当たり，新会計基準移行年度の前年度末において計上されている徴収不能引当金，賞与引当金，退職給与引当金以外の引当金については全額取り崩すことになります。

なお，取崩金額は，事業活動計算書上，原則として特別増減による収益として計上し，重要性が乏しい場合にはサービス外増減による収益として計上します（取扱いの詳細は**第２章1**(3)（41頁）を参照して下さい）。

(7)　第４号基本金計上額に係る調整

旧会計基準第31条第１項第４号で規定していた第４号基本金は，新会計基準では廃止されたため，新会計基準への移行に当たり第４号基本金計上額は，全額取り崩します。当該取崩金額は，事業活動計算書上，繰越活動増減差額の部に「基本金取崩額・第４号基本金取崩額」という勘定科目を設けて計上します。この勘定科目は，旧会計基準で認められていた第４号基本金を移行年度において取り崩す場合に限り使用できる勘定科目です。

なお，移行時の特例として，第４号基本金の取崩金額を事業活動計算書上，繰越活動増減差額の部に計上する方法に代えて，移行時の取扱い別紙⑮「４号基本金取崩調整表」に基づき，貸借対照表上，直接「次期繰越活動増減差額」もしくは「積立金」に組み替える取扱いが可能とされています。その場合，財務諸表に対する注記（法人全体用）「15．その他社会福祉法人の資金収支及び純資産増減の状況並びに資産，負債及び純資産の状態を明らかにするために必要な事項」又は財務諸表に対する注記（拠点区分用）「12．その他社会福祉法人の資金収支及び純資産増減の状況並びに資産，負債及び純資産の状態を明らかにするために必要な事項」に，その旨を記載する必要があります。

(8)　国庫補助金等特別積立金取崩額の計算

旧会計基準では，減価償却費に対応する国庫補助金等特別積立金取崩額は，国庫補助金等特別積立金の額を耐用年数で除した金額とすることとされていたため，平成19年３月31日以前に取得した固定資産については，耐用年数到来時には，当該固定資産の帳簿価額は取得価額の10%となりますが，国庫補助金等特別積立金の帳簿価額はゼロとなる状況が生じていました。

これに対し，新会計基準では，国庫補助金等特別積立金取崩額は，支出対象経費（主に減価償却費）の期間費用計上に対応して行う計算方法とされたことに伴い，固定資産の減価償却計算と国庫補助金等特別積立金の取崩計算における算式は同様のものを使用します。すなわち，減価償却計算における残存価額相当額を考慮して取崩計算を行うため，固定資産の耐用年数到来時に当該固定資産の帳簿価額が10%の残存価額となっている場合には，国庫補助金等特別積立金の帳簿価額も10%残存していることになります。

新会計基準への移行に当たり，原則として，固定資産の減価償却累計額と国庫補助金等特別積立金取崩額との調整を行う必要がありますが，重要性が乏しい場合には，調整を省略することができます。

なお，新会計基準の処理方法は，指導指針で規定されていた処理と同じであるため，介護保険事業について，「「社会福祉法人会計基準」及び「指定介護老人福祉施設等会計処理等取扱指導指針」等の当面の運用について（平成12年12月19日社援施第49号・老計第55号課長通知）」（以下「社援施第49号・老計第55号課長通知」）に基づき，国庫補助金等特別積立金取崩額の計算に当たり指導指針の方法による処理の結果を旧会計基準の計算書類の計上額としている場合には，新会計基準への移行に当たり特段の調整処理は不要となります。

(9) 設備資金借入金元金償還補助金に係る国庫補助金等特別積立金の設定

旧会計基準では，設備資金借入金の返済時期にあわせて執行される補助金のうち，施設整備時又は設備整備時においてその受領金額が確実に見込まれており，実質的に施設整備事業又は設備整備事業に対する補助金等に相当するもの（以下「設備資金借入金元金償還補助金」）について，国庫補助金等特別積立金の積立対象とはされていませんでした。

これに対し，新会計基準では，設備資金借入金元金償還補助金は国庫補助金等特別積立金の積立対象とされました。

① 原則的方法

新会計基準への移行に当たり，新会計基準移行前の会計年度において，設備資金借入金元金償還補助金を受領している場合（償還補助予定額が確定している場合を含みます）には，当該補助金について国庫補助金等特別積立金へ計上しなければなりません。

新会計基準への移行適用に当たっての国庫補助金等特別積立金の計上金額は，国庫補助金等がいまだ入金されていない金額を含んで取崩しが先行するため，既に入金済みの国庫補助金等の総額から，償還補助予定額の総額（設備資金借入金の償還に係る補助が既に打ち切られている場合には，実際に入金された国庫補助金等の額）を基礎として新会計基準移行年度期首までの経過期間の減価償却累計額に対応する国庫補助金等特別積立金取崩額の累計額を控除して算出します。

② 移行時の特例について

新会計基準移行年度において設備資金借入金元金償還補助金の対象となっている固定資産の耐用年数のほとんどが経過している等により，新会計基準移行年度以降の取崩金額に重要性が乏しい場合には，当該補助金に係る国庫補助金等特別積立金の計上を行わないことができます。

また，①の方法にかえて，新会計基準移行年度においては特段の調整処理を行わず，移行年度以降の会計年度において受領する設備資金借入金元金償還補助金について，受領会計年度で国庫補助金等特別積立金へ積み立て，移行年度以降において入金が予定されている設備資金借入金元金償還補助金の合計金額（以下「補助金合計金額」）を基礎として支出対象経費（主に減価償却費）の期間費用計上額に対応した金額を取り崩すこともできます。具体的には，例えば，主たる補助対象固定資産を特定し，補助金合計金額を主たる補助対象固定資産の残余耐用年数で除した金額を各事業年度の国庫補助金等特別積立金取崩額として計上する方法です。

さらに，移行年度以降の会計年度において入金が予定されている設備資金元金償還補助金の額について重要性が乏しい場合，各会計年度に受領する設備資金借入金元金償還補助金を国庫補助金等特別積立金に積立後，受領額全額を国庫補助金等特別積立金取崩額として計上することもできるとされています。

ただし，特例処理を採用する場合であっても，土地の取得に係る設備資金元金償還補助金がある場合には，移行年度以前に受領した当該補助金の総額を国庫補助金等特別積立金に計上する必要があります。

なお，新会計基準の処理方法は，指導指針で規定されていた処理と同じであるため，介護保険事業について，社援施第49号・老計第55号課長通知に基づき，設備資金借入金元金償還補助金に係る国庫補助金等特別積立金の設定について，指導指針の方法による処理の結果を旧会計基準の計算書類の計上額としている場合には，新会計基準の適用に当たり特段の調整処理は不要となります。

3　指導指針からの移行

(1)　事業区分・拠点区分・サービス区分の設定

①　事業区分の設定

法人全体を社会福祉事業，公益事業，収益事業に区分します。

②　拠点区分の設定

指導指針における会計区分を原則として会計基準の「拠点区分」とします。設定の詳細については，**第１章2**(2)②（７頁）を参照して下さい。

③　サービス区分の設定

指導指針におけるセグメントを原則として会計基準の「サービス区分」とします。

(2)　有価証券に係る調整

旧会計基準からの移行と同じです。調整方法は，**第２章❷**(3)（43頁）を参照して下さい。

(3)　ファイナンス・リース取引について，通常の売買取引に係る方法に準じて会計基準処理を行う場合の調整

旧会計基準からの移行と同じです。調整方法は，**第２章❷**(4)（44頁）を参照して下さい。

(4)　退職給付引当金に係る調整

旧会計基準からの移行と同じです。調整方法は，**第２章❷**(5)（45頁）を参照して下さい。

(5)　第４号基本金計上額に係る調整

旧会計基準からの移行と同じです。調整方法は，**第２章❷**(7)（47頁）を参照して下さい。

(6)　国庫補助金等特別積立金取崩額の計算

指導指針を適用している施設等においては，国庫補助金等特別積立金取崩額の計算に当たり，減価償却計算における残存価額相当額を考慮して計算が行われています。

新会計基準でも，国庫補助金等特別積立金取崩額の計算は，支出対象経費（主に減価償却費）の期間費用計上に対応して行うこととされているため，指導指針と新会計基準で国庫補助金等特別積立金取崩額の計算には差異がないため，新会計基準への移行に当たり特段の調整処理は不要です。

なお，「「社会福祉法人会計基準」及び「指定介護老人福祉施設等会計処理等取扱指導指針」等の当面の運用について（平成12年12月19日社援施第49号・老計第55号課長通知）」（「社援施第49号・老計第55号課長通知」）に基づき，国庫補助金等

特別積立金取崩額の計算に当たり，旧会計基準の方法による処理の結果を指導指針の計算書類の計上額としていた場合は，旧会計基準からの移行と同じ調整が必要となります。調整方法は，**第２章2**(8)（47頁）を参照して下さい。

(7) 設備資金借入金元金償還補助金に係る国庫補助金等特別積立金の設定

指導指針を適用している施設等においては，設備資金借入金の返済時期にあわせて執行される補助金等のうち，施設整備時又は設備整備時においてその受領金額が確実に見込まれており，実質的に施設整備事業又は設備整備事業に対する補助金等に相当するもの（「設備資金借入金元金償還補助金」）は，国庫補助金等特別積立金への計上が行われています。

新会計基準でも，設備資金借入金元金償還補助金は原則として国庫補助金等特別積立金に計上することとされているため，指導指針と新会計基準で設備資金借入金元金償還補助金に係る国庫補助金等特別積立金の設定に係る取扱いに差異がないため，新会計基準の適用に当たり特段の調整処理は不要です。

なお，社援施第49号・老計第55号課長通知に基づき，設備資金借入金元金償還補助金に係る国庫補助金等特別積立金の設定について，旧会計基準の方法による処理の結果を指導指針の計算書類の計上額としていた場合は，旧会計基準からの移行と同じ調整が必要となります。調整方法は，**第２章2**(9)（48頁）を参照して下さい。

4 老健準則からの移行

(1) 事業区分・拠点区分・サービス区分の設定

① 事業区分の設定

法人全体を社会福祉事業，公益事業，収益事業に区分します。

②　拠点区分の設定

老健準則における施設ごとの会計単位を会計基準の「拠点区分」として設定します。詳細は，**第１章2**(2)②（７頁）を参照して下さい。

③　サービス区分の設定

新会計基準においては，拠点区分において複数のサービスを実施している場合には，サービス区分を設定します。詳細は，**第１章2**(2)②（７頁）を参照して下さい。

(2)　有価証券に係る調整

老健準則では取得価額をもって貸借対照表価額とすることを原則としており，満期保有目的の債券に係る償却原価法の適用についても特に規定されていません。

また，社債の貸借対照表価額について老健準則注解（注22）では，「所有する社債については，社債金額より低い価額又は高い価額で買い入れた場合には，当該価額をもって貸借対照表価額とすることができる。この場合においては，その差額に相当する金額を償還期に至るまで毎期一定の方法で逐次貸借対照表価額に加算し，又は貸借対照表価額から控除することができる。」と規定されています。

これに対し，新会計基準では，満期保有目的の債券等については，取得価額をもって貸借対照表価額とし，満期保有目的の債券以外の有価証券のうち市場価格のあるものについては，時価をもって貸借対照表価額としなければならないこととされています。また，満期保有目的の債券については，償却原価法に基づいて算定された価額をもって貸借対照表価額とすることとされました。

このため，新会計基準移行に当たり，有価証券については満期保有目的の債券かそれ以外のものかに区分したうえで，次の方法による調整を行う必要があります。

① 会計基準移行年度期首に所有する有価証券のうち，時価評価を適用するものに係る会計基準移行年度の前年度末の帳簿価額と前年度末の時価との差額は，過年度の収益又は費用等として調整します。

② 会計基準移行年度期首に所有する有価証券のうち，償却原価法を適用するものに係る会計基準移行年度期首の帳簿価額と取得時から償却原価法を適用したこととして算定した移行年度期首の帳簿価額との差額は，過年度の収益又は費用等として調整します。

(3) ファイナンス・リース取引について，通常の売買取引に係る方法に準じて会計基準処理を行う場合の調整

旧会計基準からの移行と同じです。調整方法は，**第２章❷**(4)（44頁）を参照して下さい。

(4) 退職給付引当金に係る調整

旧会計基準からの移行と同じです。調整方法は，**第２章❷**(5)（45頁）を参照して下さい。

(5) その他の引当金に係る調整

老健準則では徴収不能引当金，賞与引当金，退職給与引当金以外に，貸倒引当金，修繕引当金及びその他の引当金の計上が認められていますが，新会計基準では，引当金については，当分の間，原則として徴収不能引当金，賞与引当金，退職給付引当金に限定されています。

調整については旧会計基準からの移行と同じです。調整方法は，**第２章❷**(6)（46頁）を参照して下さい。

(6) 資本剰余金の振替え

老健準則では，資本助成のための国庫等補助金（建設助成金），資本助成のための指定寄附金については資本剰余金として計上することとされています。

これに対し，新会計基準では老健準則にいう国庫等補助金は国庫補助金等特別積立金として，老健準則にいう指定寄附金は基本金として計上しなければならないため，新会計基準の適用に当たり，勘定科目の組替えを行う必要があります。

また，国庫補助金等特別積立金計上金額のうち，経過期間の減価償却累計額に対応する金額は取り崩し，事業活動計算書上，原則として特別増減による収益として計上し，重要性が乏しい場合にはサービス外増減による収益として計上します（取扱いの詳細は**第２章❶**(3)（41頁）を参照して下さい）。

なお，取崩金額の計上に当たり，新会計基準移行年度において当該国庫等補助金の対象となった施設等が現存している場合においては，主たる補助対象固定資産の残余耐用年数において取崩金額の計上を行うことができるとされています。

(7)　設備資金借入金元金償還補助金に係る国庫補助金等特別積立金の設定

旧会計基準からの移行と同じです。調整方法は，**第２章❷**(9)（48頁）を参照して下さい。

(8)　利益剰余金の振替え

老健準則では，利益剰余金として任意積立金，当期未処分利益を計上することとされています。これに対し，新会計基準では老健準則の利益剰余金に該当するものは，その他の積立金，次期繰越活動増減差額として計上するため，新会計基準への移行に当たっては，移行年度の前年度末日現在の任意積立金はその他の積立金へ，当期未処分利益は前期繰越活動増減差額へ勘定科目の組替えを行う必要があります。

なお，組替え後のその他の積立金の金額が当該積立金に対応して積み立てられた積立資産の金額を上回る場合には，当該差額については以下のいずれかの方法により調整することとされています。

① 当該差額について，積立金を積立資産の金額まで取り崩す。

取崩金額は，事業活動収支計算書上，繰越活動増減差額の部の「その他の積立金取崩額」に計上します。

② 当該差額について，積立金の金額まで積立資産を積み立てる。

積立金額は，資金収支計算書上，その他の活動による支出として計上します（取扱いの詳細は**第２章1**(3)（41頁）を参照して下さい）。

(9) 資金収支計算書における支払資金の残高の設定

老健準則では資金収支計算書が財務諸表の範囲に含まれていなかったため，介護老人保健施設については，新会計基準移行年度の期首における支払資金残高を資金収支計算書の「前期末支払資金残高」として計上しなければなりません。

なお，「前期末支払資金残高」は，移行時の貸借対照表の流動資産と流動負債の差額として算出されます。この際，１年基準により固定資産又は固定負債から振り替えられたもの，引当金並びに棚卸資産（貯蔵品を除きます。）は除いて計算します。

第3章 新会計基準での財務諸表等作成の留意点

1 総　　則

(1) 新会計基準の目的及び適用範囲

① 新会計基準の目的（新会計基準第１章第１(1)）

新会計基準は，社会福祉法第22条に規定する社会福祉法人の財務諸表及び附属明細書並びに財産目録の作成の基準を定め，社会福祉法人の健全なる運営に資することを目的としています。

なお，会計基準に定めのない事項については，旧会計基準では，「一般に公正妥当と認められる会計の基準に従う」とされていましたが，新会計基準では，「一般に公正妥当と認められる社会福祉法人会計の慣行をしん酌しなければならない」と改正されています。

② 新会計基準の適用範囲（新会計基準第１章第１(2)）

新会計基準は，社会福祉法人が実施するすべての事業を適用対象としています。

(2) 一般原則等のルール

① 一般原則等

社会福祉法人は一般原則に従って，財務諸表（資金収支計算書，事業活動計算書及び貸借対照表）及び附属明細書並びに財産目録を作成しなければなりません。

新会計基準では，第１章総則に以下の(i)～(iv)を一般原則として規定し，その他の財務諸表作成の基本ルールもいくつか定めています。

【一般原則（新会計基準第１章第２）】

⒤　**真実性の原則**

「財務諸表は，資金収支及び純資産増減の状況並びに資産，負債及び純資産の状態に関する真実な内容を明りょうに表示するものでなければならない。」

(ii)　**正規の簿記の原則**

「財務諸表は，正規の簿記の原則に従って正しく記帳された会計帳簿に基づいて作成しなければならない。」

(iii)　**継続性の原則**

「会計処理の原則及び手続並びに財務諸表の表示方法は，毎会計年度これを継続して適用し，みだりに変更してはならない。」

(iv)　**重要性の原則**

「重要性の乏しいものについては，会計処理の原則及び手続並びに財務諸表の表示方法の適用に際して，本来の厳密な方法によらず，他の簡便な方法によることができる。」

新会計基準注解（注２）に重要性の原則の適用例が以下のように掲げられており，実務上の便宜が図られています。

＜新会計基準注解＞

（注２）　重要性の原則の適用について

重要性の原則の適用例としては，次のようなものがある。

⑴　消耗品，貯蔵品等のうち，重要性が乏しいものについては，その買入時又は払出時に費用として処理する方法を採用することができる。

⑵　保険料，賃借料，受取利息配当金，借入金利息，法人税等にかかる前払金，未払金，未収金，前受金等のうち重要性の乏しいもの

　または毎会計年度経常的に発生しその発生額が少額なものについて

は，前払金，未払金，未収金，前受金等を計上しないことができる。

(3) 引当金のうち，重要性の乏しいものについては，これを計上しないことができる。

(4) 取得価額と債券金額との差額について重要性が乏しい満期保有目的の債券については，償却原価法を適用しないことができる。

(5) ファイナンス・リース取引について，取得したリース物件の価額に重要性が乏しい場合，通常の賃貸借取引に係る方法に準じて会計処理を行うことができる。

(6) 法人税法上の収益事業に係る課税所得の額に重要性が乏しい場合，税効果会計を適用しないで，繰延税金資産又は繰延税金負債を計上しないことができる。

なお，財産目録の表示に関しても重要性の原則が適用される。

【その他の基本ルール】

(v) **総額表示（新会計基準第１章第３）**

「財務諸表に記載する金額は，原則として総額をもって表示しなければならない。」

(vi) **内部取引の消去（新会計基準第１章第７）**

「社会福祉法人は財務諸表作成に関して，内部取引を相殺消去するものとする。」

新会計基準注解（注５）に，事業区分間取引，拠点区分間取引及びサービス区分間取引それぞれにおいて生じた内部取引高及び内部貸借取引の残高についてどの財務諸表及び附属明細書で相殺消去を行うか規定されており，各様式においても内部取引消去欄が明示されています。

各区分間で内部取引が発生する場合は，その内容及び金額等について把握しておく必要があります。

② 会計年度（新会計基準第１章第４）

社会福祉法人の会計年度は，４月１日に始まり，翌年３月31日に終了する１年間とします。これは，社会福祉法第44条第１項にも規定されています。

③ 事業区分，拠点区分及びサービス区分

これらの区分方法については，**第１章2**(2)②（７頁）を参照して下さい。

(3) 予算と決算

① 予算編成（運用指針２）

社会福祉法人は，事業計画をもとに資金収支予算書を作成するものとし，資金収支予算書は拠点区分ごとに収入支出予算を編成することとされています。資金収支予算書の勘定科目は，資金収支計算書勘定科目に準拠して作成します。

法人は，すべての収入及び支出について予算を編成し，予算に基づいて事業活動を行いますが，年度途中で予算との乖離等が見込まれる場合は，必要な収入及び支出について補正予算を編成します。ただし，乖離額等が法人の運営に支障がなく，軽微な範囲にとどまる場合は，この限りではありません。

なお，原則として拠点区分が予算管理の単位とされていますが，サービス区分を設定する場合には，サービス区分を予算管理の単位とすることができるとされています（新会計基準注解（注４））。

② 決算（運用指針３）

決算に際しては，資金収支計算書，事業活動計算書，貸借対照表及び附属明細書並びに財産目録を作成し，毎会計年度終了後２か月以内に理事会（評議員会を設置している法人においては評議員会を含みます。）の承認を受けなければなりません。

このうち，資金収支計算書（資金収支内訳表，事業区分資金収支内訳表及び拠点区分資金収支計算書を含みます。），事業活動計算書（事業活動内訳表，事業区分事業活動内訳表及び拠点区分事業活動計算書を含みます。）及び貸借対照表（貸借対照表

内訳表，事業区分貸借対照表内訳表及び拠点区分貸借対照表を含みます。）については，社会福祉法施行規則第９条に基づき，毎会計年度終了後３か月以内に法人の現況報告に添付する書類として所轄庁に提出する必要があります。

(4) 作成すべき財務諸表等

新会計基準で作成すべき書類は，財務諸表（資金収支計算書，事業活動計算書及び貸借対照表）及び附属明細書並びに財産目録とされています（新会計基準第１章第２）。

さらに，資金収支計算書には資金収支内訳表，事業区分資金収支内訳表及び拠点区分資金収支計算書を含み，事業活動計算書には事業活動内訳表，事業区分事業活動内訳表及び拠点区分事業活動計算書を含み，貸借対照表には貸借対照表内訳表，事業区分貸借対照表内訳表及び拠点区分貸借対照表を含むとされています（新会計基準注解（注１））。

図表３－１に作成すべき財務諸表（一部附属明細書を含みます。）をまとめます。

図表３－１　【作成すべき財務諸表】

	資金収支計算書	事業活動計算書	貸借対照表	財務諸表の注記
法人全体	・「資金収支計算書」（第１号の１様式）	・「事業活動計算書」（第２号の１様式）	・「貸借対照表」（第３号の１様式）	・全項目 ・第３号の３様式の後に記載
法人全体（事業区分別）	・「資金収支内訳表」（第１号の２様式） ・事業区分が社会福祉事業のみの法人の場合省略可＊1 ・拠点区分が１つの法人の場合省略可＊2	・「事業活動内訳表」（第２号の２様式） ・事業区分が社会福祉事業のみの法人の場合省略可＊1 ・拠点区分が１つの法人の場合省略可＊2	・「貸借対照表内訳表」（第３号の２様式） ・事業区分が社会福祉事業のみの法人の場合省略可＊1 ・拠点区分が１つの法人の場合省略可＊2	

事業区分 (拠点区分別)	・「事業区分資金収支内訳表」(第1号の3様式) ・拠点区分が1つの法人の場合省略可＊2 ・拠点区分が1つの事業区分の場合省略可＊3	・「事業区分事業活動内訳表」(第2号の3様式) ・拠点区分が1つの法人の場合省略可＊2 ・拠点区分が1つの事業区分の場合省略可＊3	・「事業区分貸借対照表内訳表」(第3号の3様式) ・拠点区分が1つの法人の場合省略可＊2 ・拠点区分が1つの事業区分の場合省略可＊3	
拠点区分 (1つの拠点を表示)	・「拠点区分資金収支計算書」(第1号の4様式)	・「拠点区分事業活動計算書」(第2号の4様式)	・「拠点区分貸借対照表」(第3号の4様式)	・一部の項目は記載不要 ・第3号の4様式の後に記載 ・拠点が1つの法人の場合省略可
【附属明細書】 サービス区分別 (拠点区分の会計をサービス別に区分表示)	・「拠点区分資金収支明細書」(別紙3) ・サービス区分が1つの拠点区分の場合省略可＊4 ・事業内容に応じて省略可＊5	・「拠点区分事業活動明細書」(別紙4) ・サービス区分が1つの拠点区分の場合省略可＊4 ・事業内容に応じて省略可＊5		

＊1　事業区分が社会福祉事業のみの法人の場合，第1号の2様式，第2号の2様式及び第3号の2様式の作成を省略できます。この場合，財務諸表の注記（法人全体用）「5．法人が作成する財務諸表等と拠点区分，サービス区分」にその旨を記載します（運用指針7(1)）。

＊2　拠点区分が1つの法人は，第1号の2様式，第1号の3様式，第2号の2様式，第2号の3様式，第3号の2様式及び第3号の3様式の作成を省略できます。この場合，財務諸表の注記（法人全体用）「5．法人が作成する財務諸表等と拠点区分，サービス区分」にその旨を記載します(運用指針7(2))。

＊３　拠点区分が１つの事業区分は，第１号の３様式，第２号の３様式及び第３号の３様式の作成を省略できます。この場合，財務諸表の注記（法人全体用）「５．法人が作成する財務諸表等と拠点区分，サービス区分」にその旨を記載します（運用指針７(3)）。

＊４　サービス区分が１つの拠点区分は，拠点区分資金収支明細書（新会計基準別紙３）及び拠点区分事業活動明細書（新会計基準別紙４）の作成を省略できます。この場合，財務諸表の注記（拠点区分用）「４．拠点が作成する財務諸表等とサービス区分」にその旨を記載します（運用指針７(4)）。

＊５　介護保険サービス及び障害福祉サービスを実施する拠点については，それぞれの事業ごとの事業活動状況を把握するため，拠点区分事業活動明細書（新会計基準別紙４）を作成するものとし，拠点区分資金収支明細書（新会計基準別紙３）の作成は省略することができます。

保育所運営費，措置費による事業を実施する拠点は，それぞれの事業ごとの資金収支状況を把握する必要があるため，拠点区分資金収支明細書（新会計基準別紙３）を作成するものとし，拠点区分事業活動明細書（新会計基準別紙４）の作成は省略することができます。

また，上記以外の事業を実施する拠点については，当該拠点で実施する事業の内容に応じて，拠点区分資金収支明細書及び拠点区分事業活動明細書のうちいずれか一方の明細書を作成するものとし，残る他方の明細書の作成は省略することができます。

上記に従い，拠点区分資金収支明細書（新会計基準別紙３）又は拠点区分事業活動明細書（新会計基準別紙４）を省略する場合には，財務諸表の注記（拠点区分用）「４．拠点が作成する財務諸表等とサービス区分」にその旨を記載します（運用指針５(3)）。

2　資金収支計算書

(1)　資金収支計算書の内容

資金収支計算書は，当該会計年度におけるすべての支払資金の増加及び減少の状況を明瞭に表示するものでなければなりません（新会計基準第２章第１）。

資金収支計算書は，期首の支払資金残高が１年間の事業活動を通して増減することにより，期末の支払資金残高になるわけですが，その増加及び減少の内訳を示す財務諸表です。貸借対照表との関係を示すと**図表３－２**のようになります（簡略化のために，流動資産と流動負債には，１年基準により固定資産又は固定負債から振り替えられたもの，引当金並びに棚卸資産は含まないものとします）。

図表3－2　【資金収支計算書の位置づけ】

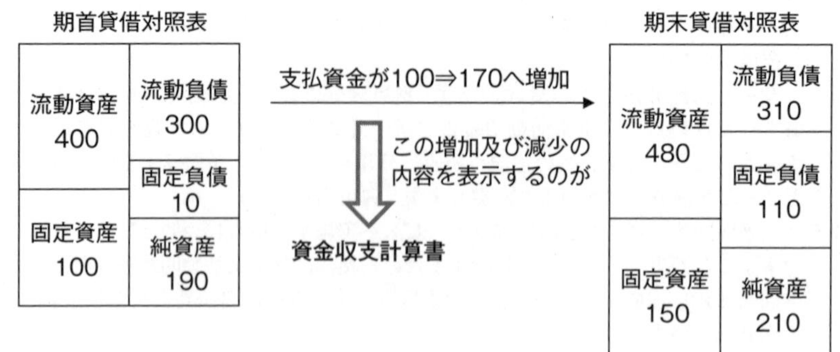

(2) 資金収支計算書の種類及び様式

資金収支計算書には，法人全体を表示する「資金収支計算書」，事業区分の情報を表示する「資金収支内訳表」及び「事業区分資金収支内訳表」，拠点区分別の情報を表示する「拠点区分資金収支計算書」があります。それぞれの様式は第1号の1様式から第1号の4様式として規定されています。

「資金収支計算書」と「拠点区分資金収支計算書」は，当会計年度の決算の額を予算の額（補正予算がある場合は，最終補正予算額）と対比して記載します。決算の額と予算の額の差異が著しい勘定科目については，その理由を備考欄に記載する必要があります。

さらに，附属明細書として，「拠点区分資金収支明細書」を作成するものとされており，その様式は新会計基準の別紙3として明示されています。

図表3－3に作成する資金収支計算書の種類と作成のポイントをまとめます。

図表３－３　【資金収支計算書の種類・作成のポイント】

種　　類	作成のポイント
資金収支計算書 （法人全体を表示）	・「資金収支計算書」（第１号の１様式） ・予算・決算で表示 ・勘定科目は大区分のみ記載
資金収支内訳表 （法人全体を事業区分別に表示）	・「資金収支内訳表」（第１号の２様式） ・勘定科目は大区分のみ記載 ・内部取引消去欄で事業区分間の取引を消去 ・事業区分が社会福祉事業のみの法人の場合省略可＊1 ・拠点区分が１つの法人の場合省略可＊2
事業区分資金収支内訳表 （各事業区分を拠点区分別に表示）	・「○○事業区分　資金収支内訳表」（第１号の３様式） ・勘定科目は大区分のみ記載 ・内部取引消去欄で拠点区分間の取引を消去 ・拠点区分が１つの法人の場合省略可＊2 ・拠点区分が１つの事業区分の場合省略可＊3
拠点区分資金収支計算書 （１つの拠点を表示）	・「○○拠点区分　資金収支計算書」（第１号の４様式） ・予算・決算で表示 ・勘定科目は小区分まで記載
【附属明細書】 拠点区分資金収支明細書 （各拠点区分をサービス区分別に表示）	・「○○拠点区分　資金収支明細書」（別紙３） ・勘定科目は小区分まで記載 ・内部取引消去欄でサービス区分間の取引を消去 ・サービス区分が１つの拠点区分の場合省略可＊4 ・事業内容に応じて省略可＊5

＊1　事業区分が社会福祉事業のみの法人の場合，第１号の２様式の作成を省略できます。この場合，財務諸表の注記（法人全体用）「5．法人が作成する財務諸表等と拠点区分，サービス区分」にその旨を記載します（運用指針7(1)）。

＊2　拠点区分が１つの法人は，第１号の２様式及び第１号の３様式の作成を省略できます。この場合，財務諸表の注記（法人全体用）「5．法人が作成する財務諸表等と拠点区分，サービス区分」にその旨を記載します（運用指針7(2)）。

＊3　拠点区分が１つの事業区分は，第１号の３様式の作成を省略できます。この場合，財務諸表の注記（法人全体用）「5．法人が作成する財務諸表等と拠点区分，サービス区分」にその旨を記載します（運用指針7(3)）。

＊4　サービス区分が１つの拠点区分は，拠点区分資金収支明細書（新会計基準別紙３）の作成を省略できます。この場合，財務諸表の注記（拠点区分用）「4．拠点が作成する財務諸表等とサービス区分」にその旨を記載します（運用指針7(4)）。

＊5　介護保険サービス及び障害福祉サービスを実施する拠点については，それぞれの事業ごとの事業活動状況を把握するため，拠点区分事業活動明細書（新会計基準別紙4）を作成するものとし，拠点区分資金収支明細書（新会計基準別紙3）の作成は省略することができます。

保育所運営費，措置費による事業を実施する拠点は，それぞれの事業ごとの資金収支状況を把握する必要があるため，拠点区分資金収支明細書（新会計基準別紙3）を作成するものとし，拠点区分事業活動明細書（新会計基準別紙4）の作成は省略することができます。

また，上記以外の事業を実施する拠点については，当該拠点で実施する事業の内容に応じて，拠点区分資金収支明細書及び拠点区分事業活動明細書のうちいずれか一方の明細書を作成するものとし，残る他方の明細書の作成は省略することができます。

上記に従い，拠点区分資金収支明細書（新会計基準別紙3）又は拠点区分事業活動明細書（新会計基準別紙4）を省略する場合には，財務諸表の注記（拠点区分用）「4．拠点が作成する財務諸表等とサービス区分」にその旨を記載します（運用指針5(3)）。

資金収支計算書に記載する勘定科目は，運用指針に別添3として定められています。

大区分の勘定科目は，必要に応じて省略できますが，追加・修正することはできません。中区分の勘定科目は，必要に応じて省略でき，やむを得ない場合にのみ追加することができます。小区分の勘定科目は，必要に応じて省略でき，適当な科目を追加することができます。また，小区分をさらに区分する必要がある場合には，小区分の下に適当な科目を設けることができます。

(3)　支払資金の範囲

資金収支計算書の支払資金とは，経常的な支払準備のために保有する現金及び預貯金，短期間のうちに回収されて現金又は預貯金になる未収金，立替金，有価証券等及び短期間のうちに事業活動支出として処理される前払金，仮払金等の流動資産並びに短期間のうちに現金又は預貯金によって決済される未払金，預り金，短期運営資金借入金等及び短期間のうちに事業活動収入として処理される前受金等の流動負債をいいます。

ただし，支払資金としての流動資産及び流動負債は，1年基準により固定資産又は固定負債から振り替えられたもの，引当金並びに棚卸資産（貯蔵品を除く。）を除きます。支払資金の残高は，これらの流動資産と流動負債の差額をいいます（新会計基準注解（注６））。

旧会計基準では，支払資金は，「流動資産及び流動負債（引当金を除く。）」とされていましたので，貯蔵品を除く棚卸資産が支払資金の対象外となった点が変更されています。

⑷　資金収支計算書の区分

旧会計基準と指導指針では，「経常活動による収支」，「施設整備等による収支」及び「財務活動（等）による収支」に区分されていましたが，新会計基準では，**図表３－４**のように「事業活動による収支」，「施設整備等による収支」及び「その他の活動による収支」に区分して記載されます。

図表３－４　【資金収支計算書の区分の変更】

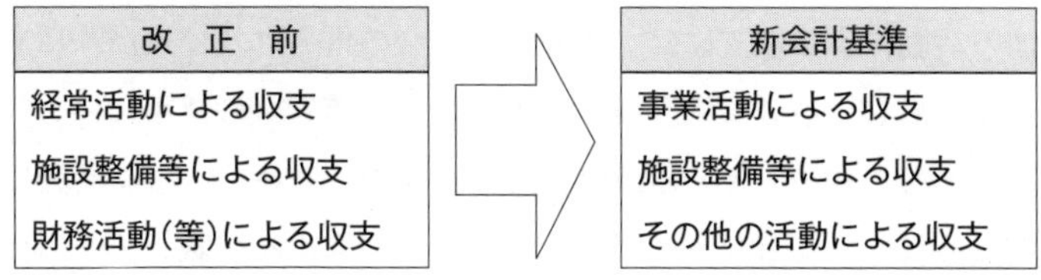

①　事業活動による収支

事業活動による収支には，経常的な事業活動による収入及び支出（受取利息配当金収入及び支払利息支出を含みます。）を記載し，事業活動資金収支差額を記載します（新会計基準第２章第５⑴）。

旧会計基準では，「流動資産評価減等による資金減少額等」（金銭債権の徴収不能額，有価証券の売却損益及び有価証券等の時価評価（減損処理）による評価損）は，財務活動による支出の区分にネットの金額で計上されていました。新会計基準では，それらの項目に金融商品会計の導入により生じる有価証券の評価損益（満期保有目的の債券以外の時価のある有価証券）を加えて，「流動資産評価益等による資金増加額」及び「流動資産評価損等による資金減少額」として，事業活動による収入・支出それぞれの区分にグロスの金額で計上されることになっています。

② 施設整備等による収支

施設整備等による収支には，固定資産の取得に係る支出及び売却に係る収入，施設整備等補助金収入，施設整備等寄附金収入及び設備資金借入金収入並びに設備資金借入金元金償還支出等を記載し，施設整備等資金収支差額を記載します（新会計基準第２章第５(2)）。

旧会計基準では，設備資金借入金収入・元金償還支出は財務活動による収支の区分とされていましたが，新会計基準では，施設整備等による収支に区分されています。

③ その他の活動による収支

その他の活動による収支には，長期運営資金の借入れ及び返済，積立資産の積立て及び取崩し，投資有価証券の購入及び売却等資金の運用に係る収入及び支出（受取利息配当金収入及び支払利息支出を除きます。）並びに事業活動による収支及び施設整備等による収支に属さない収入及び支出を記載し，その他の活動資金収支差額を記載します（新会計基準第２章第５(3)）。

旧会計基準では，「経常活動による収支」と「財務活動による収支」に属さない収支を「施設整備等による収支」に含めることとされていましたが，新会計基準では，「事業活動による収支」と「施設整備等による収支」に属さない収支を「その他の活動による収支」に含めることとされています。

(5) 事業区分間，拠点区分間及びサービス区分間の資金移動等の表示について

事業区分間，拠点区分間及びサービス区分間での資金移動や資金貸借による収支がある場合は，当該取引を資金収支内訳表（第１号の２様式），事業区分資

金収支内訳表（第1号の3様式），拠点区分資金収支計算書（第1号の4様式）及び拠点区分資金収支明細書（新会計基準別紙3）それぞれの「その他の活動による収支」区分に，**図表3－5**に示す勘定科目名を付して記載します。

図表3－5　【資金移動等に係る勘定科目】

	勘定科目（大区分）	内　　容
その他の活動による収入	事業区分間長期借入金収入	他の事業区分から長期に借り入れた資金の収入
	拠点区分間長期借入金収入	同一事業区分内における他の拠点区分から長期に借り入れた資金の収入
	事業区分間長期貸付金回収収入	他の事業区分へ長期に貸し付けた資金の回収による収入
	拠点区分間長期貸付金回収収入	同一事業区分内における他の拠点区分へ長期に貸し付けた資金の回収による収入
	事業区分間繰入金収入	他の事業区分からの繰入金収入
	拠点区分間繰入金収入	同一事業区分内における他の拠点区分からの繰入金収入
	サービス区分間繰入金収入	同一拠点区分内における他のサービス区分からの繰入金収入
その他の活動による支出	事業区分間長期貸付金支出	他の事業区分へ長期に貸し付けた資金の支出
	拠点区分間長期貸付金支出	同一事業区分内における他の拠点区分へ長期に貸し付けた資金の支出
	事業区分間長期借入金返済支出	他の事業区分から長期に借り入れた資金の元金償還額
	拠点区分間長期借入金返済支出	同一事業区分における他の拠点区分から長期に借り入れた資金の元金償還額
	事業区分間繰入金支出	他の事業区分への繰入金支出
	拠点区分間繰入金支出	同一事業区分内における他の拠点区分への繰入金支出
	サービス区分間繰入金支出	同一拠点区分内における他のサービス区分への繰入金支出

また，該当する内部取引がある場合は，各資金収支計算書（第１号の２様式，第１号の３様式，新会計基準別紙３）の内部取引消去欄において，段階的に相殺消去する必要があります。この相殺消去はあくまで表示上での処理ですので，仕訳を取り消すものではありません。

具体的には，まず，拠点区分内で行われる各サービス区分間での内部取引がある場合は，拠点区分資金収支明細書（新会計基準別紙３）の内部取引消去欄において各サービス区分間の内部取引が消去されます。次に，事業区分資金収支内訳表（第１号の３様式）の内部取引消去欄において，各拠点区分間での内部取引が消去されます。最後に，資金収支内訳表（第１号の２様式）の内部取引消去欄において各事業区分間での内部取引が消去されることになります。

なお，事業区分間及び拠点区分間の繰入金収入及び繰入金支出がある場合は，附属明細書「事業区分間及び拠点区分間繰入金明細書」（運用指針別紙④）を作成します。また，拠点区分資金収支明細書（新会計基準別紙３）を作成した拠点区分において，サービス区分間の繰入金収入及び繰入金支出がある場合は，附属明細書「サービス区分間繰入金明細書」（運用指針別紙⑨）を作成します（運用指針11）。

加えて，事業区分間及び拠点区分間の貸付金（借入金）残高について，附属明細書「事業区分間及び拠点区分間貸付金（借入金）残高明細書」（運用指針別紙⑤）を作成します。また，拠点区分資金収支明細書（新会計基準別紙３）を作成した拠点区分においては，サービス区分間の貸付金（借入金）残高について，附属明細書「サービス区分間貸付金（借入金）残高明細書」（運用指針別紙⑩）を作成します（運用指針12）。

(6)　共通収入支出の配分

①　配分方法

資金収支計算を行うに当たっては，事業区分，拠点区分又はサービス区分に共通する収入及び支出を，合理的な基準に基づいて配分するものとされています（新会計基準第２章第８）。

資金収支計算及び事業活動計算を行うに当たって，人件費，水道光熱費，減価償却費等，事業区分又は拠点区分又はサービス区分に共通する支出及び費用については，合理的な基準に基づいて配分することになりますが，その配分基準は，支出及び費用の項目ごとに，その発生に最も密接に関連する量的基準（例えば，人数，時間，面積等による基準，又はこれらの２つ以上の要素をあわせた複合基準）を選択して適用します。

一度選択した配分基準は，状況の変化等により当該基準を適用することが不合理であると認められるようになった場合を除き，継続的に適用する必要があります。

なお，共通する収入及び収益がある場合には，同様の取扱いをするものとされています（新会計基準注解（注８））。

共通支出及び費用の具体的な科目及び配分方法については，運用指針の別添１に示されていますが，これによりがたい場合は，実態に即した合理的な配分方法や別添１に示された方法等の考え方を参考にした配分方法を採用することができます（運用指針13(1)）。いずれにしても，各科目の配分方法を整理記録しておくことと，状況の変化等により不合理な配分方法とならない限り，その方法を毎期継続して利用することが重要になります。

②　事務費と事業費の科目の取扱いについて

「水道光熱費（支出）」，「燃料費（支出）」，「賃借料（支出）」，「保険料（支出）」については原則，事業費（支出）のみに計上することとされています。ただし，措置費，保育所運営費の弾力運用が認められないケースでは，事業費（支出），事務費（支出）双方に計上することとされています（運用指針13(2)）。

(7)　その他の資金収支計算書関連項目

①　寄附金（運用指針９）

(i)　金銭の寄附

金銭の寄附は，寄附目的により拠点区分の帰属を決定し，当該拠点区分の資金収支計算書の経常経費寄附金収入又は施設整備等寄附金収入として計上し，あわせて事業活動計算書の経常経費寄附金収益又は施設整備等寄附金収益として計上するものとされています。

(ii) 物品の寄附

寄附物品については，取得時の時価により，経常経費に対する寄附物品であれば資金収支計算書の経常経費寄附金収入として計上し，あわせて事業活動計算書の経常経費寄附金収益として計上します。土地などの支払資金の増減に影響しない寄附物品については，資金収支計算書には計上されませんが，事業活動計算書の固定資産受贈額として計上されます。

ただし，当該物品が飲食物等で即日消費されるもの又は社会通念上受取寄附金として扱うことが不適当なものはこの限りではありません。

なお，寄附金及び寄附物品を収受した場合においては，寄附者から寄附申込書を受けることとし，附属明細書「寄附金収益明細書」（運用指針別紙②）を作成し，寄附者，寄附目的，寄附金額等を記載します。

(iii) 共同募金会

共同募金会からの受配者指定寄附金のうち，施設整備及び設備整備に係る配分金（資産の取得等に係る借入金の償還に充てるものも含みます）は，施設整備等寄附金収入として計上し，あわせて事業活動計算書の施設整備等寄附金収益として計上します。このうち基本金として組入れすべきものは，基本金に組み入れるものとされています。

また，受配者指定寄附金のうち経常的経費に係る配分金は，経常経費寄附金収入として計上し，あわせて事業活動計算書の経常経費寄附金収益として計上します。

一方，受配者指定寄附金以外の配分金のうち，経常的経費に係る配分金は，資金収支計算書における事業活動による収支の補助金事業収入及び事業活動計算書におけるサービス活動増減の部の補助金事業収益に計上します。

また，受配者指定寄附金以外の配分金のうち施設整備及び設備整備に係る配分金は資金収支計算書の施設整備等補助金収入及び事業活動計算書の施設整備等補助金収益に計上し，国庫補助金等特別積立金を積み立てることとされています。

②　各種補助金（運用指針10）

施設整備等に係る補助金，借入金元金償還補助金，借入金利息補助金及び経常経費補助金等の各種補助金については，補助の目的に応じて帰属する拠点区分を決定し，資金収支計算書及び事業活動計算書ともに当該区分で受け入れます。

また，補助金を受領した場合は，附属明細書「補助金収益明細書」（運用指針別紙③）を作成します。

3　事業活動計算書

(1)　事業活動計算書の内容

事業活動計算書は，当該会計年度における純資産のすべての増減内容を明瞭に表示するものでなければなりません（新会計基準第３章第１）。

事業活動計算書は，期首の純資産残高が１年間の事業活動を通して増減することにより，期末の純資産残高になるわけですが，その増加及び減少の内訳を示す財務諸表です。貸借対照表との関係を示すと**図表３－６**のようになります。

(2)　事業活動計算書の種類及び様式

事業活動計算書には，法人全体を表示する「事業活動計算書」，事業区分の情報を表示する「事業活動内訳表」及び「事業区分事業活動内訳表」，拠点区分別の情報を表示する「拠点区分事業活動計算書」があります。それぞれの様式は第２号の１様式から第２号の４様式として規定されています。

「事業活動計算書」と「拠点区分事業活動計算書」は，当年度決算の額を前

図表3－6　【事業活動計算書の位置づけ】

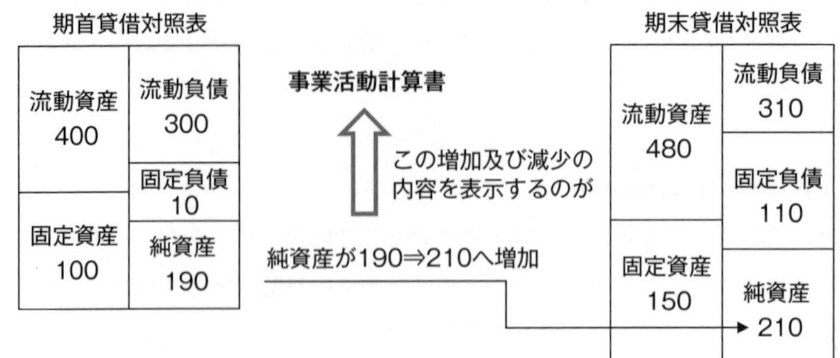

年度決算の額と対比して記載します。

さらに，附属明細書として，サービス区分別にサービス活動増減・サービス活動外増減の部までについて「拠点区分事業活動明細書」を作成するものとされており，その様式は新会計基準の別紙4として明示されています。

図表3－7に作成する資金収支計算書の種類と作成のポイントをまとめます。

図表3－7　【事業活動計算書の種類・作成のポイント】

種　　類	作成のポイント
事業活動計算書 （法人全体）	・「事業活動計算書」（第2号の1様式） ・2期表示（新会計基準移行初年度は当期分のみ） ・勘定科目は大区分のみ記載
事業活動内訳表 （法人全体を事業区分別に表示）	・「事業活動内訳表」（第2号の2様式） ・勘定科目は大区分のみ記載 ・内部取引消去欄で事業区分間の取引を消去 ・事業区分が社会福祉事業のみの法人の場合省略可＊1 ・拠点区分が1つの法人の場合省略可＊2
事業区分事業活動内訳表 （各事業区分を拠点区分別に表示）	・「○○事業区分　事業活動内訳表」（第2号の3様式） ・勘定科目は大区分のみ記載 ・内部取引消去欄で拠点区分間の取引を消去 ・拠点区分が1つの法人の場合省略可＊2 ・拠点区分が1つの事業区分の場合省略可＊3

拠点区分事業活動計算書 （１つの拠点を表示）	・「〇〇拠点区分　事業活動計算書」（第２号の４様式） ・２期表示（新会計基準移行初年度は当期分のみ） ・勘定科目は小区分まで記載
【附属明細書】 拠点区分事業活動明細書 （各拠点区分をサービス区分別に表示）	・「〇〇拠点区分　事業活動明細書」（別紙４） ・勘定科目は小区分まで記載 ・内部取引消去欄でサービス区分間の取引を消去 ・サービス区分が１つの拠点区分の場合省略可＊４ ・事業内容に応じて省略可＊５

＊１　事業区分が社会福祉事業のみの法人の場合，第２号の２様式の作成を省略できます。この場合，財務諸表の注記（法人全体用）「５．法人が作成する財務諸表等と拠点区分，サービス区分」にその旨を記載します（運用指針７(1)）。

＊２　拠点区分が１つの法人は，第２号の２様式及び第２号の３様式の作成を省略できます。この場合，財務諸表の注記（法人全体用）「５．法人が作成する財務諸表等と拠点区分，サービス区分」にその旨を記載します（運用指針７(2)）。

＊３　拠点区分が１つの事業区分は，第２号の３様式の作成を省略できます。この場合，財務諸表の注記（法人全体用）「５．法人が作成する財務諸表等と拠点区分，サービス区分」にその旨を記載します（運用指針７(3)）。

＊４　サービス区分が１つの拠点区分は，拠点区分事業活動明細書（新会計基準別紙４）の作成を省略できます。この場合，財務諸表の注記（拠点区分用）「４．拠点が作成する財務諸表等とサービス区分」にその旨を記載します（運用指針７(4)）。

＊５　介護保険サービス及び障害福祉サービスを実施する拠点については，それぞれの事業ごとの事業活動状況を把握するため，拠点区分事業活動明細書（新会計基準別紙４）を作成するものとし，拠点区分資金収支明細書（新会計基準別紙３）の作成は省略することができます。

保育所運営費，措置費による事業を実施する拠点は，それぞれの事業ごとの資金収支状況を把握する必要があるため，拠点区分資金収支明細書（新会計基準別紙３）を作成するものとし，拠点区分事業活動明細書（新会計基準別紙４）の作成は省略することができます。

また，上記以外の事業を実施する拠点については，当該拠点で実施する事業の内容に応じて，拠点区分資金収支明細書及び拠点区分事業活動明細書のうちいずれか一方の明細書を作成するものとし，残る他方の明細書の作成は省略することができます。

上記に従い，拠点区分資金収支明細書（新会計基準別紙３）又は拠点区分事業活動明細書（新会計基準別紙４）を省略する場合には，財務諸表の注記（拠点区分用）「４．拠点が作成する財務諸表等とサービス区分」にその旨を記載します（運用指針５(3)）。

事業活動計算書に記載する勘定科目は，運用指針に別添3として定められています。

大区分の勘定科目は，必要に応じて省略できますが，追加・修正することはできません。中区分の勘定科目は，必要に応じて省略でき，やむを得ない場合にのみ追加することができます。小区分の勘定科目は，必要に応じて省略でき，適当な科目を追加することができます。また，小区分をさらに区分する必要がある場合には，小区分の下に適当な科目を設けることができます。

(3) 事業活動計算書の区分

旧会計基準と指導指針では，「事業活動収支の部」，「事業活動外収支の部」，「特別収支の部」及び「繰越活動収支差額の部」（指導指針では区分名称の規定なし）に区分されていましたが，新会計基準では，**図表3－8**のように「サービス活動増減の部」，「サービス活動外増減の部」，「特別増減の部」及び「繰越活動増減差額の部」に区分して記載されます。

なお，老健準則では，「施設運営事業損益計算」（新会計基準の「サービス活動の部」に相当），「経常損益計算」（新会計基準の「サービス活動外増減の部」に相当）及び「純損益計算」（新会計基準の「特別増減の部」に相当）の3つの区分とされていました。

図表3－8　【事業活動計算書の区分の変更】

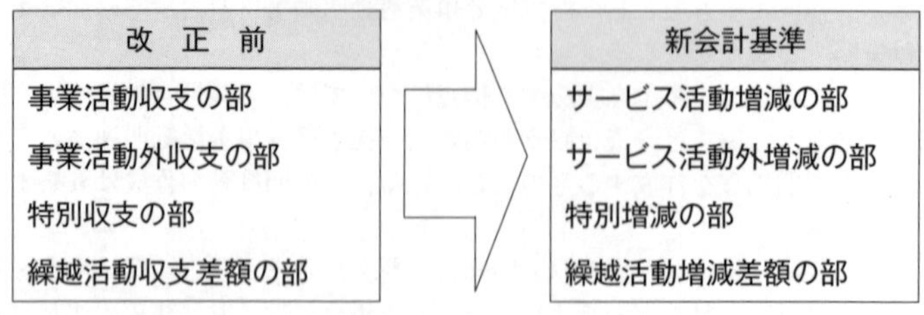

従来は，事業活動（収支）計算書上においても，「収入・支出」が用いられていましたが，新会計基準では，「収入・支出」は支払資金の増減を表す場合にのみ，すなわち資金収支計算においてのみ使用することとし，事業活動計算

は，純資産の「増減」に基づいて行い，その増減内容を「収益・費用」として表すこととされています。

①　サービス活動増減の部

サービス活動増減の部には，サービス活動による収益及び費用を記載してサービス活動増減差額を記載します。

減価償却費に対応して計上される国庫補助金等特別積立金取崩額は，従来，事業活動収支の部の収入として計上されていましたが，新会計基準では，サービス活動費用として計上される減価償却費等の控除項目（費用のマイナス）として計上する必要があります（新会計基準第３章第４(1)）。

②　サービス活動外増減の部

サービス活動外増減の部には，受取利息配当金，支払利息，有価証券売却損益並びにその他サービス活動以外の原因による収益及び費用であって経常的に発生するものを記載し，サービス活動外増減差額を記載します（新会計基準第３章第４(2)）。

③　特別増減の部

特別増減の部には，基本金とされる寄附金，国庫補助金等特別積立金とされる国庫補助金等の収益，固定資産売却等に係る損益，事業区分間又は拠点区分間の繰入れ及びその他の臨時的な損益（金額が僅少なものを除きます。）を記載し，基本金の組入額及び国庫補助金等特別積立金の積立額を減算して，特別増減差額を記載します。

国庫補助金等特別積立金の積立ての対象となった基本財産等が廃棄され又は売却された場合に取り崩される国庫補助金等特別積立金の額は，従来，特別収入の部の収入として計上されていましたが，新会計基準では，特別費用として計上される固定資産売却損・処分損の控除項目（費用のマイナス）として計上する必要があります（新会計基準第３章第４(4)）。

④ **繰越活動増減差額の部**

繰越活動増減差額の部は，前期繰越活動増減差額，基本金取崩額，その他の積立金取崩額，その他の積立金積立額を記載し，当期活動増減差額に当該項目を加減したものを，次期繰越活動増減差額として記載します（新会計基準第３章第４(6))。

(4) 事業区分間，拠点区分間及びサービス区分間の繰入金等の表示について

事業区分間，拠点区分間及びサービス区分間の繰入金や固定資産の移管がある場合は，当該取引を事業活動内訳表（第２号の２様式），事業区分事業活動内訳表（第２号の３様式），拠点区分事業活動計算書（第２号の４様式）及び拠点区分事業活動明細書（新会計基準別紙４）それぞれの「特別増減の部」区分に，**図表３－９**に示す勘定科目名を付して記載します。

図表３－９ 【繰入金等に係る勘定科目】

	勘定科目（大区分）	内　容
特別増減による収益	事業区分間繰入金収益	他の事業区分からの繰入金収益
	拠点区分間繰入金収益	同一事業区分内における他の拠点区分からの繰入金収益
	事業区分間固定資産移管収益	他の事業区分からの固定資産の移管による収益
	拠点区分間固定資産移管収益	同一事業区分内における他の拠点区分からの固定資産の移管による収益
特別増減による費用	事業区分間繰入金費用	他の事業区分への繰入額
	拠点区分間繰入金費用	同一事業区分内における他の拠点区分への繰入額
	事業区分間固定資産移管費用	他の事業区分への固定資産の移管額
	拠点区分間固定資産移管費用	同一事業区分内における他の拠点区分への固定資産の移管額

該当する内部取引がある場合は，各事業活動計算書（第２号の２様式，第２号の３様式，新会計基準別紙４）の内部取引消去欄において，段階的に相殺消去す

る必要があります。この相殺消去はあくまで表示上での処理ですので，仕訳を取り消すものではありません。

具体的には，まず，拠点区分内で行われる各サービス区分間での内部取引がある場合は，拠点区分事業活動明細書（新会計基準別紙４）の内部取引消去欄において各サービス区分間の内部取引が消去されます。次に，事業区分事業活動内訳表（第２号の３様式）の内部取引消去欄において，各拠点区分間での内部取引が消去されます。最後に，事業活動内訳表（第２号の２様式）の内部取引消去欄において各事業区分間での内部取引が消去されることになります。

(5)　共通収益費用の配分

事業活動計算を行うに当たっては，事業区分，拠点区分又はサービス区分に共通する収益及び費用を，合理的な基準に基づいて配分するとされています（新会計基準第３章第７）。

配分方法，特定科目の取扱いについては，**第３章2**(6)（70頁）を参照して下さい。

(6)　その他の事業活動計算書関連項目

①　寄附金（運用指針９）

(i)　金銭の寄附

金銭の寄附は，寄附目的により拠点区分の帰属を決定し，当該拠点区分の事業活動計算書の経常経費寄附金収益又は施設整備等寄附金収益として計上し，あわせて資金収支計算書の経常経費寄附金収入又は施設整備等寄附金収入として計上するものとされています。

(ii)　物品の寄附

寄附物品については，取得時の時価により，経常経費に対する寄附物品であれば事業活動計算書の経常経費寄附金収益として計上し，あわせて資金収支計算書の経常経費寄附金収入として計上します。土地などの支払資金の増減に影響しない寄附物品については，事業活動計算書の固定資産受贈額として計上し，資金収支計算書には計上されません。

ただし，当該物品が飲食物等で即日消費されるもの又は社会通念上受取寄附金として扱うことが不適当なものはこの限りではありません。

なお，寄附金及び寄附物品を収受した場合においては，寄附者から寄附申込書を受けることとし，附属明細書「寄附金収益明細書」（運用指針別紙②）を作成し，寄附者，寄附目的，寄附金額等を記載します。

(iii) 共同募金会

共同募金会からの受配者指定寄附金のうち，施設整備及び設備整備に係る配分金（資産の取得等に係る借入金の償還に充てるものも含みます）は，施設整備等寄附金収益として計上し，あわせて資金収支計算書の施設整備等寄附金収入として計上します。このうち基本金として組入れすべきものは，基本金に組み入れるものとされています。

また，受配者指定寄附金のうち経常的経費に係る配分金は，経常経費寄附金収益として計上し，あわせて資金収支計算書の経常経費寄附金収入として計上します。

一方，受配者指定寄附金以外の配分金のうち，経常的経費に係る配分金は，事業活動計算書におけるサービス活動増減の部の補助金事業収益及び資金収支計算書における事業活動による収支の補助金事業収入に計上します。

また，受配者指定寄附金以外の配分金のうち施設整備及び設備整備に係る配分金は事業活動計算書の施設整備等補助金収益及び資金収支計算書の施設整備等補助金収入に計上し，国庫補助金等特別積立金を積み立てることとされています。

② 各種補助金（運用指針10）

施設整備等に係る補助金，借入金元金償還補助金，借入金利息補助金及び経常経費補助金等の各種補助金については，補助の目的に応じて帰属する拠点区分を決定し，事業活動計算書及び資金収支計算書ともに当該区分で受け入れます。

また，補助金を受領した場合は，附属明細書「補助金収益明細書」（運用指針別紙③）を作成します。

4 貸借対照表

(1) 貸借対照表の内容

貸借対照表は，当該会計年度末現在におけるすべての資産，負債及び純資産の状態を明瞭に表示するものでなければなりません（新会計基準第4章第1）。

(2) 貸借対照表の種類及び様式

貸借対照表には，法人全体を表示する「貸借対照表」，事業区分の情報を表示する「貸借対照表内訳表」及び「事業区分貸借対照表内訳表」，拠点区分別の情報を表示する「拠点区分貸借対照表」があります。それぞれの様式は第3号の1様式から第3号の4様式として規定されています。

「貸借対照表」と「拠点区分貸借対照表」は，当年度末及び前年度末の比較形式で記載します。

図表3－10に作成する貸借対照表の種類と作成のポイントをまとめます。

図表3－10　【貸借対照表の種類・作成のポイント】

種　　類	作成のポイント
貸借対照表 （法人全体）	・「貸借対照表」（第3号の1様式） ・２期表示（新会計基準移行初年度は当期分のみ） ・勘定科目は中区分まで記載
貸借対照表内訳表 （法人全体を事業区分別に表示）	・「貸借対照表内訳表」（第3号の2様式） ・勘定科目は中区分まで記載 ・内部取引消去欄で事業区分間の内部貸借取引残高を消去 ・事業区分が社会福祉事業のみの法人の場合省略可＊1 ・拠点区分が1つの法人の場合省略可＊2

事業区分貸借対照表内訳表(各事業区分を拠点区分別に表示)	・「○○事業区分　貸借対照表内訳表」(第３号の３様式) ・勘定科目は中区分まで記載 ・内部取引消去欄で拠点区分間の内部貸借取引残高を消去 ・拠点区分が１つの法人の場合省略可＊2 ・拠点区分が１つの事業区分の場合省略可＊3
拠点区分貸借対照表 (１つの拠点を表示)	・「○○拠点区分　貸借対照表」(第３号の４様式) ・２期表示（新会計基準移行初年度は当期分のみ） ・勘定科目は中区分まで記載

＊1　事業区分が社会福祉事業のみの法人の場合，第３号の２様式の作成を省略できます。この場合，財務諸表の注記（法人全体用）「5．法人が作成する財務諸表等と拠点区分，サービス区分」にその旨を記載します（運用指針７(1)）。

＊2　拠点区分が１つの法人は，第３号の２様式及び第３号の３様式の作成を省略できます。この場合，財務諸表の注記（法人全体用）「5．法人が作成する財務諸表等と拠点区分，サービス区分」にその旨を記載します（運用指針７(2)）。

＊3　拠点区分が１つの事業区分は，第３号の３様式の作成を省略できます。この場合，財務諸表の注記（法人全体用）「5．法人が作成する財務諸表等と拠点区分，サービス区分」にその旨を記載します（運用指針７(3)）。

貸借対照表に記載する勘定科目は，運用指針に別添３として定められています。

大区分の勘定科目は，必要に応じて省略できますが，追加・修正することはできません。中区分の勘定科目は，必要に応じて省略でき，やむを得ない場合にのみ追加することができます。

(3)　貸借対照表の区分

貸借対照表は，資産の部，負債の部及び純資産の部に分かち，さらに資産の部を流動資産及び固定資産に，負債の部を流動負債及び固定負債に区分しなければなりません（新会計基準第４章第２）。

なお，新会計基準では，新たな会計手法としてワン・イヤー・ルール（１年基準）が導入されており，資産・負債項目の流動・固定分類方法が一部変更されています。詳細については，**第１章3**(1)（13頁）を参照して下さい。

(4)　事業区分間及び拠点区分間の取引残高の表示について

事業区分間及び拠点区分間での資金貸借等の取引によって生じた残高がある

場合は，当該残高を貸借対照表内訳表（第３号の２様式）及び事業区分貸借対照表内訳表（第３号の３様式）」の適当な区分に，**図表３－11**に示す勘定科目名を付して記載します。

図表３－11　【資金貸借残高に係る勘定科目】

	勘定科目（中区分）	内　　容
流動資産	１年以内回収予定事業区分間長期貸付金	事業区分間長期貸付金のうち，貸借対照表日の翌日から起算して１年以内に入金の期限が到来するもの（ワン・イヤー・ルールにより流動資産へ振り替えたもの）
	１年以内回収予定拠点区分間長期貸付金	拠点区分間長期貸付金のうち，貸借対照表日の翌日から起算して１年以内に入金の期限が到来するもの（ワン・イヤー・ルールにより流動資産へ振り替えたもの）
	事業区分間貸付金	他の事業区分への貸付額
	拠点区分間貸付金	同一事業区分内における他の拠点区分への貸付額
固定資産	事業区分間長期貸付金	他の事業区分への貸付金で貸借対照表日の翌日から起算して入金の期限が１年を超えて到来するもの
	拠点区分間長期貸付金	同一事業区分内における他の拠点区分への貸付金で貸借対照表日の翌日から起算して入金の期限が１年を超えて到来するもの
流動負債	１年以内返済予定事業区分間借入金	事業区分間長期借入金のうち，貸借対照表日の翌日から起算して１年以内に支払の期限が到来するもの（ワン・イヤー・ルールにより流動負債へ振り替えたもの）
	１年以内返済予定拠点区分間借入金	拠点区分間長期借入金のうち，貸借対照表日の翌日から起算して１年以内に支払の期限が到来するもの（ワン・イヤー・ルールにより流動負債へ振り替えたもの）
	事業区分間借入金	他の事業区分からの借入額
	拠点区分間借入金	同一事業区分内における他の拠点区分からの借入額
固定負債	事業区分間長期借入金	他の事業区分からの借入金で貸借対照表日の翌日から起算して支払の期限が１年を超えて到来するもの
	拠点区分間長期借入金	同一事業区分内における他の拠点区分からの借入金で貸借対照表日の翌日から起算して支払の期限が１年を超えて到来するもの

また，該当する残高がある場合は，各貸借対照表（第３号の２様式，第３号の３様式）の内部取引消去欄において，段階的に相殺消去する必要があります。この相殺消去はあくまで表示上での処理ですので，仕訳を取り消すものではありません。

具体的には，まず，事業区分貸借対照表内訳表（第３号の３様式）の内部取引消去欄において，各拠点区分間での内部取引による残高が消去されます。次に，貸借対照表内訳表（第３号の２様式）の内部取引消去欄において各事業区分間での内部取引による残高が消去されることになります。

なお，事業区分間及び拠点区分間の貸付金（借入金）残高について，附属明細書「事業区分間及び拠点区分間貸付金（借入金）残高明細書」（運用指針別紙⑤）を作成します。また，拠点区分資金収支明細書（新会計基準別紙３）を作成した拠点区分においては，サービス区分間の貸付金（借入金）残高について，附属明細書「サービス区分間貸付金（借入金）残高明細書」（運用指針別紙⑩）を作成します（運用指針12）。

(5) 資産の評価

① 取得原価主義

資産の貸借対照表価額は，原則として，当該資産の取得価額を基礎として計上しなければなりません。また，受贈，交換によって取得した資産の取得価額は，その取得時における公正な評価額とするとされています（新会計基準第４章第３(1)）。

具体的には，通常要する価額と比較して著しく低い価額で取得した資産又は贈与された資産の評価は，取得又は贈与のときにおける当該資産の取得のために通常要する価額をもって行い，交換により取得した資産の評価は，交換に対して提供した資産の帳簿価額をもって行います（新会計基準注解（注15））。

② 外貨建資産負債

外国通貨，外貨建金銭債権債務（外貨預金を含む。）及び外貨建有価証券等については，原則として，決算時の為替相場による円換算額を付すものとし，決算時における換算によって生じた換算差額は，原則として，当期の為替差損益として処理するとされています（新会計基準注解（注14））。

③　資産の時価の下落

資産の時価が著しく下落したときは，回復の見込みがあると認められる場合を除き，時価をもって貸借対照表価額としなければならないとされています（新会計基準第４章第３(6)）。

ここでいう著しい下落とは，時価が帳簿価額から概ね50％を超えて下落している場合をいいます（運用指針20(3)）。

なお，新会計基準においては，有形固定資産及び無形固定資産について使用価値を算定でき，かつ使用価値が時価を超える場合には，取得価額から減価償却累計額を控除した価額を超えない限りにおいて使用価値をもって貸借対照表価額とすることができるものとされています。

このいわゆる減損会計の詳細については，**第１章３**(5)（31頁）を参照して下さい。

(6)　純　資　産

貸借対照表の純資産は，基本金，国庫補助金等特別積立金，その他の積立金及び次期繰越活動増減差額に区分されます（新会計基準第４章第４(1)）

①　基　本　金

基本金には，社会福祉法人が事業開始等に当たって財源として受け取った寄附金の額を計上します（新会計基準第４章第４(2)）。

(i)　基本金の種類

新会計基準では，基本金への組入れは，法人の設立及び増築等に充てるため，又は法人の創設や増築等のときに運転資金に充てるため収受した寄附金のみに限定されています。旧会計基準で認められていた，いわゆる第四号基本金（当期末繰越活動収支差額を原資とした組入れ）は廃止されていますので留意が必要です。

新会計基準での基本金は，**図表3－12**の３種類が規定されています（新会計基準注解（注12））。

図表3－12　【基本金の内容及び留意事項】

号	内　　容	留意事項（運用指針14(1)）
1	社会福祉法人の設立並びに施設の創設及び増築等のために基本財産等を取得すべきものとして指定された寄附金の額	社会福祉法人の設立並びに施設の創設及び増築等のために基本財産等＊1を取得すべきものとして指定された寄附金の額とは，土地，施設の創設，増築，増改築における増築分，拡張における面積増加分及び施設の創設及び増設等時における初度設備整備，非常通報装置設備整備，屋内消火栓設備整備等の基本財産等の取得に係る寄附金の額とします。 地方公共団体から無償又は低廉な価額により譲渡された土地，建物の評価額（又は評価差額）は，寄附金とせずに，国庫補助金等に含めて取り扱います。 なお，設備の更新，改築等に当たっての寄附金は基本金に含めません。
2	前号の資産の取得等に係る借入金の元金償還に充てるものとして指定された寄附金の額	資産の取得等に係る借入金の元金償還に充てるものとして指定された寄附金の額とは，施設の創設及び増築等のために基本財産等を取得するに当たって，借入金が生じた場合において，その借入金の返済を目的として収受した寄附金の総額をいいます。
3	施設の創設及び増築時等に運転資金に充てるために収受した寄附金の額	施設の創設及び増築時等に運転資金に充てるために収受した寄附金の額とは，「社会福祉法人審査要領」に規定する＊2，当該法人の年間事業費の12分の１以上に相当する寄附金の額及び増築等の際に運転資金に充てるために収受した寄附金の額をいいます。

＊1　旧会計基準では，「基本財産等（固定資産に限る）」とされていましたが，新会計基準では，限定が解除されています。すなわち，固定資産計上基準に満たない備品等も対象になりました。

＊２　平成12年12月１日障企第59号，社援企第35号，老計第52号，児企第33号厚生省大臣官房障害保健福祉部企画課長，厚生省社会・援護局企画課長，厚生省老人保健福祉局計画課長，厚生省児童家庭局企画課連名通知「社会福祉法人の認可について」の別添社会福祉法人審査要領第２(3)に，「法人を設立する場合にあっては，必要な資産として運用財産のうちに当該法人の年間事業費の12分の１以上に相当する現金，普通預金又は当座預金等を有していなければならない」と規定されています。

(ii)　基本金の組入れ

基本金への組入れは，基本金組入れの対象となる寄附金を事業活動計算書の特別収益に計上した後，その収益に相当する額を基本金組入額として特別費用に計上して行います（新会計基準注解（注12））。

複数の施設に対して一括して寄附金を受け入れた場合には，最も合理的な基準に基づいて各拠点区分に配分する必要があります。

なお，基本金の組入れは会計年度末に一括して合計額を計上することができるとされています（運用指針14(2)）。

(iii)　基本金の取崩し

社会福祉法人が事業の一部又は全部を廃止し，かつ基本金組入れの対象となった基本財産又はその他の固定資産が廃棄され，又は売却された場合には，当該事業に関して組み入れられた基本金の一部又は全部の額を取り崩し，その金額を事業活動計算書の繰越活動増減差額の部に計上します（新会計基準注解（注13））。

この基本金の取崩しについては各拠点区分において取崩しの処理を行います。

なお，基本金を取り崩す場合には，基本財産の取崩しと同様，事前に所轄庁に協議し，内容の審査を受けなければなりません（運用指針14(3)）。

(iv)　基本金明細書

基本金の組入れ及び取崩しに当たっては，附属明細書「基本金明細書」（運用指針別紙⑥）を作成し，それらの内容を記載します（運用指針14(4)）。

②　国庫補助金等特別積立金

国庫補助金等特別積立金には，施設及び設備の整備のために国又は地方公共団体等から受領した補助金，助成金及び交付金等（国庫補助金等）の額を計上します（新会計基準第４章第４(3)）。

10万円未満の初度設備等固定資産以外についても国庫補助金等特別積立金の対象となります。この場合は，初度設備を購入した年度に国庫補助金等特別積立金を積んだ上で，同年度に取崩しを行います。

(i)　国庫補助金等

ここでいう国庫補助金等とは，「社会福祉施設等施設整備費の国庫負担（補助）について（平成17年10月５日厚生労働省発社援第1005003号）」に定める施設整備事業に対する補助金など，主として固定資産の取得に充てられることを目的として，国及び地方公共団体等から受領した補助金，助成金及び交付金等をいいます。

また，自転車競技法第24条第６号などに基づいたいわゆる民間公益補助事業による助成金等及び施設整備・設備整備目的で共同募金会から受ける受配者指定寄附金以外の配分金もこの国庫補助金等に含みます。

なお，設備資金借入金の返済時期にあわせて執行される補助金（設備資金元金償還補助金）等のうち，施設整備時又は設備整備時においてその受領金額が確実に見込まれており，実質的に施設整備事業又は設備整備事業に対する補助金等に相当するものは国庫補助金等とします（運用指針15(1)）。この設備資金元金償還補助金は，指導指針では国庫補助金等特別積立金の積立対象とされていましたが，旧会計基準では積立対象とされていませんでした。

(ii)　国庫補助金等特別積立金の積立て

国庫補助金等特別積立金の積立ては，国庫補助金等の収益額を事業活動計算書の特別収益に計上した後，その収益に相当する額を国庫補助金等特別積立金積立額として特別費用に計上して行います（新会計基準注解（注11））。

国庫補助金等特別積立金については，国又は地方公共団体等から受け入れた補助金，助成金及び交付金等の額を各拠点区分で積み立てることとし，合築等により受け入れる拠点区分が判明しない場合，又は複数の施設に対して補助金を受け入れた場合には，最も合理的な基準に基づいて各拠点区分に配分します。

設備資金元金償還補助金等のうち，施設整備時又は設備整備時においてその受領金額が確実に見込まれており，実質的に施設整備事業又は設備整備事業に対する補助金等に相当するものとして国庫補助金等とされたものは，実際に償還補助があったときに当該金額を国庫補助金等特別積立金に積み立てます（後述しますが，取崩しは償還補助総額をベースに行うため，積立てと取崩しの時期にズレが生じます。）。

ここで，設備資金元金償還補助金を積み立てる場合の具体例及び附属明細書「基本財産及びその他の固定資産（有形・無形固定資産）の明細書」（新会計基準別紙1）の記載方法については，**第3章6**(3)①（120頁）を参照して下さい。

また，当該国庫補助金等が計画どおりに入金されなかった場合については，差額部分を当初の予定額に加減算して，再度配分計算を行います。ただし，当該金額が僅少な場合は，再計算を省略することも可能です。さらに，設備資金借入金の償還補助が打ち切られた場合の国庫補助金等については，差額部分を当初の予定額に加減算して，再度配分計算をし，経過期間分の修正を行います。当該修正額は原則として事業活動計算書の特別増減の部に記載しますが，重要性が乏しい場合はサービス活動外増減の部に記載することも可能です（運用指針15(2))。

(iii)　国庫補助金等特別積立金の取崩し

国庫補助金等特別積立金は，施設及び設備の整備のために国又は地方公共団体等から受領した国庫補助金等に基づいて積み立てられたものであり，当該国庫補助金等の目的は，社会福祉法人の資産取得のための負担を軽減し，社会福祉法人が経営する施設等のサービス提供者のコスト負担を軽減することを通して，利用者の負担を軽減することにあります。

したがって，国庫補助金等特別積立金は，毎会計年度，国庫補助金等により取得した資産の減価償却費等により事業費用として費用配分される額の国庫補助金等の当該資産の取得原価に対する割合に相当する額を取り崩し，事業活動計算書のサービス活動費用に減価償却費等の控除項目として計上します（旧会計基準及び指導指針では，事業活動収支の部の収入として計上）。

また，国庫補助金等特別積立金の積立ての対象となった基本財産等が廃棄され又は売却された場合には，当該資産に相当する国庫補助金等特別積立金の額を取り崩し，事業活動計算書の特別費用に控除項目として計上します（旧会計基準及び指導指針では，特別収入として計上）（新会計基準注解（注10））。

これらの取崩しは，各拠点区分で処理する必要があります。

さらに，設備資金元金償還補助金に相当するものとして積み立てられた国庫補助金等特別積立金の取崩しは，償還補助総額を基礎として，すなわち全額が積立済みと仮定して，減価償却費等に対応する額を算出することにより行われます（実際の積立額は，実際の償還補助額により行われるため，取崩しと積立ての時期にズレが生じます。）。

なお，非償却資産である土地に対する国庫補助金等は，原則として取崩しという事態は生じず，将来にわたっても純資産に計上されます（運用指針15(2)）。

(iv) 国庫補助金等特別積立金明細書

国庫補助金等特別積立金の積立て及び取崩しに当たっては，附属明細書「国庫補助金等特別積立金明細書」（運用指針別紙⑦）を作成し，それらの内容を記載します（運用指針15(2)）。

③ その他の積立金

その他の積立金には，将来の特定の目的の費用又は損失に備えるため，理事会の議決に基づき事業活動計算書の当期末繰越活動増減差額から積立金として積み立てた額を計上するものとされています（新会計基準第４章第４(4)）。

当期末繰越活動増減差額にその他の積立金取崩額を加算した額に余剰が生じ

た場合には，その範囲内で将来の特定の目的のために積立金を積み立てることができるものとされています。積立金を計上する際は，積立ての目的を示す名称を付し，同額の積立資産を積み立てる必要があります。積立金に対応する積立資産を取り崩す場合には，当該積立金も同額取り崩す必要があります（新会計基準注解（注20））。

なお，積立金及び積立資産がある場合は，積立金・積立資産明細書（運用指針別紙⑧）を作成し，それらの増減内容を記載します。

(7)　その他の貸借対照表関連項目

①　現金預金

現金及び預貯金は，原則として流動資産に属するものとされていますが，特定の目的で保有する預貯金及び長期借入金の担保に供している預貯金は，固定資産に区分し，「○○積立資産」等の当該目的を示す適当な科目で表示することとされています（新会計基準注解（注７））。

②　債権・債務

受取手形，未収金及び貸付金等の債権については，取得価額から徴収不能引当金を控除した額をもって貸借対照表価額とします（新会計基準第４章第３(2)）。

支払手形，未払金及び借入金等の債務は，その債務額をもって貸借対照表価額とします。

③　有価証券

有価証券に関しては，**第１章３**(2)（14頁）を参照して下さい。

④　棚卸資産

棚卸資産については，原則として，資金収支計算書上は購入時等に支出として処理しますが，事業活動計算書上は当該棚卸資産を販売等したときに費用として処理します。

ただし，消耗品及び介護用品等の貯蔵品等については，重要性があるものを除き，購入時等に支出及び費用として処理することができるものとされています（新会計基準注解（注２），運用指針16）。

棚卸資産は，取得価額をもって貸借対照表価額としますが，時価が取得価額よりも下落した場合には，時価をもって貸借対照表価額とするとされています（新会計基準第４章３⑷）。

旧会計基準では，取得価額を貸借対照表価額とする原価基準が採用されていましたが，新会計基準では，期末の取得原価と時価とを比較してどちらか低い価額で棚卸資産を評価する低価基準が採用されています。なお，老健準則は，原価基準と低価基準が選択可能とされています。

⑤ 基本財産

社会福祉法人の資産の区分は，基本財産，運用財産，公益事業用財産（公益事業を行う場合に限ります。）及び収益事業用財産（収益事業を行う場合に限ります。）とされており，法人が所有する固定資産のうち，基本財産とされたものが，貸借対照表において，その他の固定資産と区分して「基本財産」として表示されます。

社会福祉施設を経営する法人にあっては，すべての施設についてその施設の用に供する不動産を基本財産としなければならず，さらに法人が重要と認める財産を基本財産とすることができます。具体的には，土地，建物，定期預金及び投資有価証券等がその対象になりますが，そのうち有形固定資産については，個々の資産の管理を行うため，固定資産管理台帳を作成する必要があります（運用指針24）。

基本財産に増減がある場合は，法人全体及び拠点区分別の財務諸表の注記において，「基本財産の増減の内容及び金額」として開示を行い，増減がない場合は，項目名を記載したうえで，「該当事項なし」等とその旨を記載する必要があります。詳細は，**第３章５**⑴⑥（106頁）を参照して下さい。

また，附属明細書「基本財産及びその他の固定資産（有形・無形固定資産）の明細書」（新会計基準別紙１）において増減内容や償却額等が開示されます。詳細は，**第３章６**(3)①（120頁）を参照して下さい。

⑥　有形固定資産・無形固定資産関連

有形固定資産及び無形固定資産については，その取得価額から減価償却累計額を控除した価額をもって貸借対照表価額とします（新会計基準第４章第３(5)）。

(i)　減価償却

減価償却については，新会計基準注解（注17）及び運用指針17にその方法等が以下のように規定されています。

(ア)　減価償却の対象及び単位

耐用年数が１年以上，かつ，原則として１個もしくは１組の金額が10万円以上の有形固定資産及び無形固定資産（以下「償却資産」）に対して毎期一定の方法により，個別の資産ごとに償却計算を行います。

なお，土地など減価が生じない資産（非償却資産）については，減価償却を行うことはできません。

(イ)　減価償却の方法

減価償却の方法としては，有形固定資産については定額法又は定率法のいずれかの方法で償却計算を行い，ソフトウエア等の無形固定資産については定額法により償却計算を行います。

償却方法は，拠点区分ごと，資産の種類ごとに選択して，適用することができます。

(ウ)　残存価額

・平成19年３月31日以前に取得した有形固定資産

残存価額を取得価額の10％として償却計算を行います。

耐用年数到来時においても使用し続けている有形固定資産については，さらに，備忘価額（１円）まで償却を行うことが可能です。

・平成19年４月１日以降に取得した有形固定資産

残存価額をゼロとして償却計算を行い，償却累計額が当該資産の取得価額から備忘価額（１円）を控除した金額に達するまで償却します。

・無形固定資産

無形固定資産については，当初より残存価額をゼロとして減価償却を行います。

(エ) 耐用年数及び償却率等

耐用年数や減価償却計算は，原則として「減価償却資産の耐用年数等に関する省令」（昭和40年大蔵省令第15号）によるものとし，適用する償却率は運用指針Ⅰ別添２「減価償却資産の償却率，改訂償却率及び保証率表」によるとされています。

(オ) 減価償却計算期間の単位

減価償却費の計算は，原則として１年を単位として行います。

ただし，年度の中途で取得又は売却・廃棄した減価償却資産については，月を単位（月数は暦に従って計算し，１か月に満たない端数を生じたときはこれを１か月とします）として計算を行うことになります。

(カ) 減価償却費の配分の基準

複数の拠点区分又はサービス区分に共通して発生する減価償却費のうち，国庫補助金等により取得した償却資産に関する減価償却費は，国庫補助金等の補助目的に沿った拠点区分又はサービス区分に配分します。

それ以外の複数の拠点区分又はサービス区分に共通して発生する減価償却費については，利用の程度に応じた面積，人数等の合理的基準に基づいて毎期継続的に各拠点区分又はサービス区分に配分します。

なお，減価償却の方法については，重要な会計方針として注記が必要となります。

(ii) リース会計

リース会計については，**第１章3**(3)（19頁）を参照して下さい。

(iii) 減損会計

減損会計については，第１章3(5)（31頁）を参照して下さい。

(iv) 基本財産及びその他の固定資産の明細書

有形固定資産及び無形固定資産の増減内容等については，附属明細書「基本財産及びその他の固定資産（有形・無形固定資産）の明細書」（新会計基準別紙１）を作成して開示します（新会計基準第６章２(2)）。詳細は，第３章6(3)①（120頁）を参照して下さい。

(v) 固定資産管理台帳

基本財産（有形固定資産）及びその他の固定資産（有形固定資産及び無形固定資産）は個々の資産の管理を行うため，固定資産管理台帳を作成するものとされています（運用指針24）。

⑦ 積立資産

その他の積立金を積み立てる際は，同額の積立資産を積み立てることとされていますが，資金管理上の理由等から積立資産の積立てが必要とされる場合には，その名称・理由を明確化したうえで積立金を積み立てずに積立資産を計上することができます（運用指針19(1)）。

積立金と積立資産の積立ては，増減差額の発生した年度の財務諸表に反映させますが，積立資産を専用の預金口座で管理する場合は，遅くとも決算理事会終了後２か月を越えないうちに行うものとされています（運用指針19(2)）。

なお，積立金及び積立資産がある場合は，附属明細書「積立金・積立資産明細書」（運用指針別紙⑧）を作成し，それらの増減内容を記載します。積立金を計上せずに積立資産を積み立てる場合には，当該明細書の摘要欄にその理由を明記する必要があります。

⑧ 引　当　金

引当金として計上すべきものがある場合には，当該内容を示す科目を付して，その残高を負債の部に計上又は資産の部の控除項目として記載します（新会計基準第４章第３(7)）。しかし，重要性の乏しいものについては，計上しないことができます（新会計基準注解（注２））。

(i) 引当金の要件及び種類

将来の特定の費用又は損失であって，その発生が当該会計年度以前の事象に起因し，発生の可能性が高く，かつその金額を合理的に見積もることができる場合に引当金を計上することができます。

この場合，当該会計年度の負担に属する金額を当該会計年度の費用として引当金に繰り入れ，当該引当金の残高を貸借対照表の負債の部に計上又は資産の部に控除項目として記載します（新会計基準注解（注19））。

新会計基準では，当分の間，原則として，計上できる引当金を徴収不能引当金，賞与引当金及び退職給付引当金に限るとしています（運用指針18(4)）。

(ii) 徴収不能引当金

原則として，毎会計年度末において徴収することが不可能な債権を個別に判断し，当該債権のうち徴収不能な部分を徴収不能引当金として計上します。それ以外の債権（一般債権）については，過去の徴収不能額の発生割合に応じた金額を徴収不能引当金として計上します（指導指針18(1)）。

徴収不能引当金は，引当ての対象となった金銭債権から控除されますが，貸借対照表上，当該債権から直接控除して表示した場合には，財務諸表の注記が必要とされています（新会計基準第５章(10)）。

(iii) 賞与引当金

法人と職員との雇用関係に基づき，毎月の給料の他に賞与を支給する場合において，翌期に支給する職員の賞与のうち，支給対象期間が当期に帰属する支給見込額を賞与引当金として計上します（運用指針18(2)）。

なお，賞与引当金は，通常１年以内に使用されるものですので流動負債に計上します。

(iv)　退職給付引当金

職員に対し退職金を支給することが定められている場合には，将来支給する退職金のうち，当該会計年度の負担に属すべき金額を当該会計年度の費用に計上し，負債として認識すべき残高を退職給付引当金として計上します（新会計基準注解（注19））。

会計処理等の詳細については，**第１章3**(4)退職給付会計（27頁）を参照して下さい。

なお，退職給付引当金は，通常１年を超えて使用される見込みのものであるため固定負債に計上します。

(v)　引当金明細書

引当金がある場合は，附属明細書「引当金明細書」（新会計基準別紙２）を作成し，それらの増減内容を記載します。

⑨　借　入　金

借入金の借入れ及び償還に係る会計処理は，借入目的に応じて，各拠点区分で処理します。

なお，資金を借り入れた場合については，附属明細書「借入金明細書」（運用指針別紙①）を作成し，借入先，当期借入額及び当期償還額等を記載します。その際，独立行政法人福祉医療機構と協調融資（独立行政法人福祉医療機構の福祉貸付が行う施設整備のための資金に対する融資とあわせて行う同一の財産を担保とする当該施設整備のための資金に対する融資をいいます。）に関する契約を結んだ民間金融機関に対して基本財産を担保に供する場合は，借入金明細書の借入先欄の金融機関名の後に（協調融資）と記載します。

また，法人が将来受け取る債権を担保として供する場合には，財務諸表の注記及び借入金明細書の担保資産欄にその旨を記載します（運用指針8）。

5　財務諸表の注記

(1)　注記の内容

財務諸表には以下**図表３－13**の注記をしなければならないとされています（新会計基準第５章）。

図表３－13　【注記事項】

	注記項目	法人全体で記載（第３号の３様式の後）	拠点区分で記載（第３号の４様式の後）
①（新設）	継続事業の前提に関する注記	●	
②	資産の評価基準及び評価方法，固定資産の減価償却方法，引当金の計上基準等財務諸表の作成に関する重要な会計方針	○	○
③	重要な会計方針を変更したときは，その旨，変更の理由及び当該変更による影響額	●	●
④（新設）	法人で採用する退職給付制度	○	○
⑤（新設）	法人が作成する財務諸表等と拠点区分，サービス区分	○	○
⑥	基本財産の増減の内容及び金額	○	○
⑦	新会計基準第３章第４(4)及び(6)の規定により，基本金又は国庫補助金等特別積立金の取崩しを行った場合には，その旨，その理由及び金額	○	○
⑧	担保に供している資産	○	○

⑨ （新設）	固定資産について減価償却累計額を直接控除した残額のみを記載した場合には，当該資産の取得価額，減価償却累計額及び当期末残高	●	●
⑩ （新設）	債権について徴収不能引当金を直接控除した残額のみを記載した場合には，当該債権の金額，徴収不能引当金の当期末残高及び当該債権の当期末残高	●	●
⑪ （新設）	満期保有目的の債券の内訳並びに帳簿価額，時価及び評価損益	○	○
⑫ （新設）	関連当事者との取引の内容	○	
⑬ （新設）	重要な偶発債務	○	
⑭	重要な後発事象	○	○
⑮	その他社会福祉法人の資金収支及び純資産増減の状況並びに資産，負債及び純資産の状態を明らかにするために必要な事項	○	○

○：該当がない場合でも，「該当なし」等として必ず記載が必要
●：該当がない場合は，項目自体省略可能

新会計基準では，上記①，④，⑤，⑨，⑩，⑪，⑫，⑬の注記事項が新たに追加されています。

注記は，法人全体及び拠点区分の２箇所において開示されます。

法人全体では，①～⑮の全項目について，事業区分貸借対照表内訳表（第３号の３様式）の後に記載されます。

拠点区分では，①，⑫，⑬以外の項目について，拠点区分貸借対照表（第３号の４様式）の後に記載されます。ただし，拠点区分が１つの法人の場合，拠点区分で記載する注記については省略することができます。

なお，法人全体及び拠点区分で該当する内容がない項目についても，①，③，⑨及び⑩を除いては，項目名の記載は省略できません。この場合は，当該項目に「該当なし」のようにその旨を記載する必要があります（運用指針21⑵）。

以下，それぞれの注記事項について，新会計基準のひな型を参考に記載例等を示します。

① 継続事業の前提に関する注記

社会福祉法人の財務諸表は，事業を継続して行うことを前提として作成されるものであるため，継続事業体として事業活動を継続できない可能性が高まった場合（事業ごとに判断するのではなく，法人全体の存続に疑義が生じた場合に限ります）には，その旨等注記を行うことにより，財務諸表作成の前提に疑義が生じていることを注意喚起することが必要となります。

貸借対照表日において，単独で又は複合して継続事業の前提に重要な疑義を生じさせるような事象又は状況として，以下のような項目が例として挙げられます。

＜財務指標関係＞

・ 事業収益の著しい減少
・ 継続的な事業活動資金収支差額又はサービス活動増減差額のマイナス
・ 債務超過

＜財務活動関係＞

・ 経常的な取引から発生する債務の返済の困難性
・ 借入金の返済条項の不履行又は履行の困難性
・ 新たな資金調達の困難性

＜事業活動関係＞

・ 主要な仕入先からの与信又は取引継続の拒絶
・ 事業活動に不可欠な重要な権利の失効
・ 事業活動に不可欠な人材の流出

＜その他＞

・ 巨額な損害賠償金の負担の可能性

これらの事象又は状況が存在する場合であって，当該事象又は状況を解消し，又は改善するための対応をしてもなお継続事業の前提に関する重要な不確実性が認められるときは，継続事業の前提に関する事項として，以下の(i)から(iv)の事項を注記します。

(i)　当該事象又は状況が存在する旨及びその内容

(ii)　当該事象又は状況を解消し，又は改善するための対応策

(iii)　当該重要な不確実性が認められる旨及びその理由

(iv)　当該重要な不確実性の影響を財務諸表に反映しているか否かの別

なお，当該注記は，法人全体にのみ記載すればよく，該当がない場合は，項目自体を省略することができます。

<記載例>

1．継続事業の前提に関する注記

当法人は，当会計年度において，▲○○円の当期活動増減差額を計上した結果，○○円の債務超過になっている。当該状況により，継続事業の前提に重要な疑義を生じさせるような状況が存在している。

当法人は，当該状況を解消すべく，……

しかし，これらの対応策を関係者との協議を行いながら進めている途上であるため，現時点では継続事業の前提に関する重要な不確実性が認められる。

なお，財務諸表は継続事業を前提として作成しており，継続事業の前提に関する重要な不確実性の影響を財務諸表に反映していない。

②　資産の評価基準及び評価方法，固定資産の減価償却方法，引当金の計上基準等財務諸表の作成に関する重要な会計方針

重要な会計方針とは，社会福祉法人が財務諸表を作成するに当たって，その財政及び活動の状況を正しく示すために採用した会計処理の原則及び手続並びに財務諸表への表示の方法をいいます（新会計基準注解（注21））。

資産の評価方法には原価法，償却原価法及び時価法等があり，固定資産の減価償却方法には定額法，定率法等があります。これらのように採用が認められる会計処理方法が複数ある場合には，選択した方法により財務諸表の表示内容が変わってくることになります。そこで，重要なものについては，どの方法を採用しているかについて注記を行うことが必要になりますが，代替的な複数の会計処理方法等が認められていない場合には，会計方針の注記を省略することができます。

なお，当該注記は，法人全体及び拠点区分双方において記載が必要となります。

＜記載例＞

２．重要な会計方針

(1) 有価証券の評価基準及び評価方法

・ 満期保有目的の債券等―償却原価法（定額法）

・ 上記以外の有価証券で時価のあるもの―決算日の市場価格に基づく時価法

(2) 固定資産の減価償却の方法

・ 建物並びに器具及び備品―定額法

・ リース資産

所有権移転ファイナンス・リース取引に係るリース資産

自己所有の固定資産に適用する減価償却方法と同一の方法によっている。

所有権移転外ファイナンス・リース取引に係るリース資産

リース期間を耐用年数とし，残存価額をゼロとする定額法によっている。

(3) 引当金の計上基準

・ 退職給付引当金―当期末における自己都合要支給額に相当する金額を計上している。

・　賞与引当金―当期に負担すべき支給見込額を計上している。

(4)　消費税等の会計処理

消費税及び地方消費税の会計処理は，税抜方式によっている。

③　重要な会計方針を変更したときは，その旨，変更の理由及び当該変更による影響額

会計方針は，継続して適用することが原則とされていますが，選択可能な会計方針間での変更は，その変更に正当な理由がある場合には行うことができるとされています。ここで，正当な理由については，以下の(i)から(iv)のように判断を行います。

(i)　会計方針の変更が事業内容及び法人内外の運営環境の変化に対応して行われるものであること

(ii)　変更後の会計方針が新会計基準において妥当なものであること

(iii)　会計方針の変更が，会計事象等を財務諸表により適切に反映するために行われるものであること

(iv)　会計方針の変更が，利益操作等を目的としていないこと

また，個別的には正当な理由による会計方針の変更と認められる場合であっても，当該会計年度において採用されている他の会計方針と総合して判断した場合に，財務諸表に著しい影響を与えることを目的としていることが明らかであると認められる場合には，正当な理由による変更とは認められません。

正当な理由により重要な会計方針を変更した場合には，重要な会計方針を変更した旨，変更の理由及びその変更による財務諸表への影響額を注記することになります。

ここで，財務諸表への影響額とは，前会計年度と同一の基準を適用した場合において計上されるべき，サービス活動増減差額，経常増減差額，当期活動増減差額又はその他の重要な項目の金額と，変更後の会計処理方法を適用した結果算出されるそれらの金額との差額のことをいいます。

ただし，会計方針を変更した場合において，財務諸表に与えている影響が軽微なものについては，重要性の原則により注記を省略することも可能です。

なお，当該注記は，法人全体及び拠点区分双方において記載が必要となりますが，該当がない場合は，項目自体を省略することができます。

④ 法人で採用する退職給付制度

新会計基準では，退職給付会計が導入され，簡便的な方法も含めて会計処理方法が明確にされています。社会福祉法人が利用する退職給付制度は，様々な制度が活用されているため，財務諸表利用者の理解に役立つように，財務諸表の注記として法人で採用している退職給付制度の内容を明示することとされています。

社会福祉法人の退職給付制度は，具体的には，独立行政法人福祉医療機構の実施する社会福祉施設職員等退職手当共済制度，都道府県等の実施する民間社会福祉施設職員退職手当共済制度及び退職金規程に基づく退職一時金制度等が挙げられます。

なお，当該注記は，法人全体及び拠点区分双方において記載が必要であり，拠点区分では，その拠点で採用されている制度を「採用する退職給付制度」として記載します。該当がない場合でも，「該当なし」等として必ず記載することとされています。

＜記載例＞

> 4．法人で採用する退職給付制度
>
> 当法人は，確定拠出型の退職給付制度として，独立行政法人福祉医療機構の実施する社会福祉施設職員等退職手当共済制度を採用している。

⑤ 法人が作成する財務諸表等と拠点区分，サービス区分

法人が作成する財務諸表の種類，拠点区分及び各拠点区分におけるサービス区分について，財務諸表利用者の理解に役立つように注記が必要となります。

なお，当該注記は，法人全体及び拠点区分双方において記載が必要であり，拠点区分では，その拠点が作成する財務諸表等とサービス区分について記載します。該当がない場合でも，「該当なし」等として必ず記載することとされています。

＜記載例＞

５．法人が作成する財務諸表等と拠点区分，サービス区分

当法人の作成する財務諸表は以下のとおりになっている。

(1)　法人全体の財務諸表（第１号の１様式，第２号の１様式，第３号の１様式）

(2)　事業区分別内訳表（第１号の２様式，第２号の２様式，第３号の２様式）

(3)　社会福祉事業における拠点区分別内訳表（第１号の３様式，第２号の３様式，第３号の３様式）

(4)　収益事業における拠点区分別内訳表（第１号の３様式，第２号の３様式，第３号の３様式）

当法人では，収益事業を実施していないため作成していない。

(5)　各拠点区分におけるサービス区分の内容

ア　Ａ里拠点（社会福祉事業）

「介護老人福祉施設Ａ里」

「短期入所生活介護○○」

「居宅介護支援○○」

「本部」

イ　Ｂ園拠点（社会福祉事業）

「保育所Ｂ園」

ウ　Ｃの家拠点（社会福祉事業）

「児童養護施設Ｃの家」

「子育て短期支援事業○○」

エ　Ｄ苑拠点（公益事業）

「有料老人ホームＤ苑」

⑥　基本財産の増減の内容及び金額

基本財産の種類ごとに，前期末残高，当期増加額，当期減少額及び当期末残高を記載します。

なお，当該注記は，法人全体及び拠点区分双方において記載が必要となります。該当がない場合でも，「該当なし」等として必ず記載することとされています。

＜記載例＞

6．基本財産の増減の内容及び金額

基本財産の増減の内容及び金額は以下のとおりである。

（単位：円）

基本財産の種類	前期末残高	当期増加額	当期減少額	当期末残高
土地				
建物				
定期預金				
投資有価証券				
合　　計				

⑦　新会計基準第３章第４⑷及び⑹の規定により，基本金又は国庫補助金等特別積立金の取崩しを行った場合には，その旨，その理由及び金額

基本金の取崩し又は固定資産の売却や処分に伴い国庫補助金等特別積立金の取崩しを行った場合には，その旨，その理由及び金額を記載します。

なお，当該注記は，法人全体及び拠点区分双方において記載が必要となります。該当がない場合でも，「該当なし」等として必ず記載することとされています。

<記載例>

> 7．会計基準第3章第4(4)及び(6)の規定による基本金又は国庫補助金等特別積立金の取崩し
>
> ○○施設を○○へ譲渡したことに伴い，基本金＊＊＊円及び国庫補助金等特別積立金＊＊＊円を取り崩した。

⑧　担保に供している資産

担保は，債務者の債務不履行時や破たんしたときに実行されるものであり，債務を約定どおりに返済すること，すなわち事業が継続していくことを前提として作成される財務諸表本表からでは，担保権の設定に関して読み取ることができません。そこで，担保提供資産の内容及び対応する債務の内容の注記を行うことにより，情報開示の充実が図られています。

なお，当該注記は，法人全体及び拠点区分双方において記載が必要となります。拠点区分では，その拠点区分の資産が担保に供されている場合にその内容を記載します。該当がない場合でも，「該当なし」等として必ず記載することとされています。

<記載例（法人全体）>

> 8．担保に供している資産
>
> 担保に供されている資産は以下のとおりである。

土地（基本財産）	○○○円
建物（基本財産）	○○○円
計	○○○円

> 担保している債務の種類及び金額は以下のとおりである。

設備資金借入金（1年以内返済予定額を含む）	○○○円
計	○○○円

<記載例（A拠点）>

7．担保に供している資産

担保に供されている資産は以下のとおりである。

土地（基本財産）	○○○円
建物（基本財産）	○○○円
計	○○○円

担保している債務の種類及び金額は以下のとおりである。

設備資金借入金（1年以内返済予定額を含む）	○○○円
設備資金借入金（1年以内返済予定額を含む）（C拠点）	○○○円
計	○○○円

※C拠点では，「6．担保に供している資産」は「該当なし」と記載。

この記載例は，A拠点区分の資産が，C拠点区分の設備資金借入金の担保として供されており，C拠点区分の資産は担保に供されていないという場合の記載例です。

⑨　固定資産について減価償却累計額を直接控除した残額のみを記載した場合には，当該資産の取得価額，減価償却累計額及び当期末残高

有形固定資産及び無形固定資産については，その取得価額から減価償却累計額を控除した価額をもって貸借対照表価額とするとされています（新会計基準第4章第3(5))。

これら固定資産の貸借対照表における表示方法には，取得価額から減価償却累計額を控除した残りの金額（帳簿価額）のみをもって表示する直接法と，取得価額から減価償却累計額を控除した帳簿価額をそれぞれの金額を記載することにより表示する間接法があります。直接法を採用している場合には，貸借対照表本表に取得価額及び減価償却累計額が開示されないことになるため，注記により開示することとされています。

なお，当該注記は，法人全体及び拠点区分双方において記載が必要となりま

すが，貸借対照表上，間接法で表示している場合は記載不要で，項目自体を省略することができます。

<記載例>

9．固定資産の取得価額，減価償却累計額及び当期末残高

固定資産の取得価額，減価償却累計額及び当期末残高は，以下のとおりである。

（単位：円）

	取得価額	減価償却累計額	当期末残高
建物（基本財産）			
建物			
構築物			
……			
合　計			

⑩　債権について徴収不能引当金を直接控除した残額のみを記載した場合には，当該債権の金額，徴収不能引当金の当期末残高及び当該債権の当期末残高

受取手形，未収金，貸付金等の債権については，取得価額から徴収不能引当金を控除した価額をもって貸借対照表価額とするとされています（新会計基準第４章第３(2))。

これら債権の貸借対照表における表示方法には，取得価額から徴収不能引当金を控除した残りの金額のみをもって表示する直接法と，取得価額から徴収不能引当金を控除した残額をそれぞれの金額を記載することにより表示する間接法があります。直接法を採用している場合には，貸借対照表本表に取得価額及び徴収不能引当金が開示されないことになるため，注記により開示することとされています。

なお，当該注記は，法人全体及び拠点区分双方において記載が必要となりますが，貸借対照表上，間接法で表示している場合は記載不要で，項目自体を省

略することができます。

<記載例>

10. 債権額，徴収不能引当金の当期末残高，債権の当期末残高

債権額，徴収不能引当金の当期末残高，債権の当期末残高は以下のとおりである。

（単位：円）

	債　権　額	徴収不能引当金の当期末残高	債権の当期末残高
合　　　計			

⑪　満期保有目的の債券の内訳並びに帳簿価額，時価及び評価損益

満期まで所有する意思をもって保有する社債その他の債券（満期保有目的の債券）等については，取得価額をもって貸借対照表価額とするとされており（新会計基準第４章第3(3)），さらに，満期保有目的の債券を債券金額より低い価額又は高い価額で取得した場合において，取得価額と債券金額との差額の性格が金利の調整と認められるときは，償却原価法に基づいて算定された価額をもって貸借対照表価額としなければならないとされています（新会計基準注解（注16））。

このように満期保有目的の債券については，市場価格があったとしても，満期まで保有することなどを要件として，償却原価もしくは取得原価で評価されることになりますので，貸借対照表を補完する情報として，満期保有目的の債券については，その内訳並びに帳簿価額，時価及び評価損益を注記します。

なお，当該注記は，法人全体及び拠点区分双方において記載が必要であり，拠点区分では，その拠点で保有する債券について記載します。該当がない場合

でも，「該当なし」等として必ず記載することとされています。

＜記載例＞

11．満期保有目的の債券の内訳並びに帳簿価額，時価及び評価損益

満期保有目的の債券の内訳並びに帳簿価額，時価及び評価損益は以下のとおりである。

（単位：円）

種類及び銘柄	帳簿価額	時　　価	評価損益
第○回利付国債			
第△回利付国債			
第☆回★★社 期限前償還条件付社債			
合　　計			

⑫　関連当事者との取引の内容

法人と関連当事者との取引は，対等な立場で行われているとは限らず，一般的とはいえない条件で行われることがあり，その状況が財務諸表から容易に識別できるものではありません。このため，新会計基準では，法人と関連当事者との取引や関連当事者の存在が財務諸表に与えている影響を把握できるように，ある一定規模以上の取引について，その概要を注記として開示することとされています。

なお，当該注記は，法人全体にのみ記載し，該当がない場合でも，「該当なし」等として必ず記載することとされています。

(i)　関連当事者の範囲（新会計基準注解（注22）1，運用指針22(1)）

関連当事者の範囲は，当該社会福祉法人の役員及びその近親者並びにその者が議決権の過半数を有している法人とされています。

近親者とは，３親等内の親族及びこの者と特別の関係にあるものとされてお

り，「親族及びこの者と特別の関係にあるもの」とは以下の(ア)から(ウ)のような特別の関係にあるものとされています。

(ア)　当該役員とまだ婚姻の届け出をしていないが，事実上婚姻と同様の事情にある者

(イ)　当該役員から受ける金銭その他の財産によって生計を維持している者

(ウ)　(ア)又は(イ)の親族で，これらの者と生計を一にしている者

ただし，社会福祉法人の役員のうち，関連当事者の注記の対象となる役員は有給常勤役員に限定するものとされています。ここでいう「有給常勤役員」とは，概ね週4日間以上，役員として専ら法人の経営に参画し，かつ，役員としての報酬を得ている者をいい，常勤の施設長兼任役員であっても，役員報酬を得ていない者については，「有給常勤」には含まれません。

(ii)　注記内容（新会計基準注解(注22) 2，運用指針22(2)）

関連当事者との取引については，次の(ア)から(ク)に掲げる事項を原則として関連当事者ごとに注記しなければならないとされています。

(ア)　当該関連当事者が法人の場合には，その名称，所在地，直近の会計年度末における資産総額及び事業の内容

なお，当該関連当事者が会社の場合には，当該関連当事者の議決権に対する当該社会福祉法人の役員又は近親者の所有割合

(イ)　当該関連当事者が個人の場合には，その氏名及び職業

(ウ)　当該社会福祉法人と関連当事者との関係

(エ)　取引の内容

(オ)　取引の種類別の取引金額

(カ)　取引条件及び取引条件の決定方針

(キ)　取引により発生した債権債務に係る主な科目別の期末残高

(ク)　取引条件の変更があった場合には，その旨，変更の内容及び当該変更が財務諸表に与えている影響の内容

ただし，関連当事者との間の取引のうち次の取引については，開示の対象外

とされています。

・　一般競争入札による取引並びに預金利息及び配当金の受取りその他取引の性格からみて取引条件が一般の取引と同様であることが明白な取引

・　役員に対する報酬，賞与及び退職慰労金の支払い

また，役員及びその近親者との取引については，事業活動計算書項目及び貸借対照表項目いずれに係る取引についても，年間1,000万円以下の取引については省略することができます。

<記載例>

12. 関連当事者との取引の内容

関連当事者との取引の内容は次のとおりである。

（単位：円）

種類	法人等の名称	住所	資産総額	事業の内容又は職業	議決権の所有割合	関係内容		取引の内容	取引金額	科目	期末残高
						役員の兼務等	事業上の関係				

取引条件及び取引条件の決定方針等

……

⑬　重要な偶発債務

偶発債務とは，債務保証や係争事件に係る賠償義務その他現実に発生していない債務で，将来において事業の負担となる可能性のあるものをいいます。新会計基準では，偶発債務が存在する場合は，その内容及び金額を注記することとされました。ただし，重要性の乏しいものについては，注記を省略することができます。

なお，当該注記は，法人全体にのみ記載し，該当がない場合でも，「該当なし」等として必ず記載することとされています。

⑭　重要な後発事象

後発事象とは，当該会計年度末日後に発生した事象で翌会計年度以後の社会福祉法人の財政及び活動の状況に影響を及ぼすものをいいます。

重要な後発事象は社会福祉法人の状況に関する利害関係者の判断に重要な影響を与えるため，財務諸表作成日までに発生したものは財務諸表に注記する必要があります。

重要な後発事象の例としては，次のようなものがあります。

- 火災，出水等による重大な損害の発生
- 施設の開設又は閉鎖，施設の譲渡又は譲受け
- 重要な係争事件の発生又は解決
- 重要な徴収不能額の発生

なお，後発事象の発生により，当該会計年度の決算における会計上の判断ないし見積りを修正する必要が生じた場合には，後発事象として注記するのではなく，当該会計年度の財務諸表に反映させる必要があります（新会計基準注解（注23））。

当該注記は，法人全体及び拠点区分双方において記載が必要となります。該当がない場合でも，「該当なし」等として必ず記載することとされています。

⑮　その他社会福祉法人の資金収支及び純資産増減の状況並びに資産，負債及び純資産の状態を明らかにするために必要な事項

その他社会福祉法人の資金収支及び純資産増減の状況並びに資産，負債及び純資産の状態を明らかにするために必要な事項とは，財務諸表に記載すべきものとして新会計基準に定められたもののほかに，社会福祉法人の利害関係者が，当該法人の状況を適正に判断するために必要な事項のことをいいます。

このような事項は，個々の社会福祉法人の経営内容，周囲の環境等によって様々ですが，その例としては，次のようなものがあります（新会計基準注解（注24））。

- 状況の変化に伴う引当金の計上基準の変更，固定資産の耐用年数，残存

価額の変更等会計処理上の見積方法の変更に関する事項

・　法令の改正，社会福祉法人の規程の制定及び改廃等，会計処理すべき新たな事実の発生に伴い新たに採用した会計処理に関する事項

・　勘定科目の内容について特に説明を要する事項

・　法令，所轄庁の通知等で特に説明を求められている事項

なお，当該注記は，法人全体及び拠点区分双方において記載が必要となります。該当がない場合でも，「該当なし」等として必ず記載することとされています。

(2)　新会計基準の適用に当たって特に注記を要する場合

新会計基準に移行するに当たって，特に注記を要する事項には以下のようなものがあります。

①　移行に伴う過年度修正額

従来の基準から新会計基準へ移行するに当たり，評価基準及び評価方法等の相違から，計算される会計数値に差異が生ずる場合には，当該差異について調整を行う必要があります。

この調整の結果，移行前の会計年度に生じていた収益費用又は収入支出を，「会計基準移行に伴う過年度修正額」等の勘定科目を設けてまとめて事業活動収支計算書又は資金収支計算書に計上した場合に，その内訳を注記する必要があります（移行時の取扱い１(3)）。

なお，新会計基準移行年度における過年度分の修正の取扱いの詳細は，**第２章１**(3)（41頁）を参照して下さい。

②　リース関係

リース取引開始日が会計基準移行年度前の所有権移転外ファイナンス・リース取引で，従来賃貸借処理を行っていたものについては，当該リース契約が終了するまでの期間，引き続き賃貸借処理によることができるものとするとされ

ています（移行時の取扱いにおいて各基準等からの移行の場合に規定）。

この場合，リース会計基準によるとその旨等の注記が必要とされています。具体的には，重要な会計方針に「新会計基準適用初年度開始前のファイナンス・リース取引」については「引き続き通常の賃貸借取引に係る方法に準じた会計処理を適用している」旨を記載するとともに，ファイナンス・リース取引関係欄に「新会計基準適用初年度開始前のファイナンス・リース取引関係」と題して，以下の(i)から(v)の項目について記載を行います。

(i)　リース物件の取得価額相当額，減価償却累計額相当額及び期末残高相当額

・　リース物件の取得価額相当額は，リース取引開始時に合意されたリース料総額から，これに含まれている利息相当額の合理的な見積額を控除した額に基づいて算定します。

・　リース物件の減価償却累計額相当額は，通常の減価償却の方法に準じて算定します。

・　リース物件の期末残高相当額は，当該リース物件の取得価額相当額から減価償却累計額相当額を控除することによって算定します。

・　リース物件の取得価額相当額，減価償却累計額相当額及び期末残高相当額は，リース物件の種類別に記載する。リース物件の種類は，貸借対照表記載の固定資産の科目に準じて分類します。

(ii)　未経過リース料期末残高相当額

・　未経過リース料期末残高相当額は，期末現在における未経過リース料から，これに含まれている利息相当額の合理的な見積額を控除することによって算定します。

・　未経過リース料期末残高相当額は，貸借対照日後１年以内のリース期間に係るリース料の額と１年を超えるリース期間に係るリース料の額とに分けて記載します。

(iii)　当期の支払リース料，減価償却費相当額及び支払利息相当額

(iv)　減価償却費相当額の算定方法

(v)　利息相当額の算定方法

・　利息相当額の合理的な見積額の算定方法及び当該利息相当額の各期への配分方法を記載します。

　この場合の記載例は以下のようになります。

<記載例>

○．重要な会計方針

・

・

（×）　新会計基準適用初年度開始前の所有権移転外ファイナンス・リース取引

引き続き通常の賃貸借処理に係る方法に準じた会計処理を適用している。

・

・

○．リース取引関係

・

・

（×）　新会計基準適用初年度開始前のファイナンス・リース取引関係

①　リース物件の取得価額相当額，減価償却累計額相当額及び期末残高相当額

（単位：円）

	○○○（科目名）
取得価額相当額	＊＊＊＊＊＊
減価償却累計額相当額	＊＊＊＊＊＊
期末残高相当額	＊＊＊＊＊＊

② 未経過リース料期末残高相当額

（単位：円）

	1年以内	1 年 超	合　計
未経過リース料期末残高相当額	＊＊＊＊＊	＊＊＊＊＊	＊＊＊＊＊

③ 当期の支払リース料，減価償却費相当額及び支払利息相当額

（単位：円）

支払リース料	＊＊＊＊＊＊
減価償却費相当額	＊＊＊＊＊＊
支払利息相当額	＊＊＊＊＊＊

④ 減価償却費相当額の算定方法は，定額法によっている。

⑤ 利息相当額の算定方法は，リース料総額とリース資産計上価額との差額を利息相当額とし，各期への配分方法については，利息法によっている。

6 附属明細書

(1) 附属明細書の内容

附属明細書は，当該会計年度における資金収支計算書，事業活動計算書及び貸借対照表の内容を補足する重要な事項を表示するものとされています。

新会計基準では，現行の基準で規定されている各種の別表・附属明細表等を共通フォームに統一し，社会福祉法人に必要な内容に整理されています。

(2) 附属明細書の構成

作成すべき附属明細書は，新会計基準第６章第２において，以下のとおり規定されており，様式は新会計基準の別紙１から４に規定されています。

・ 基本財産及びその他の固定資産（有形・無形固定資産）の明細書（別紙１）

・　引当金明細書（別紙２）
・　拠点区分資金収支明細書（別紙３）
・　拠点区分事業活動明細書（別紙４）
・　その他重要な事項に係る明細書

また，運用指針23において，上記「その他重要な事項に係る明細書」として以下の19種類が列挙されており，様式は運用指針の別紙①から⑲に規定されています。これらについては，該当する事由がない場合は，作成を省略することができます。

法人全体で作成し，明細書の中で拠点区分ごとの内訳を示すもの（別紙①～⑦）

・　借入金明細書（別紙①）
・　寄附金収益明細書（別紙②）
・　補助金事業等収益明細書（別紙③）
・　事業区分間及び拠点区分間繰入金明細書（別紙④）
・　事業区分間及び拠点区分間貸付金（借入金）残高明細書（別紙⑤）
・　基本金明細書（別紙⑥）
・　国庫補助金等特別積立金明細書（別紙⑦）

拠点区分ごとに作成し，法人全体で作成する必要がないもの（別紙⑧～⑲）

・　積立金・積立資産明細書（別紙⑧）
・　サービス区分間繰入金明細書（別紙⑨）
・　サービス区分間貸付金（借入金）残高明細書（別紙⑩）
・　就労支援事業別事業活動明細書（別紙⑪）
・　就労支援事業別事業活動明細書（多機能型事業所等用）（別紙⑫）
・　就労支援事業製造原価明細書（別紙⑬）
・　就労支援事業製造原価明細書（多機能型事業所等用）（別紙⑭）
・　就労支援事業販管費明細書（別紙⑮）
・　就労支援事業販管費明細書（多機能型事業所等用）（別紙⑯）
・　就労支援事業明細書（別紙⑰）

・　就労支援事業明細書（多機能型事業所等用）（別紙⑱）

・　授産事業費用明細書（別紙⑲）

(3)　主な附属明細書の留意点

①　基本財産及びその他の固定資産（有形・無形固定資産）の明細書

当該明細書は，基本財産を含む固定資産の種類ごとに期首帳簿価額，当期増加・減少額，当期減価償却額，期末帳簿価額，減価償却累計額及び期末取得原価を記載します。さらにそれぞれの欄において，国庫補助金等の対象となった額を内書きで記載するものとなっています。

当期増加額には減価償却控除前の増加額，当期減少額には当期減価償却額を控除した減少額を記載します。

なお，有形固定資産及び無形固定資産以外に減価償却資産がある場合には，当該資産についても記載する必要があります（新会計基準注解（注25））。

この附属明細書は，拠点区分ごとの貸借対照表の明細として作成されます。

＜新会計基準別紙１＞

別紙１

基本財産及びその他の固定資産（有形・無形固定資産）の明細書

(自)平成○年○月○日　(至)平成○年○月○日

社会福祉法人名

拠点区分

（単位：円）

資産の種類及び名称	期首帳簿価額（A）		当期増加額（B）		当期減価償却額（C）		当期減少額（D）		期末帳簿価額（E=A+B−C−D）		減価償却累計額（F）		期末取得原価（G＝E＋F）		摘要
		うち国庫補助金等の額		うち国庫補助金等の額		うち国庫補助金等の額		うち国庫補助金等の額		うち国庫補助金等の額		うち国庫補助金等の額		うち国庫補助金等の額	
基本財産（有形固定資産）															
土地															
建物															
基本財産合計															
その他の固定資産（有形固定資産）															
土地															
建物															
車輌運搬具															
○○○															
その他の固定資産（有形固定資産）計															
その他の固定資産（無形固定資産）															
○○○															
○○○															
その他の固定資産（無形固定資産）計															
その他の固定資産計															
基本財産及びその他の固定資産計															
将来入金予定の償還補助金の額															
差　　引															

設備資金借入金元金償還補助金がある場合の記載方法について例を用いて説明します。

<例>

【前提条件】

・　期首よりちょうど２年前に1,200の設備を購入。
・　減価償却は耐用年数12年の定額法。減価償却費は毎年100（＝1,200÷12年）。
・　当該設備に係る設備資金借入金元金償還補助金は総額で600。支給は毎年100ずつ。
・　国庫補助金等特別積立金の積立ては毎年100。取崩しは毎年50（＝600÷12）。
・　期首時点で，
　帳簿価額1,000（＝取得価額1,200－減価償却費100×２年）
　設備資金借入金元金償還補助金の受取累計額200（＝毎年100受領×２年）
　設備資金借入金元金償還補助金の未受取額400（＝総額600－受取累計額200）
　国庫補助金等特別積立金100（＝既積立額200－取崩額50×２年）
　仮に補助金を一括で受領していた場合の国庫補助金等特別積立金500（＝補助金総額600－取崩額50×２年）

この前提条件の場合，期末時点では，以下のようになります。
　帳簿価額900（＝取得価額1,200－減価償却費100×３年）
　設備資金借入金元金償還補助金の受取累計額300（＝毎年100受領×３年）
　設備資金借入金元金償還補助金の未受取額300（＝総額600－受取累計額300）
　国庫補助金等特別積立金150（＝既積立額300－取崩額50×３年）
　仮に補助金を一括で受領していた場合の国庫補助金等特別積立金450（＝補助金総額600－取崩額50×３年）

この場合，「基本財産及びその他の固定資産（有形・無形固定資産）の明細書」の該当箇所の記載は以下のようになります。

（単位：円）

資産の種類及び名称	期首帳簿価額（A）		当期増加額（B）		当期減価償却額（C）		当期減少額（D）		期末帳簿価額（E＝A＋B−C−D）		減価償却累計額（F）		期末取得原価（G＝E＋F）		摘要
		うち国庫補助金等の額		うち国庫補助金等の額		うち国庫補助金等の額		うち国庫補助金等の額		うち国庫補助金等の額		うち国庫補助金等の額		うち国庫補助金等の額	
○○○○	1,000	500	−	−	100	50	−	−	900	450	300	150	1,200	600	
基本財産及びその他の固定資産計	1,000	500	−	−	100	50	−	−	900	450	300	150	1,200	600	
将来入金予定の償還補助金の額		▲400		100		−		−		▲300					
差　引		100		100		50		−		150					

上記のように，資産（○○○○）ごとの記載欄のうち「うち国庫補助金等の額」は設備資金借入金元金償還補助金の総額をベースに記載し，「将来入金予定の償還補助金の額」の欄に未受領の額をマイナス表示，受領分をプラス表示で記載することにより，「期末帳簿価額」のうち「うち国庫補助金等の額」の「差引」欄150は貸借対照表上の国庫補助金等特別積立金期末残高150（＝期首100＋積立て100－取崩し50）と一致することになります。

② 引当金の明細書

新会計基準で３種類に限定された引当金ごとに期首残高，当期増加額，当期減少額及び期末残高を記載します。当期減少額はさらに，目的使用かその他の要因による減少かを区分して記載し，目的使用以外の要因による減少額については，その内容及び金額を注記する必要があります。

また，都道府県共済会又は法人独自の退職給付制度において，職員の転職又は拠点間の異動により，退職給付の支払を伴わない退職給付引当金の増加又は減少が発生した場合は，当期増加額又は当期減少額（その他）の欄に括弧書きでその金額を内数として記載するものとされています。

この附属明細書は，拠点区分ごとの貸借対照表の明細として作成されます。

<新会計基準別紙２>

別紙２

引当金明細書

（自）平成○年○月○日　（至）平成○年○月○日

社会福祉法人名

拠点区分

（単位：円）

科　　目	期首残高	当　期 増加額	当期減少額		期末残高	摘要
			目的使用	そ の 他		
退職給付引当金	＊＊＊	＊＊＊ （＊＊＊）	＊＊＊	＊＊＊ （＊＊＊）	＊＊＊	
計						

③　拠点区分資金収支明細書

１つの拠点区分におけるサービス別の資金収支計算の内訳明細であり，加えて各サービス区分間での内部取引を消去し，拠点区分合計を表示します。勘定科目は小区分まで記載し，必要のない勘定科目は省略することができます。

当該明細書は，拠点区分におけるサービス区分が１つの場合は作成を省略することができ（運用指針６(4)），また以下のように実施する事業内容によっても作成を省略することができるとされています（運用指針５(3)）。

介護保険サービス及び障害福祉サービスを実施する拠点については，それぞれの事業ごとの事業活動状況を把握するため，拠点区分事業活動明細書（新会計基準別紙４）を作成するものとし，拠点区分資金収支明細書（新会計基準別紙３）の作成は省略することができます。

保育所運営費，措置費による事業を実施する拠点は，それぞれの事業ごとの資金収支状況を把握する必要があるため，拠点区分資金収支明細書（新会計基準別紙３）を作成するものとし，拠点区分事業活動明細書（新会計基準別紙４）の作成は省略することができます。

また，上記以外の事業を実施する拠点については，当該拠点で実施する事業の内容に応じて，拠点区分資金収支明細書及び拠点区分事業活動明細書のうちいずれか一方の明細書を作成するものとし，残る他方の明細書の作成は省略することができます。

上記に従い，拠点区分資金収支明細書（新会計基準別紙３）又は拠点区分事業活動明細書（新会計基準別紙４）を省略する場合には，財務諸表の注記（拠点区分用）「４．拠点が作成する財務諸表等とサービス区分」にその旨を記載します。

<新会計基準別紙３より一部を抜粋>

別紙３

○○拠点区分　資金収支明細書

（自）平成○年○月○日　（至）平成○年○月○日　　（単位：円）

勘定科目	サービス区分			合　計	内部取引消去	拠点区分合計
	○○事業	△△事業	××事業			
介護保険事業収入						
施設介護料収入						
介護報酬収入						
利用者負担金収入（公費）						
利用者負担金収入（一般）						
居宅介護料収入						
（介護報酬収入）						
介護報酬収入						
介護予防報酬収入						
（利用者負担金収入）						
介護負担金収入（公費）						
介護負担金収入（一般）						
介護予防負担金収入（公費）						
介護予防負担金収入（一般）						
地域密着型介護料収入						
（介護報酬収入）						
介護報酬収入						
介護予防報酬収入						
（利用者負担金収入）						
介護負担金収入（公費）						
介護負担金収入（一般）						

④　拠点区分事業活動明細書

１つの拠点区分におけるサービス別の事業活動計算の内訳を記載します。勘定科目は小区分までを記載し，必要のない勘定科目は省略することができます。記載する区分は「サービス活動増減の部」及び「サービス活動外増減の部」までとされ，「経常増減差額」の金額までを表示します。

当該明細書は，拠点区分資金収支明細書と同様にサービス区分が単一の場合や実施する事業内容によって作成を省略することができるとされています（運用指針５(3)，６(4)）。詳細は，前項「③拠点区分資金収支明細書」を参照して下さい。

<新会計基準別紙４より一部を抜粋>

別紙４

○○拠点区分　事業活動明細書

(自)平成○年○月○日　(至)平成○年○月○日　　(単位：円)

勘定科目	サービス区分			合　計	内部取引消去	拠点区分合計
	○○事業	△△事業	××事業			
介護保険事業収益						
施設介護料収益						
介護報酬収益						
利用者負担金収益（公費）						
利用者負担金収益（一般）						
居宅介護料収益						
（介護報酬収益）						
介護報酬収益						
介護予防報酬収益						
（利用者負担金収益）						
介護負担金収益（公費）						
介護負担金収益（一般）						
介護予防負担金収益（公費）						
介護予防負担金収益（一般）						
地域密着型介護料収益						
（介護報酬収益）						
介護報酬収益						
介護予防報酬収益						
（利用者負担金収益）						
介護負担金収益（公費）						
介護負担金収益（一般）						
介護予防負担金収益（公費）						
介護予防負担金収益（一般）						

7 財産目録

(1) 財産目録の内容

財産目録は，当該会計年度末現在におけるすべての資産及び負債につき，その名称，数量，金額等を詳細に表示するものとされています（新会計基準第７章第１）。

財産目録は，勘定科目で表示されている貸借対照表の明細表としての性質を有しており，原則としては，その勘定科目ごとの構成内容について詳細に記載する必要がありますが，重要性が乏しいものに関しては記載を省略することができるとされています（新会計基準注解（注２））。

(2) 財産目録の区分

財産目録は，貸借対照表の区分に準じ，資産の部と負債の部に区分し，純資産の額を示します（新会計基準第７章第２）。

(3) 財産目録の価額

財産目録の金額は，貸借対照表記載の金額と同一です（新会計基準第７章第３）。

(4) 財産目録の様式

財産目録の様式は，新会計基準別紙５に規定されており，法人全体を表示します（新会計基準第７章第４）。すなわち，財産目録は法人単位の貸借対照表（第３号の１様式）をベースにして作成する必要があります。

資料 1

・社会福祉法人会計基準・注解

・財務諸表等の様式

（別紙）

社会福祉法人会計基準

目次

社会福祉法人会計基準

第１章　総則

１　目的及び適用範囲

（１）この会計基準は、社会福祉法（昭和26年法律第45号。以下「法」という。）第22条に規定する社会福祉法人（以下「社会福祉法人」という。）の財務諸表及び附属明細書並びに財産目録の作成の基準を定め、社会福祉法人の健全なる運営に資することを目的とする。

なお、会計基準に定めのない事項については、一般に公正妥当と認められる社会福祉法人会計の慣行をしん酌しなければならない。

（２）この会計基準は、社会福祉法人が実施する全ての事業を対象とする。

２　一般原則

社会福祉法人は、次に掲げる原則に従って、財務諸表（資金収支計算書、事業活動計算書及び貸借対照表をいう。以下同じ。）及び附属明細書並びに財産目録を作成しなければならない。（注１）

（１）財務諸表は、資金収支及び純資産増減の状況並びに資産、負債及び純資産の状態に関する真実な内容を明りょうに表示するものでなければならない。

（２）財務諸表は、正規の簿記の原則に従って正しく記帳された会計帳簿に基づいて作成しなければならない。

（３）会計処理の原則及び手続並びに財務諸表の表示方法は、毎会計年度これを継続して適用し、みだりに変更してはならない。

（４）重要性の乏しいものについては、会計処理の原則及び手続並びに財務諸表の表示方法の適用に際して、本来の厳密な方法によらず、他の簡便な方法によることができる。（注２）

３　総額表示

財務諸表に記載する金額は、原則として総額をもって表示しなければならない。

4　会計年度

社会福祉法人の会計年度は4月1日に始まり、翌年3月31日に終わるものとする。

5　事業区分

社会福祉法人は財務諸表作成に関して、社会福祉事業、公益事業、収益事業の区分（以下「事業区分」という。）を設けなければならない。

6　拠点区分・サービス区分

（1）社会福祉法人は財務諸表作成に関して、実施する事業の会計管理の実態を勘案して会計の区分（以下「拠点区分」という。）を設けなければならない。（注3）

（2）社会福祉法人は、その拠点で実施する事業内容に応じて区分（以下「サービス区分」という。）を設けなければならない。（注4）

7　内部取引

社会福祉法人は財務諸表作成に関して、内部取引を相殺消去するものとする。（注5）

第2章　資金収支計算書

1　資金収支計算書の内容

資金収支計算書は、当該会計年度におけるすべての支払資金の増加及び減少の状況を明りょうに表示するものでなければならない。

2　資金収支計算書の資金の範囲

前項の支払資金は、流動資産及び流動負債とし、その残高は流動資産と流動負債の差額とする。

ただし、1年基準により固定資産又は固定負債から振替えられた流動資産・流動負債、引当金並びに棚卸資産（貯蔵品を除く。）を除くものとする。（注6）（注7）

3　資金収支計算の方法

資金収支計算は、当該会計年度における支払資金の増加及び減少に基づいて行うものとする。

4　資金収支計算書の区分

資金収支計算書は、当該会計年度における支払資金の増加及び減少の状況について、事業活動による収支、施設整備等による収支及びその他の活動による収支に区分して記載するものとする。

5　資金収支計算書の構成

（1）事業活動による収支には、経常的な事業活動による収入及び支出（受取利息配当金収入及び支払利息支出を含む。）を記載し、事業活動資金収支差額を記載するものとする。

（2）施設整備等による収支には、固定資産の取得に係る支出及び売却に係る収入、施設整備等補助金収入、施設整備等寄附金収入及び設備資金借入金収入並びに設備資金借入金元金償還支出等を記載し、施設整備等資金収支差額を記載するものとする。

（3）その他の活動による収支には、長期運営資金の借入れ及び返済、積立資産の積立て及び取崩し、投資有価証券の購入及び売却等資金の運用に係る収入及び支出（受取利息配当金収入及び支払利息支出を除く。）並びに事業活動による収支及び施設整備等による収支に属さない収入及び支出を記載し、その他の活動資金収支差額を記載するものとする。

（4）事業活動資金収支差額、施設整備等資金収支差額及びその他の活動資金収支差額を合計して当期資金収支差額合計を記載し、これに前期末支払資金残高を加算して当期末支払資金残高として記載するものとする。

（5）資金収支計算書は、当該会計年度の決算の額を予算の額と対比して記載するものとする。

（6）決算の額と予算の額の差異が著しい勘定科目については、その理由を備考欄に記載するものとする。

6　資金収支計算書の種類及び様式

（1）資金収支計算書は、法人全体を表示するものとする。事業区分の情報は、資金収支内訳表及び事業区分資金収支内訳表において表示するものとする。

また、拠点区分別の情報については、拠点区分資金収支計算書において表示するものとする。

（2）前項のそれぞれの様式は第１号の１様式から第１号の４様式までのとおりとする。

7　資金収支計算書の勘定科目

資金収支計算の内容を明りょうに記録するため、資金収支計算書に記載する勘定科目は別に定めるとおりとする。

8　共通収入支出の配分

資金収支計算を行うに当たっては、事業区分、拠点区分又はサービス区分に共通する収入及び支出を、合理的な基準に基づいて配分するものとする。（注８）

第３章　事業活動計算書

1　事業活動計算書の内容

事業活動計算書は、当該会計年度における純資産のすべての増減内容を明りょうに表示するものでなければならない。

2　事業活動計算の方法

事業活動計算は、当該会計年度における純資産の増減に基づいて行うものとする。

3　事業活動計算書の区分

事業活動計算書は、サービス活動増減の部、サービス活動外増減の部、特別増減の部及び繰越活動増減差額の部に区分するものとする。

4　事業活動計算書の構成

（1）サービス活動増減の部には、サービス活動による収益及び費用を記載してサービス活動増減差額を記載するものとする。

　なお、サービス活動費用に減価償却費等の控除項目として、国庫補助金等特別積立金取崩額を含めるものとする。（注９）（注10）

（２）サービス活動外増減の部には、受取利息配当金、支払利息、有価証券売却損益並びにその他サービス活動以外の原因による収益及び費用であって経常的に発生するものを記載し、サービス活動外増減差額を記載するものとする。（注14）

（３）サービス活動増減差額にサービス活動外増減差額を加算したものを、経常増減差額として記載するものとする。

（４）特別増減の部には、第４章第４第２項に規定する寄附金、第４章第４第３項に規定する国庫補助金等の収益、固定資産売却等に係る損益、事業区分間又は拠点区分間の繰入れ及びその他の臨時的な損益（金額が僅少なものを除く。）を記載し、第４章第４第２項に規定する基本金の組入額及び第４章第４第３項に規定する国庫補助金等特別積立金の積立額を減算して、特別増減差額を記載するものとする。

　なお、国庫補助金等特別積立金を含む固定資産の売却損・処分損を記載する場合は、特別費用の控除項目として、国庫補助金等特別積立金取崩額を含めるものとする。（注10）（注11）（注12）（注13）

（５）経常増減差額に前項の特別増減差額を加算したものを、当期活動増減差額として記載するものとする。

（６）繰越活動増減差額の部は、前期繰越活動増減差額、基本金取崩額、第４章第４第４項に規定するその他の積立金積立額、その他の積立金取崩額を記載し、当期活動増減差額に当該項目を加減したものを、次期繰越活動増減差額として記載するものとする。（注13）

5　事業活動計算書の種類及び様式

（１）事業活動計算書は、法人全体を表示するものとする。事業区分の情報は、事業活動内訳表及び事業区分事業活動内訳表において表示するものとする。

　また、拠点区分別の情報については、拠点区分事業活動計算書において表示するものとする。

（２）前項のそれぞれの様式は第２号の１様式から第２号の４様式までのとおりとする。

6　事業活動計算書の勘定科目

　事業活動計算の内容を明りょうに記録するため、事業活動計算書に記載する科目は、別に定めるとおりとする。

7　共通収益費用の配分

　事業活動計算を行うに当たっては、事業区分、拠点区分又はサービス区分に共通する収益及び費用を、合理的な基準に基づいて配分するものとする。（注８）

第４章　貸借対照表

１　貸借対照表の内容

貸借対照表は、当該会計年度末現在におけるすべての資産、負債及び純資産の状態を明りょうに表示するものでなければならない。

２　貸借対照表の区分

貸借対照表は、資産の部、負債の部及び純資産の部に分かち、更に資産の部を流動資産及び固定資産に、負債の部を流動負債及び固定負債に区分しなければならない。（注７）

３　貸借対照表価額

（１）資産の貸借対照表価額は、原則として、当該資産の取得価額を基礎として計上しなければならない。受贈、交換によって取得した資産の取得価額は、その取得時における公正な評価額とする。（注９）（注 14）（注 15）

（２）受取手形、未収金、貸付金等の債権については、取得価額から徴収不能引当金を控除した額をもって貸借対照表価額とする。

（３）満期まで所有する意思をもって保有する社債その他の債券（以下「満期保有目的の債券」という。）等については、取得価額をもって貸借対照表価額とする。満期保有目的の債券等以外の有価証券のうち市場価格のあるものについては、時価をもって貸借対照表価額とする。（注 16）

（４）棚卸資産については、取得価額をもって貸借対照表価額とする。ただし、時価が取得価額よりも下落した場合には、時価をもって貸借対照表価額とする。

（５）有形固定資産及び無形固定資産については、その取得価額から減価償却累計額を控除した価額をもって貸借対照表価額とする。（注 17）

（６）資産の時価が著しく下落したときは、回復の見込みがあると認められる場合を除き、時価をもって貸借対照表価額としなければならない。ただし、有形固定資産及び無形固定資産について使用価値を算定でき、かつ使用価値が時価を超える場合には、取得価額から減価償却累計額を控除した価額を超えない限りにおいて使用価値をもって貸借対照表価額とすることができるものとする。（注 18）

（７）引当金として計上すべきものがある場合には、当該内容を示す科目を付して、その残高を負債の部に計上又は資産の部の控除項目として記載するものとする。（注 19）

４　純資産

（１）純資産の区分

貸借対照表の純資産は、基本金、国庫補助金等特別積立金、その他の積立金及び次期繰越活動増減差額に区分するものとする。

（２）基本金

基本金には、社会福祉法人が事業開始等に当たって財源として受け取った寄附金の額を計上するものとする。（注 12）（注 13）

（3）国庫補助金等特別積立金

国庫補助金等特別積立金には、施設及び設備の整備のために国又は地方公共団体等から受領した補助金、助成金及び交付金等(以下「国庫補助金等」という。) の額を計上するものとする。(注 10) (注 11)

（4）**その他の積立金**

その他の積立金には、将来の特定の目的の費用又は損失に備えるため、理事会の議決に基づき事業活動計算書の当期末繰越活動増減差額から積立金として積み立てた額を計上するものとする。(注 20)

5　貸借対照表の種類及び様式

（1）貸借対照表は、法人全体を表示するものとする。事業区分の情報は、貸借対照表内訳表及び事業区分貸借対照表内訳表において表示する。

また、拠点区分別の情報については、拠点区分貸借対照表を作成するものとする。

（2）前項のそれぞれの様式は第3号の1様式から第3号の4様式までのとおりとする。

6　貸借対照表の勘定科目

資産、負債及び純資産の内容を明りょうに記録するため、貸借対照表に記載する勘定科目は、別に定めるとおりとする。

第5章　財務諸表の注記

財務諸表には、次の事項を注記しなければならない。

（1）継続事業の前提に関する注記

（2）資産の評価基準及び評価方法、固定資産の減価償却方法、引当金の計上基準等財務諸表の作成に関する重要な会計方針（注 21）

（3）重要な会計方針を変更したときは、その旨、変更の理由及び当該変更による影響額

（4）法人で採用する退職給付制度

（5）法人が作成する財務諸表等と拠点区分、サービス区分

（6）基本財産の増減の内容及び金額

（7）第3章第4（4）及び（6）の規定により、基本金又は国庫補助金等特別積立金の取崩しを行った場合には、その旨、その理由及び金額

（8）担保に供している資産

（9）固定資産について減価償却累計額を直接控除した残額のみを記載した場合には、当該資産の取得価額、減価償却累計額及び当期末残高

(10) 債権について徴収不能引当金を直接控除した残額のみを記載した場合には、当該債権の金額、徴収不能引当金の当期末残高及び当該債権の当期末残高

(11) 満期保有目的の債券の内訳並びに帳簿価額、時価及び評価損益

(12) 関連当事者との取引の内容（注 22）

(13) 重要な偶発債務

(14) 重要な後発事象（注 23）

(15) その他社会福祉法人の資金収支及び純資産増減の状況並びに資産、負債及び純資産の状態を明らかにするために必要な事項（注 24）

第６章　附属明細書

１　附属明細書の内容

附属明細書は、当該会計年度における資金収支計算書、事業活動計算書及び貸借対照表に係る事項を表示するものとする。

２　附属明細書の構成

（１）附属明細書は、資金収支計算書、事業活動計算書及び貸借対照表の内容を補足する重要な事項を表示しなければならない。

（２）作成すべき附属明細書は以下のとおりとする。

・基本財産及びその他の固定資産(有形・無形固定資産)の明細書（注 25）（別紙１）

・引当金明細書（別紙２）

・拠点区分資金収支明細書（別紙３）

・拠点区分事業活動明細書（別紙４）

・その他重要な事項に係る明細書

第７章　財産目録

１　財産目録の内容

財産目録は、当該会計年度末現在におけるすべての資産及び負債につき、その名称、数量、金額等を詳細に表示するものとする。

２　財産目録の区分

財産目録は、貸借対照表の区分に準じ、資産の部と負債の部に区分し、純資産の額を示すものとする。

３　財産目録の価額

財産目録の金額は、貸借対照表記載の金額と同一とする。

４　財産目録の種類及び様式

財産目録は、法人全体を表示するものとする。その様式は、別紙５のとおりとする。

社会福祉法人会計基準注解

＊社会福祉法人会計基準を以下、会計基準と呼称する。

（注１）財務諸表について

第１章第２に規定する資金収支計算書には資金収支内訳表、事業区分資金収支内訳表及び拠点区分資金収支計算書を含み、事業活動計算書には事業活動内訳表、事業区分事業活動内訳表及び拠点区分事業活動計算書を含み、貸借対照表には貸借対照表内訳表、事業区分貸借対照表内訳表及び拠点区分貸借対照表を含むものとする。以下同じ。

（注２）重要性の原則の適用について

重要性の原則の適用例としては、次のようなものがある。

（1）消耗品、貯蔵品等のうち、重要性が乏しいものについては、その買入時又は払出時に費用として処理する方法を採用することができる。

（2）保険料、賃借料、受取利息配当金、借入金利息、法人税等にかかる前払金、未払金、未収金、前受金等のうち重要性の乏しいもの、

　または毎会計年度経常的に発生しその発生額が少額なものについては、前払金、未払金、未収金、前受金等を計上しないことができる。

（3）引当金のうち、重要性の乏しいものについては、これを計上しないことができる。

（4）取得価額と債券金額との差額について重要性が乏しい満期保有目的の債券については、償却原価法を適用しないことができる。

（5）ファイナンス・リース取引について、取得したリース物件の価額に重要性が乏しい場合、通常の賃貸借取引に係る方法に準じて会計処理を行うことができる。

（6）法人税法上の収益事業に係る課税所得の額に重要性が乏しい場合、税効果会計を適用しないで、繰延税金資産又は繰延税金負債を計上しないことができる。

なお、財産目録の表示に関しても重要性の原則が適用される。

（注３）拠点区分の方法について

拠点区分は、原則として、予算管理の単位とし、一体として運営される施設、事業所又は事務所をもって１つの拠点区分とする。具体的な区分については、法令上の事業種別、事業内容及び実施する事業の会計管理の実態を勘案して区分を設定するものとする。

（注４）サービス区分の方法について

サービス区分は、その拠点で実施する複数の事業について法令等の要請により会計を区分して把握すべきものとされているものについて区分を設定するものとする。例えば、

以下のようなものがある。

（1）指定居宅サービスの事業の人員、設備及び運営に関する基準その他介護保険事業の運営に関する基準における会計の区分

（2）障害者自立支援法に基づく指定障害福祉サービスの事業等の人員、設備及び運営に関する基準における会計の区分

また、その他の事業については、法人の定款に定める事業ごとに区分するものとする。

サービス区分を設定する場合には、拠点区分資金収支明細書及び拠点区分事業活動明細書を作成するものとし、またサービス区分を予算管理の単位とすることができるものとする。

（注５）内部取引の相殺消去について

当該社会福祉法人が有する事業区分間、拠点区分間において生ずる内部取引について、異なる事業区分間の取引を事業区分間取引とし、同一事業区分内の拠点区分間の取引を拠点区分間取引という。同一拠点区分内のサービス区分間の取引をサービス区分間取引という。

事業区分間取引により生じる内部取引高は、資金収支内訳表及び事業活動内訳表において相殺消去するものとする。当該社会福祉法人の事業区分間における内部貸借取引の残高は、貸借対照表内訳表において相殺消去するものとする。

また、拠点区分間取引により生じる内部取引高は、事業区分資金収支内訳表及び事業区分事業活動内訳表において相殺消去するものとする。当該社会福祉法人の拠点区分間における内部貸借取引の残高は、事業区分貸借対照表内訳表において相殺消去するものとする。

なお、サービス区分間取引により生じる内部取引高は、拠点区分資金収支明細書及び拠点区分事業活動明細書において相殺消去するものとする。

（注６）支払資金について

資金収支計算書の支払資金とは、経常的な支払準備のために保有する現金及び預貯金、短期間のうちに回収されて現金又は預貯金になる未収金、立替金、有価証券等及び短期間のうちに事業活動支出として処理される前払金、仮払金等の流動資産並びに短期間のうちに現金又は預貯金によって決済される未払金、預り金、短期運営資金借入金等及び短期間のうちに事業活動収入として処理される前受金等の流動負債をいう。ただし、支払資金としての流動資産及び流動負債には、１年基準により固定資産又は固定負債から振替えられたもの、引当金並びに棚卸資産（貯蔵品を除く。）を除くものとする。支払資金の残高は、これらの流動資産と流動負債の差額をいう。

（注７）資産及び負債の流動と固定の区分について

未収金、前払金、未払金、前受金等の経常的な取引によって発生した債権債務は、流動資産または流動負債に属するものとする。

ただし、これらの債権のうち、破産債権、更生債権等で１年以内に回収されないことが明らかなものは固定資産に属するものとする。

貸付金、借入金等の経常的な取引以外の取引によって発生した債権債務については、貸借対照表日の翌日から起算して１年以内に入金又は支払の期限が到来するものは流動資産又は流動負債に属するものとし、入金又は支払の期限が１年を超えて到来するものは固定資産又は固定負債に属するものとする。

現金及び預貯金は、原則として流動資産に属するものとするが、特定の目的で保有する預貯金は、固定資産に属するものとする。ただし、当該目的を示す適当な科目で表示するものとする。

（注８）共通支出及び共通費用の配分について

資金収支計算及び事業活動計算を行うに当たって、人件費、水道光熱費、減価償却費等、事業区分又は拠点区分又はサービス区分に共通する支出及び費用については、合理的な基準に基づいて配分することになるが、その配分基準は、支出及び費用の項目ごとに、その発生に最も密接に関連する量的基準(例えば、人数、時間、面積等による基準、またはこれらの２つ以上の要素を合わせた複合基準)を選択して適用する。

一度選択した配分基準は、状況の変化等により当該基準を適用することが不合理であると認められるようになった場合を除き、継続的に適用するものとする。

なお、共通する収入及び収益がある場合には、同様の取扱いをするものとする。

（注９）リース取引に関する会計

１　リース取引に係る会計処理は、原則として以下のとおりとする。

（１）「ファイナンス・リース取引」とは、リース契約に基づくリース期間の中途において当該契約を解除することができないリース取引又はこれに準ずるリース取引で、借手が、当該契約に基づき使用する物件（以下「リース物件」という。）からもたらされる経済的利益を実質的に享受することができ、かつ、当該リース物件の使用に伴って生じるコストを実質的に負担することとなるリース取引をいう。

また、「オペレーティング・リース取引」とは、ファイナンス・リース取引以外のリース取引をいう。

（２）ファイナンス・リース取引については、原則として、通常の売買取引に係る方法に準じて会計処理を行うものとする。

（３）ファイナンス・リース取引のリース資産については、原則として、有形固定資産、無形固定資産ごとに、一括してリース資産として表示する。ただし、有形固定資産又は無形固定資産に属する各科目に含めることもできるものとする。

（4）オペレーティング・リース取引については通常の賃貸借取引に係る方法に準じて会計処理を行うものとする。

（5）ファイナンス・リース取引におけるリース資産の取得価額及びリース債務の計上額については、原則として、リース料総額から利息相当額を控除するものとする。

2　利息相当額をリース期間中の各期に配分する方法は、原則として、利息法（各期の支払利息相当額をリース債務の未返済元本残高に一定の利率を乗じて算定する方法）によるものとする。

3　リース取引については、以下の項目を財務諸表に注記するものとする。

（1）ファイナンス・リース取引の場合、リース資産について、その内容（主な資産の種類等）及び減価償却の方法を注記する。

（2）オペレーティング・リース取引のうち解約不能のものに係る未経過リース料は、貸借対照表日後１年以内のリース期間に係るものと、貸借対照表日後１年を超えるリース期間に係るものとに区分して注記する。

（注 10）国庫補助金等特別積立金の取崩しについて

国庫補助金等特別積立金は、施設及び設備の整備のために国又は地方公共団体等から受領した国庫補助金等に基づいて積み立てられたものであり、当該国庫補助金等の目的は、社会福祉法人の資産取得のための負担を軽減し、社会福祉法人が経営する施設等のサービス提供者のコスト負担を軽減することを通して、利用者の負担を軽減することである。

したがって、国庫補助金等特別積立金は、毎会計年度、国庫補助金等により取得した資産の減価償却費等により事業費用として費用配分される額の国庫補助金等の当該資産の取得原価に対する割合に相当する額を取り崩し、事業活動計算書のサービス活動費用に控除項目として計上しなければならない。

また、国庫補助金等特別積立金の積立ての対象となった基本財産等が廃棄され又は売却された場合には、当該資産に相当する国庫補助金等特別積立金の額を取崩し、事業活動計算書の特別費用に控除項目として計上しなければならない。

（注 11）国庫補助金等特別積立金への積立てについて

会計基準第４章第４第３項に規定する国庫補助金等特別積立金として以下のものを計上する。

（1）施設及び設備の整備のために国及び地方公共団体等から受領した補助金、助成金及び交付金等を計上するものとする。

（2）設備資金借入金の返済時期に合わせて執行される補助金等のうち、施設整備時又は設備整備時においてその受領金額が確実に見込まれており、実質的に施設整備事業又は設備整備事業に対する補助金等に相当するものは国庫補助金等特別積立金に計上するものとする。

また、第４章第４第３項に規定する国庫補助金等特別積立金の積立ては、同項に規定する国庫補助金等の収益額を事業活動計算書の特別収益に計上した後、その収益に相当する額を国庫補助金等特別積立金積立額として特別費用に計上して行う。

（注 12）基本金への組入れについて

会計基準第４章第４第２項に規定する基本金は以下のものとする。

（１）社会福祉法人の設立並びに施設の創設及び増築等のために基本財産等を取得すべきものとして指定された寄附金の額

（２）前号の資産の取得等に係る借入金の元金償還に充てるものとして指定された寄附金の額

（３）施設の創設及び増築時等に運転資金に充てるために収受した寄附金の額

また、基本金への組入れは、同項に規定する寄附金を事業活動計算書の特別収益に計上した後、その収益に相当する額を基本金組入額として特別費用に計上して行う。

（注 13）基本金の取崩しについて

社会福祉法人が事業の一部又は全部を廃止し、かつ基本金組み入れの対象となった基本財産又はその他の固定資産が廃棄され、又は売却された場合には、当該事業に関して組み入れられた基本金の一部又は全部の額を取り崩し、その金額を事業活動計算書の繰越活動増減差額の部に計上する。

（注 14）外貨建の資産及び負債の決算時における換算について

外国通貨､外貨建金銭債権債務(外貨預金を含む｡)及び外貨建有価証券等については、原則として、決算時の為替相場による円換算額を付すものとする。

決算時における換算によって生じた換算差額は、原則として、当期の為替差損益として処理する。

（注 15）受贈、交換によって取得した資産について

（１）通常要する価額と比較して著しく低い価額で取得した資産又は贈与された資産の評価は、取得又は贈与の時における当該資産の取得のために通常要する価額をもって行うものとする。

（２）交換により取得した資産の評価は、交換に対して提供した資産の帳簿価額をもって行うものとする。

（注 16）満期保有目的の債券の評価について

満期保有目的の債券を債券金額より低い価額又は高い価額で取得した場合において、取得価額と債券金額との差額の性格が金利の調整と認められるときは、償却原価法に基づいて算定された価額をもって貸借対照表価額としなければならない。

（注 17）減価償却について

（1）減価償却の対象

耐用年数が１年以上、かつ、使用又は時の経過により価値が減ずる有形固定資産及び無形固定資産（ただし、取得価額が少額のものは除く。以下「償却資産」という。）に対して毎期一定の方法により償却計算を行わなければならない。

なお、土地など減価が生じない資産（非償却資産）については、減価償却を行うことができないものとする。

（2）減価償却の方法

減価償却の方法としては、有形固定資産については定額法又は定率法のいずれかの方法で償却計算を行う。

また、ソフトウエア等の無形固定資産については定額法により償却計算を行うものとする。

なお、償却方法は、拠点区分ごと、資産の種類ごとに選択し、適用することができる。

（注 18）固定資産の使用価値の見積もりについて

（1）使用価値により評価できるのは、対価を伴う事業に供している固定資産に限られるものとする。

（2）使用価値は、資産又は資産グループを単位とし、継続的使用と使用後の処分によって生ずると見込まれる将来キャッシュ・フローの現在価値をもって算定する。

（注 19）引当金について

（1）　将来の特定の費用又は損失であって、その発生が当該会計年度以前の事象に起因し、発生の可能性が高く、かつその金額を合理的に見積もることができる場合には、当該会計年度の負担に属する金額を当該会計年度の費用として引当金に繰り入れ、当該引当金の残高を貸借対照表の負債の部に計上又は資産の部に控除項目として記載する。

（2）　原則として、引当金のうち賞与引当金のように通常１年以内に使用される見込みのものは流動負債に計上し、退職給付引当金のように通常１年を超えて使用される見込みのものは固定負債に計上するものとする。

また、徴収不能引当金は、当該金銭債権から控除するものとする。

（3）　職員に対し賞与を支給することとされている場合、当該会計年度の負担に属する金額を当該会計年度の費用に計上し、負債として認識すべき残高を賞与引当金として計上するものとする。

（4） 職員に対し退職金を支給することが定められている場合には、将来支給する退職金のうち、当該会計年度の負担に属すべき金額を当該会計年度の費用に計上し、負債として認識すべき残高を退職給付引当金として計上するものとする。

（注 20）積立金と積立資産の関係について

当期末繰越活動増減差額にその他の積立金取崩額を加算した額に余剰が生じた場合には、その範囲内で将来の特定の目的のために積立金を積み立てることができるものとする。積立金を計上する際は、積立ての目的を示す名称を付し、同額の積立資産を積み立てるものとする。

また、積立金に対応する積立資産を取崩す場合には、当該積立金を同額取崩すものとする。

（注 21）重要な会計方針の開示について

重要な会計方針とは、社会福祉法人が財務諸表を作成するに当たって、その財政及び活動の状況を正しく示すために採用した会計処理の原則及び手続並びに財務諸表への表示の方法をいう。

なお、代替的な複数の会計処理方法等が認められていない場合には、会計方針の注記を省略することができる。

（注 22）関連当事者との取引の内容について

1　関連当事者とは、次に掲げる者をいう

（1）当該社会福祉法人の役員及びその近親者

（2）前項の該当者が議決権の過半数を有している法人

2　関連当事者との取引については、次に掲げる事項を原則として関連当事者ごとに注記しなければならない。

（1）当該関連当事者が法人の場合には、その名称、所在地、直近の会計年度末における資産総額及び事業の内容

なお、当該関連当事者が会社の場合には、当該関連当事者の議決権に対する当該社会福祉法人の役員又は近親者の所有割合

（2）当該関連当事者が個人の場合には、その氏名及び職業

（3）当該社会福祉法人と関連当事者との関係

（4）取引の内容

（5）取引の種類別の取引金額

（6）取引条件及び取引条件の決定方針

（7）取引により発生した債権債務に係る主な科目別の期末残高

（8）取引条件の変更があった場合には、その旨、変更の内容及び当該変更が財務諸表に与えている影響の内容

3　関連当事者との間の取引のうち次に定める取引については、2に規定する注記を要しない。

（1）一般競争入札による取引並びに預金利息及び配当金の受取りその他取引の性格からみて取引条件が一般の取引と同様であることが明白な取引

（2）役員に対する報酬、賞与及び退職慰労金の支払い

（注 23）重要な後発事象について

後発事象とは、当該会計年度末日後に発生した事象で翌会計年度以後の社会福祉法人の財政及び活動の状況に影響を及ぼすものをいう。

重要な後発事象は社会福祉法人の状況に関する利害関係者の判断に重要な影響を与えるので、財務諸表作成日までに発生したものは財務諸表に注記する必要がある。

重要な後発事象の例としては、次のようなものがある。

（1）火災、出水等による重大な損害の発生

（2）施設の開設または閉鎖、施設の譲渡または譲受け

（3）重要な係争事件の発生または解決

（4）重要な徴収不能額の発生

なお、後発事象の発生により、当該会計年度の決算における会計上の判断ないし見積りを修正する必要が生じた場合には、当該会計年度の財務諸表に反映させなければならない。

（注 24）その他社会福祉法人の資金収支及び純資産増減の状況並びに資産、負債及び純資産の状態を明らかにするために必要な事項について

会計基準第5章第 15 号の「その他社会福祉法人の資金収支及び純資産増減の状況並びに資産、負債及び純資産の状態を明らかにするために必要な事項」とは、財務諸表に記載すべきものとして会計基準に定められたもののほかに、社会福祉法人の利害関係者が、当該法人の状況を適正に判断するために必要な事項である。

このような事項は、個々の社会福祉法人の経営内容、周囲の環境等によって様々であるが、その例としては、次のようなものがある。

（1）状況の変化にともなう引当金の計上基準の変更、固定資産の耐用年数、残存価額の変更等会計処理上の見積方法の変更に関する事項

（2）法令の改正、社会福祉法人の規程の制定及び改廃等、会計処理すべき新たな事実の発生にともない新たに採用した会計処理に関する事項

（3）勘定科目の内容について特に説明を要する事項

（4）法令、所轄庁の通知等で特に説明を求められている事項

（注25）基本財産及びその他の固定資産（有形・無形固定資産）の明細書

基本財産及びその他の固定資産（有形・無形固定資産）の明細書では、基本財産（有形固定資産）及びその他の固定資産（有形固定資産及び無形固定資産）の種類ごとの残高等を記載するものとする。

なお、有形固定資産及び無形固定資産以外に減価償却資産がある場合には、当該資産についても記載するものとする。

※財務諸表の第１号の１～３様式、第２号の１～３様式は、勘定科目の大区分のみを記載するが、必要のないものは省略することができる。ただし追加・修正はできないものとする。財務諸表の第１号の４様式、第２号の４様式は、勘定科目の小区分までを記載し、必要のない勘定科目は省略できるものとする。また、第３号の１～４様式は、勘定科目の中区分までを記載し、必要のない中区分の勘定科目は省略できるものとする。
※会計基準の別紙３、別紙４については、勘定科目の小区分までを記載し、必要のない勘定科目は省略できるものとする。
※勘定科目の中区分についてはやむを得ない場合、小区分については適当な科目を追加できるものとする。なお、小区分を更に区分する必要がある場合には、小区分の下に適当な科目を設けて処理することができるものとする。
※「水道光熱費（支出）」、「燃料費（支出）」、「賃借料（支出）」、「保険料（支出）」については原則、事業費（支出）のみに計上できる。ただし、措置費、保育所運営費の弾力運用が認められないケースでは、事業費（支出）、事務費（支出）の双方に計上するものとする。
※財務諸表の様式又は運用指針Ⅰ別添３に規定されている勘定科目においても、該当する取引が制度上認められていない事業種別では当該勘定科目を使用することができないものとする。

第1号の1様式

資金収支計算書

（自）平成　年　月　日　（至）平成　年　月　日

（単位：円）

勘定科目			予算(A)	決算(B)	差異(A)-(B)	備考
事業活動による収支	収入	介護保険事業収入				
		老人福祉事業収入				
		児童福祉事業収入				
		保育事業収入				
		就労支援事業収入				
		障害福祉サービス等事業収入				
		生活保護事業収入				
		医療事業収入				
		○○事業収入				
		○○収入				
		借入金利息補助金収入				
		経常経費寄附金収入				
		受取利息配当金収入				
		その他の収入				
		流動資産評価益等による資金増加額				
		事業活動収入計（1）				
	支出	人件費支出				
		事業費支出				
		事務費支出				
		就労支援事業支出				
		授産事業支出				
		○○支出				
		利用者負担軽減額				
		支払利息支出				
		その他の支出				
		流動資産評価損等による資金減少額				
		事業活動支出計（2）				
	事業活動資金収支差額（3）=（1）－（2）					
施設整備等による収支	収入	施設整備等補助金収入				
		施設整備等寄附金収入				
		設備資金借入金収入				
		固定資産売却収入				
		その他の施設整備等による収入				
		施設整備等収入計（4）				
	支出	設備資金借入金元金償還支出				
		固定資産取得支出				
		固定資産除却・廃棄支出				
		ファイナンス・リース債務の返済支出				
		その他の施設整備等による支出				
		施設整備等支出計（5）				
	施設整備等資金収支差額（6）=（4）－（5）					
その他の活動による収支	収入	長期運営資金借入金元金償還寄附金収入				
		長期運営資金借入金収入				
		長期貸付金回収収入				
		投資有価証券売却収入				
		積立資産取崩収入				
		その他の活動による収入				
		その他の活動収入計（7）				
	支出	長期運営資金借入金元金償還支出				
		長期貸付金支出				
		投資有価証券取得支出				
		積立資産支出				
		その他の活動による支出				
		その他の活動支出計（8）				
	その他の活動資金収支差額（9）=（7）－（8）					
予備費支出（10）			××× △×××	—	×××	
当期資金収支差額合計（11）=（3）+（6）+（9）－（10）						
前期末支払資金残高（12）						
当期末支払資金残高（11）＋（12）						

（注）予備費支出△×××円は○○支出に充当使用した額である。

資料1

第1号の2様式

資金収支内訳表

(自) 平成　年　月　日　(至) 平成　年　月　日

(単位：円)

勘定科目			社会福祉事業	公益事業	収益事業	合計	内部取引消去	法人合計
事業活動による収支	収入	介護保険事業収入						
		老人福祉事業収入						
		児童福祉事業収入						
		保育事業収入						
		就労支援事業収入						
		障害福祉サービス等事業収入						
		生活保護事業収入						
		医療事業収入						
		○○事業収入						
		○○収入						
		借入金利息補助金収入						
		経常経費寄附金収入						
		受取利息配当金収入						
		その他の収入						
		流動資産評価益等による資金増加額						
		事業活動収入計(1)						
	支出	人件費支出						
		事業費支出						
		事務費支出						
		就労支援事業支出						
		授産事業支出						
		○○支出						
		利用者負担軽減額						
		支払利息支出						
		その他の支出						
		流動資産評価損等による資金減少額						
		事業活動支出計(2)						
	事業活動資金収支差額(3)=(1)－(2)							
施設整備等による収支	収入	施設整備等補助金収入						
		施設整備等寄附金収入						
		設備資金借入金収入						
		固定資産売却収入						
		その他の施設整備等による収入						
		施設整備等収入計(4)						
	支出	設備資金借入金元金償還支出						
		固定資産取得支出						
		固定資産除却・廃棄支出						
		ファイナンス・リース債務の返済支出						
		その他の施設整備等による支出						
		施設整備等支出計(5)						
	施設整備等資金収支差額(6)=(4)－(5)							

<table>
<tr><td rowspan="21">その他の活動による収支</td><td rowspan="10">収入</td><td>長期運営資金借入金元金償還寄附金収入
長期運営資金借入金収入
長期貸付金回収収入
投資有価証券売却収入
積立資産取崩収入
事業区分間長期借入金収入
事業区分間長期貸付金回収収入
事業区分間繰入金収入
その他の活動による収入</td><td></td><td></td><td></td><td></td><td></td><td></td></tr>
<tr><td>その他の活動収入計(7)</td><td></td><td></td><td></td><td></td><td></td><td></td></tr>
<tr><td rowspan="2">支出</td><td>長期運営資金借入金元金償還支出
長期貸付金支出
投資有価証券取得支出
積立資産支出
事業区分間長期貸付金支出
事業区分間長期借入金返済支出
事業区分間繰入金支出
その他の活動による支出</td><td></td><td></td><td></td><td></td><td></td><td></td></tr>
<tr><td>その他の活動支出計(8)</td><td></td><td></td><td></td><td></td><td></td><td></td></tr>
<tr><td colspan="2">その他の活動資金収支差額(9)=(7)−(8)</td><td></td><td></td><td></td><td></td><td></td><td></td></tr>
<tr><td colspan="3">当期資金収支差額合計(11)=(3)+(6)+(9)−(10)</td><td></td><td></td><td></td><td></td><td></td><td></td></tr>
</table>

前期末支払資金残高(12)						
当期末支払資金残高(11)+(12)						

資料1

第1号の3様式

〇〇事業区分　資金収支内訳表

（自）平成　年　月　日　（至）平成　年　月　日

（単位：円）

		勘定科目	〇〇拠点	△△拠点	××拠点	合計	内部取引消去	事業区分合計
事業活動による収支	収入	介護保険事業収入 老人福祉事業収入 児童福祉事業収入 保育事業収入 就労支援事業収入 障害福祉サービス等事業収入 生活保護事業収入 医療事業収入 〇〇事業収入 〇〇収入 借入金利息補助金収入 経常経費寄附金収入 受取利息配当金収入 その他の収入 流動資産評価益等による資金増加額						
		事業活動収入計（1）						
	支出	人件費支出 事業費支出 事務費支出 就労支援事業支出 授産事業支出 〇〇支出 利用者負担軽減額 支払利息支出 その他の支出 流動資産評価損等による資金減少額						
		事業活動支出計（2）						
	事業活動資金収支差額（3）=（1）−（2）							
施設整備等による収支	収入	施設整備等補助金収入 施設整備等寄附金収入 設備資金借入金収入 固定資産売却収入 その他の施設整備等による収入						
		施設整備等収入計（4）						
	支出	設備資金借入金元金償還支出 固定資産取得支出 固定資産除却・廃棄支出 ファイナンス・リース債務の返済支出 その他の施設整備等による支出						
		施設整備等支出計（5）						
	施設整備等資金収支差額（6）=（4）−（5）							

その他の活動による収支	収入	長期運営資金借入金元金償還寄附金収入 長期運営資金借入金収入 長期貸付金回収収入 投資有価証券売却収入 積立資産取崩収入 事業区分間長期借入金収入 拠点区分間長期借入金収入 事業区分間長期貸付金回収収入 拠点区分間長期貸付金回収収入 事業区分間繰入金収入 拠点区分間繰入金収入 その他の活動による収入						
		その他の活動収入計（7）						
	支出	長期運営資金借入金元金償還支出 長期貸付金支出 投資有価証券取得支出 積立資産支出 事業区分間長期貸付金支出 拠点区分間長期貸付金支出 事業区分間長期借入金返済支出 拠点区分間長期借入金返済支出 事業区分間繰入金支出 拠点区分間繰入金支出 その他の活動による支出						
		その他の活動支出計（8）						
	その他の活動資金収支差額（9）=（7）－（8）							
当期資金収支差額合計(11)=（3）+（6）+（9）－(10)								

前期末支払資金残高(12)						
当期末支払資金残高(11)＋(12)						

第1号の4様式

○○拠点区分　資金収支計算書

（自）平成　年　月　日　（至）平成　年　月　日

（単位：円）

勘定科目	予算(A)	決算(B)	差異(A)-(B)	備考
介護保険事業収入				
施設介護料収入				
介護報酬収入				
利用者負担金収入（公費）				
利用者負担金収入（一般）				
居宅介護料収入				
（介護報酬収入）				
介護報酬収入				
介護予防報酬収入				
（利用者負担金収入）				
介護負担金収入（公費）				
介護負担金収入（一般）				
介護予防負担金収入（公費）				
介護予防負担金収入（一般）				
地域密着型介護料収入				
（介護報酬収入）				
介護報酬収入				
介護予防報酬収入				
（利用者負担金収入）				
介護負担金収入（公費）				
介護負担金収入（一般）				
介護予防負担金収入（公費）				
介護予防負担金収入（一般）				
居宅介護支援介護料収入				
居宅介護支援介護料収入				
介護予防支援介護料収入				
利用者等利用料収入				
施設サービス利用料収入				
居宅介護サービス利用料収入				
地域密着型介護サービス利用料収入				
食費収入（公費）				
食費収入（一般）				
居住費収入（公費）				
居住費収入（一般）				
その他の利用料収入				
その他の事業収入				
補助金事業収入				
市町村特別事業収入				
受託事業収入				
その他の事業収入				
（保険等査定減）				
老人福祉事業収入				
措置事業収入				
事務費収入				
事業費収入				
その他の利用料収入				
その他の事業収入				
運営事業収入				
管理費収入				
その他の利用料収入				
補助金事業収入				
その他の事業収入				
その他の事業収入				
管理費収入				
その他の利用料収入				
その他の事業収入				

事業活動による収支	収入	児童福祉事業収入					
		措置費収入					
		事務費収入					
		事業費収入					
		私的契約利用料収入					
		その他の事業収入					
		補助金事業収入					
		受託事業収入					
		その他の事業収入					
		保育事業収入					
		保育所運営費収入					
		私的契約利用料収入					
		私立認定保育所利用料収入					
		その他の事業収入					
		補助金事業収入					
		受託事業収入					
		その他の事業収入					
		就労支援事業収入					
		○○事業収入					
		障害福祉サービス等事業収入					
		自立支援給付費収入					
		介護給付費収入					
		特例介護給付費収入					
		訓練等給付費収入					
		特例訓練等給付費収入					
		サービス利用計画作成費収入					
		障害児施設給付費収入					
		利用者負担金収入					
		補足給付費収入					
		特定障害者特別給付費収入					
		特例特定障害者特別給付費収入					
		特定入所障害児食費等給付費収入					
		特定費用収入					
		その他の事業収入					
		補助金事業収入					
		受託事業収入					
		その他の事業収入					
		（保険等査定減）					
		生活保護事業収入					
		措置費収入					
		事務費収入					
		事業費収入					
		授産事業収入					
		○○事業収入					
		利用者負担金収入					
		その他の事業収入					
		補助金事業収入					
		受託事業収入					
		その他の事業収入					
		医療事業収入					
		入院診療収入					
		室料差額収入					
		外来診療収入					
		保健予防活動収入					
		受託検査・施設利用収入					
		訪問看護療養費収入					
		訪問看護利用料収入					
		訪問看護基本利用料収入					
		訪問看護その他の利用料収入					
		その他の医療事業収入					
		補助金事業収入					
		受託事業収入					
		その他の医療事業収入					

		（保険等査定減）				
		○○事業収入				
		○○事業収入				
		その他の事業収入				
		補助金事業収入				
		受託事業収入				
		その他の事業収入				
		○○収入				
		○○収入				
		借入金利息補助金収入				
		経常経費寄附金収入				
		受取利息配当金収入				
		その他の収入				
		受入研修費収入				
		利用者等外給食費収入				
		雑収入				
		流動資産評価益等による資金増加額				
		有価証券売却益				
		有価証券評価益				
		為替差益				
		事業活動収入計（１）				
	支出	人件費支出				
		役員報酬支出				
		職員給料支出				
		職員賞与支出				
		非常勤職員給与支出				
		派遣職員費支出				
		退職給付支出				
		法定福利費支出				
		事業費支出				
		給食費支出				
		介護用品費支出				
		医薬品費支出				
		診療・療養等材料費支出				
		保健衛生費支出				
		医療費支出				
		被服費支出				
		教養娯楽費支出				
		日用品費支出				
		保育材料費支出				
		本人支給金支出				
		水道光熱費支出				
		燃料費支出				
		消耗器具備品費支出				
		保険料支出				
		賃借料支出				
		教育指導費支出				
		就職支度費支出				
		葬祭費支出				
		車輌費支出				
		管理費返還支出				
		○○費支出				
		雑支出				
		事務費支出				
		福利厚生費支出				
		職員被服費支出				
		旅費交通費支出				
		研修研究費支出				
		事務消耗品費支出				
		印刷製本費支出				
		水道光熱費支出				
		燃料費支出				
		修繕費支出				

		通信運搬費支出 会議費支出 広報費支出 業務委託費支出 手数料支出 保険料支出 賃借料支出 土地・建物賃借料支出 租税公課支出 保守料支出 渉外費支出 諸会費支出 ○○費支出 雑支出 就労支援事業支出 就労支援事業販売原価支出 就労支援事業製造原価支出 就労支援事業仕入支出 就労支援事業販管費支出 授産事業支出 ○○事業支出 ○○支出 利用者負担軽減額 支払利息支出 その他の支出 利用者等外給食費支出 雑支出 流動資産評価損等による資金減少額 有価証券売却損 資産評価損 有価証券評価損 ○○評価損 為替差損 徴収不能額				
		事業活動支出計（２）				
	事業活動資金収支差額（３）＝（１）－（２）					
施設整備等に	収入	施設整備等補助金収入 施設整備等補助金収入 設備資金借入金元金償還補助金収入 施設整備等寄附金収入 施設整備等寄附金収入 設備資金借入金元金償還寄附金収入 設備資金借入金収入 固定資産売却収入 車輌運搬具売却収入 器具及び備品売却収入 ○○売却収入 その他の施設整備等による収入 ○○収入				
		施設整備等収入計（４）				

による収支	支出	設備資金借入金元金償還支出				
		固定資産取得支出				
		土地取得支出				
		建物取得支出				
		車輌運搬具取得支出				
		器具及び備品取得支出				
		○○取得支出				
		固定資産除却・廃棄支出				
		ファイナンス・リース債務の返済支出				
		その他の施設整備等による支出				
		○○支出				
		施設整備等支出計(5)				
	施設整備等資金収支差額(6)=(4)－(5)					
その他の活動による収支	収入	長期運営資金借入金元金償還寄附金収入				
		長期運営資金借入金収入				
		長期貸付金回収収入				
		投資有価証券売却収入				
		積立資産取崩収入				
		退職給付引当資産取崩収入				
		長期預り金積立資産取崩収入				
		○○積立資産取崩収入				
		事業区分間長期借入金収入				
		拠点区分間長期借入金収入				
		事業区分間長期貸付金回収収入				
		拠点区分間長期貸付金回収収入				
		事業区分間繰入金収入				
		拠点区分間繰入金収入				
		その他の活動による収入				
		○○収入				
		その他の活動収入計(7)				
	支出	長期運営資金借入金元金償還支出				
		長期貸付金支出				
		投資有価証券取得支出				
		積立資産支出				
		退職給付引当資産支出				
		長期預り金積立資産支出				
		○○積立資産支出				
		事業区分間長期貸付金支出				
		拠点区分間長期貸付金支出				
		事業区分間長期借入金返済支出				
		拠点区分間長期借入金返済支出				
		事業区分間繰入金支出				
		拠点区分間繰入金支出				
		その他の活動による支出				
		○○支出				
		その他の活動支出計(8)				
	その他の活動資金収支差額(9)=(7)－(8)					
予備費支出(10)			××× △×××］	—	×××	
当期資金収支差額合計(11)=(3)+(6)+(9)－(10)						

前期末支払資金残高(12)				
当期末支払資金残高(11)＋(12)				

(注) 予備費支出△×××円は○○支出に充当使用した額である。

第2号の1様式

事業活動計算書

（自）平成　年　月　日　（至）平成　年　月　日

（単位：円）

勘定科目			当年度決算(A)	前年度決算(B)	増減(A)-(B)
サービス活動増減の部	収益	介護保険事業収益			
		老人福祉事業収益			
		児童福祉事業収益			
		保育事業収益			
		就労支援事業収益			
		障害福祉サービス等事業収益			
		生活保護事業収益			
		医療事業収益			
		○○事業収益			
		○○収益			
		経常経費寄附金収益			
		その他の収益			
		サービス活動収益計（1）			
	費用	人件費			
		事業費			
		事務費			
		就労支援事業費用			
		授産事業費用			
		○○費用			
		利用者負担軽減額			
		減価償却費			
		国庫補助金等特別積立金取崩額	△×××	△×××	
		徴収不能額			
		徴収不能引当金繰入			
		その他の費用			
		サービス活動費用計（2）			
	サービス活動増減差額（3）＝（1）－（2）				
サービス活動外増減の部	収益	借入金利息補助金収益			
		受取利息配当金収益			
		有価証券評価益			
		有価証券売却益			
		投資有価証券評価益			
		投資有価証券売却益			
		その他のサービス活動外収益			
		サービス活動外収益計（4）			
	費用	支払利息			
		有価証券評価損			
		有価証券売却損			
		投資有価証券評価損			
		投資有価証券売却損			
		その他のサービス活動外費用			
		サービス活動外費用計（5）			
	サービス活動外増減差額（6）＝（4）－（5）				
経常増減差額（7）=（3）＋（6）					

区分		科目			
特別増減の部	収益	施設整備等補助金収益			
		施設整備等寄附金収益			
		長期運営資金借入金元金償還寄附金収益			
		固定資産受贈額			
		固定資産売却益			
		その他の特別収益			
		特別収益計（８）			
	費用	基本金組入額			
		資産評価損			
		固定資産売却損・処分損			
		国庫補助金等特別積立金取崩額（除却等）	△×××	△×××	
		国庫補助金等特別積立金積立額			
		災害損失			
		その他の特別損失			
		特別費用計（９）			
	特別増減差額(10)=（８）-（９）				
当期活動増減差額(11)=(7)+(10)					
繰越活動増減差額の部	前期繰越活動増減差額(12)				
	当期末繰越活動増減差額(13)=(11)+(12)				
	基本金取崩額(14)				
	その他の積立金取崩額(15)				
	その他の積立金積立額(16)				
	次期繰越活動増減差額(17)=(13)+(14)+(15)-(16)				

第2号の2様式

事業活動内訳表

（自）平成　年　月　日　（至）平成　年　月　日

（単位：円）

<table>
<tr><th colspan="3">勘定科目</th><th>社会福祉事業</th><th>公益事業</th><th>収益事業</th><th>合計</th><th>内部取引消去</th><th>法人合計</th></tr>
<tr><td rowspan="6">サービス活動増減の部</td><td>収益</td><td>介護保険事業収益
老人福祉事業収益
児童福祉事業収益
保育事業収益
就労支援事業収益
障害福祉サービス等事業収益
生活保護事業収益
医療事業収益
○○事業収益
○○収益
経常経費寄附金収益
その他の収益</td><td></td><td></td><td></td><td></td><td></td><td></td></tr>
<tr><td></td><td>サービス活動収益計（1）</td><td></td><td></td><td></td><td></td><td></td><td></td></tr>
<tr><td>費用</td><td>人件費
事業費
事務費
就労支援事業費用
授産事業費用
○○費用
利用者負担軽減額
減価償却費</td><td></td><td></td><td></td><td></td><td></td><td></td></tr>
<tr><td></td><td>国庫補助金等特別積立金取崩額
徴収不能額
徴収不能引当金繰入
その他の費用</td><td>△×××</td><td>△×××</td><td>△×××</td><td>△×××</td><td></td><td>△×××</td></tr>
<tr><td></td><td>サービス活動費用計（2）</td><td></td><td></td><td></td><td></td><td></td><td></td></tr>
<tr><td colspan="2">サービス活動増減差額（3）=（1）-（2）</td><td></td><td></td><td></td><td></td><td></td><td></td></tr>
<tr><td rowspan="5">サービス活動外増減の部</td><td>収益</td><td>借入金利息補助金収益
受取利息配当金収益
有価証券評価益
有価証券売却益
投資有価証券評価益
投資有価証券売却益
その他のサービス活動外収益</td><td></td><td></td><td></td><td></td><td></td><td></td></tr>
<tr><td></td><td>サービス活動外収益計（4）</td><td></td><td></td><td></td><td></td><td></td><td></td></tr>
<tr><td>費用</td><td>支払利息
有価証券評価損
有価証券売却損
投資有価証券評価損
投資有価証券売却損
その他のサービス活動外費用</td><td></td><td></td><td></td><td></td><td></td><td></td></tr>
<tr><td></td><td>サービス活動外費用計（5）</td><td></td><td></td><td></td><td></td><td></td><td></td></tr>
<tr><td colspan="2">サービス活動外増減差額（6）=（4）−（5）</td><td></td><td></td><td></td><td></td><td></td><td></td></tr>
<tr><td colspan="3">経常増減差額（7）=（3）＋（6）</td><td></td><td></td><td></td><td></td><td></td><td></td></tr>
</table>

特別増減の部	収益	施設整備等補助金収益						
		施設整備等寄附金収益						
		長期運営資金借入金元金償還寄附金収益						
		固定資産受贈額						
		固定資産売却益						
		事業区分間繰入金収益						
		事業区分間固定資産移管収益						
		その他の特別収益						
		特別収益計（８）						
	費用	基本金組入額						
		資産評価損						
		固定資産売却損・処分損						
		国庫補助金等特別積立金取崩額（除却等）	△×××	△×××	△×××	△×××		△×××
		国庫補助金等特別積立金積立額						
		災害損失						
		事業区分間繰入金費用						
		事業区分間固定資産移管費用						
		その他の特別損失						
		特別費用計（９）						
	特別増減差額（10）＝（８）－（９）							
当期活動増減差額(11)=(7)+(10)								
繰越活動増減差額の部	前期繰越活動増減差額(12)							
	当期末繰越活動増減差額(13)=(11)+(12)							
	基本金取崩額(14)							
	その他の積立金取崩額(15)							
	その他の積立金積立額(16)							
	次期繰越活動増減差額 (17)=(13)+(14)+(15)-(16)							

第2号の3様式

○○事業区分　事業活動内訳表

（自）平成　年　月　日　（至）平成　年　月　日

（単位：円）

		勘定科目	○○拠点	△△拠点	××拠点	合計	内部取引消去	事業区分合計
サービス活動増減の部	収益	介護保険事業収益 老人福祉事業収益 児童福祉事業収益 保育事業収益 就労支援事業収益 障害福祉サービス等事業収益 生活保護事業収益 医療事業収益 ○○事業収益 ○○収益 経常経費寄附金収益 その他の収益						
		サービス活動収益計（1）						
	費用	人件費 事業費 事務費 就労支援事業費用 授産事業費用 ○○費用 利用者負担軽減額 減価償却費						
		国庫補助金等特別積立金取崩額	△×××	△×××	△×××	△×××		△×××
		徴収不能額 徴収不能引当金繰入 その他の費用						
		サービス活動費用計（2）						
	サービス活動増減差額（3）=（1）-（2）							
サービス活動外増減の部	収益	借入金利息補助金収益 受取利息配当金収益 有価証券評価益 有価証券売却益 投資有価証券評価益 投資有価証券売却益 その他のサービス活動外収益						
		サービス活動外収益計（4）						
	費用	支払利息 有価証券評価損 有価証券売却損 投資有価証券評価損 投資有価証券売却損 その他のサービス活動外費用						
		サービス活動外費用計（5）						
	サービス活動外増減差額（6）=（4）−（5）							
経常増減差額（7）=（3）+（6）								

特別増減の部	収益	施設整備等補助金収益						
		施設整備等寄附金収益						
		長期運営資金借入金元金償還寄附金収益						
		固定資産受贈額						
		固定資産売却益						
		事業区分間繰入金収益						
		拠点区分間繰入金収益						
		事業区分間固定資産移管収益						
		拠点区分間固定資産移管収益						
		その他の特別収益						
		特別収益計(8)						
	費用	基本金組入額						
		資産評価損						
		固定資産売却損・処分損						
		国庫補助金等特別積立金取崩額(除却等)	△×××	△×××	△×××	△×××		△×××
		国庫補助金等特別積立金積立額						
		災害損失						
		事業区分間繰入金費用						
		拠点区分間繰入金費用						
		事業区分間固定資産移管費用						
		拠点区分間固定資産移管費用						
		その他の特別損失						
		特別費用計(9)						
	特別増減差額(10)=(8)−(9)							
当期活動増減差額(11)=(7)+(10)								
繰越活動増減差額の部	前期繰越活動増減差額(12)							
	当期末繰越活動増減差額(13)=(11)+(12)							
	基本金取崩額(14)							
	その他の積立金取崩額(15)							
	その他の積立金積立額(16)							
	次期繰越活動増減差額 (17)=(13)+(14)+(15)−(16)							

第2号の4様式

○○拠点区分　事業活動計算書

（自）平成　年　月　日　（至）平成　年　月　日

（単位：円）

勘定科目	当年度決算(A)	前年度決算(B)	増減(A)-(B)
介護保険事業収益			
施設介護料収益			
介護報酬収益			
利用者負担金収益（公費）			
利用者負担金収益（一般）			
居宅介護料収益			
（介護報酬収益）			
介護報酬収益			
介護予防報酬収益			
（利用者負担金収益）			
介護負担金収益（公費）			
介護負担金収益（一般）			
介護予防負担金収益（公費）			
介護予防負担金収益（一般）			
地域密着型介護料収益			
（介護報酬収益）			
介護報酬収益			
介護予防報酬収益			
（利用者負担金収益）			
介護負担金収益（公費）			
介護負担金収益（一般）			
介護予防負担金収益（公費）			
介護予防負担金収益（一般）			
居宅介護支援介護料収益			
居宅介護支援介護料収益			
介護予防支援介護料収益			
利用者等利用料収益			
施設サービス利用料収益			
居宅介護サービス利用料収益			
地域密着型介護サービス利用料収益			
食費収益（公費）			
食費収益（一般）			
居住費収益（公費）			
居住費収益（一般）			
その他の利用料収益			
その他の事業収益			
補助金事業収益			
市町村特別事業収益			
受託事業収益			
その他の事業収益			
（保険等査定減）			
老人福祉事業収益			
措置事業収益			
事務費収益			
事業費収益			
その他の利用料収益			
その他の事業収益			
運営事業収益			
管理費収益			
その他の利用料収益			
補助金事業収益			
その他の事業収益			
その他の事業収益			
管理費収益			

サービス活動増減の部	収益	その他の利用料収益			
		その他の事業収益			
		児童福祉事業収益			
		措置費収益			
		事務費収益			
		事業費収益			
		私的契約利用料収益			
		その他の事業収益			
		補助金事業収益			
		受託事業収益			
		その他の事業収益			
		保育事業収益			
		保育所運営費収益			
		私的契約利用料収益			
		私立認定保育所利用料収益			
		その他の事業収益			
		補助金事業収益			
		受託事業収益			
		その他の事業収益			
		就労支援事業収益			
		○○事業収益			
		障害福祉サービス等事業収益			
		自立支援給付費収益			
		介護給付費収益			
		特例介護給付費収益			
		訓練等給付費収益			
		特例訓練等給付費収益			
		サービス利用計画作成費収益			
		障害児施設給付費収益			
		利用者負担金収益			
		補足給付費収益			
		特定障害者特別給付費収益			
		特例特定障害者特別給付費収益			
		特定入所障害児食費等給付費収益			
		特定費用収益			
		その他の事業収益			
		補助金事業収益			
		受託事業収益			
		その他の事業収益			
		（保険等査定減）			
		生活保護事業収益			
		措置費収益			
		事務費収益			
		事業費収益			
		授産事業収益			
		○○事業収益			
		利用者負担金収益			
		その他の事業収益			
		補助金事業収益			
		受託事業収益			
		その他の事業収益			
		医療事業収益			
		入院診療収益			
		室料差額収益			
		外来診療収益			
		保健予防活動収益			
		受託検査・施設利用収益			
		訪問看護療養費収益			
		訪問看護利用料収益			
		訪問看護基本利用料収益			
		訪問看護その他の利用料収益			
		その他の医療事業収益			

		補助金事業収益 　　受託事業収益 　　その他の医業収益 　（保険等査定減） ○○事業収益 　○○事業収益 　その他の事業収益 　　補助金事業収益 　　受託事業収益 　　その他の事業収益 ○○収益 　○○収益 経常経費寄附金収益 その他の収益			
		サービス活動収益計（1）			
	費用	人件費 　役員報酬 　職員給料 　職員賞与 　賞与引当金繰入 　非常勤職員給与 　派遣職員費 　退職給付費用 　法定福利費 事業費 　給食費 　介護用品費 　医薬品費 　診療・療養等材料費 　保健衛生費 　医療費 　被服費 　教養娯楽費 　日用品費 　保育材料費 　本人支給金 　水道光熱費 　燃料費 　消耗器具備品費 　保険料 　賃借料 　教育指導費 　就職支度費 　葬祭費 　車輌費 　○○費 　雑費 事務費 　福利厚生費 　職員被服費 　旅費交通費 　研修研究費 　事務消耗品費 　印刷製本費 　水道光熱費 　燃料費 　修繕費 　通信運搬費 　会議費 　広報費 　業務委託費 　手数料			

		保険料			
		賃借料			
		土地・建物賃借料			
		租税公課			
		保守料			
		渉外費			
		諸会費			
		○○費			
		雑費			
		就労支援事業費用			
		就労支援事業販売原価			
		期首製品（商品）棚卸高			
		当期就労支援事業製造原価			
		当期就労支援事業仕入高			
		期末製品（商品）棚卸高			
		就労支援事業販管費			
		授産事業費用			
		○○事業費			
		○○費用			
		利用者負担軽減額			
		減価償却費			
		国庫補助金等特別積立金取崩額	△×××	△×××	
		徴収不能額			
		徴収不能引当金繰入			
		その他の費用			
		サービス活動費用計（2）			
	サービス活動増減差額(3)=(1)-(2)				
サービス活動外増減の部	収益	借入金利息補助金収益			
		受取利息配当金収益			
		有価証券評価益			
		有価証券売却益			
		投資有価証券評価益			
		投資有価証券売却益			
		その他のサービス活動外収益			
		受入研修費収益			
		利用者等外給食収益			
		為替差益			
		雑収益			
		サービス活動外収益計(4)			
	費用	支払利息			
		有価証券評価損			
		有価証券売却損			
		投資有価証券評価損			
		投資有価証券売却損			
		その他のサービス活動外費用			
		利用者等外給食費			
		為替差損			
		雑損失			
		サービス活動外費用計（5）			
	サービス活動外増減差額（6）=(4)－(5)				
経常増減差額(7)=(3)＋(6)					
	収益	施設整備等補助金収益			
		施設整備等補助金収益			
		設備資金借入金元金償還補助金収益			
		施設整備等寄附金収益			
		施設整備等寄附金収益			
		設備資金借入金元金償還寄附金収益			
		長期運営資金借入金元金償還寄附金収益			
		固定資産受贈額			
		○○受贈額			
		固定資産売却益			
		車輌運搬具売却益			

特別増減の部	収益	器具及び備品売却益 ○○売却益 事業区分間繰入金収益 拠点区分間繰入金収益 事業区分間固定資産移管収益 拠点区分間固定資産移管収益 その他の特別収益 徴収不能引当金戻入益			
		特別収益計（８）			
	費用	基本金組入額 資産評価損 固定資産売却損・処分損 建物売却損・処分損 車輌運搬具売却損・処分損 器具及び備品売却損・処分損 その他の固定資産売却損・処分損 国庫補助金等特別積立金取崩額（除却等） 国庫補助金等特別積立金積立額 災害損失 事業区分間繰入金費用 拠点区分間繰入金費用 事業区分間固定資産移管費用 拠点区分間固定資産移管費用 その他の特別損失	 △×××	 △×××	
		特別費用計（９）			
	特別増減差額（10）＝（８）－（９）				
当期活動増減差額(11)＝(7)＋(10)					
繰越活動増減差額の部	前期繰越活動増減差額(12)				
	当期末繰越活動増減差額(13)＝(11)＋(12)				
	基本金取崩額(14)				
	その他の積立金取崩額(15)				
	○○積立金取崩額				
	その他の積立金積立額(16)				
	○○積立金積立額				
	次期繰越活動増減差額 (17)＝(13)＋(14)＋(15)－(16)				

資料1

第3号の1様式

貸　借　対　照　表

平成　年　月　日現在

（単位：円）

資産の部				負債の部			
	当年度末	前年度末	増減		当年度末	前年度末	増減
流動資産				流動負債			
現金預金				短期運営資金借入金			
有価証券				事業未払金			
事業未収金				その他の未払金			
未収金				支払手形			
未収補助金				役員等短期借入金			
未収収益				1年以内返済予定設備資金借入金			
受取手形				1年以内返済予定長期運営資金借入金			
貯蔵品				1年以内返済予定リース債務			
医薬品				1年以内返済予定役員等長期借入金			
診療・療養費等材料				1年以内支払予定長期未払金			
給食用材料				未払費用			
商品・製品				預り金			
仕掛品				職員預り金			
原材料				前受金			
立替金				前受収益			
前払金				仮受金			
前払費用				賞与引当金			
1年以内回収予定長期貸付金				その他の流動負債			
短期貸付金							
仮払金							
その他の流動資産							
徴収不能引当金							
固定資産				固定負債			
基本財産				設備資金借入金			
土地				長期運営資金借入金			
建物				リース債務			
定期預金				役員等長期借入金			
投資有価証券				退職給付引当金			
				長期未払金			
その他の固定資産				長期預り金			
土地				その他の固定負債			
建物							
構築物							
機械及び装置				負債の部合計			
車輌運搬具				純資産の部			
器具及び備品				基本金			
建設仮勘定				国庫補助金等特別積立金			
有形リース資産				その他の積立金			
権利				○○積立金			
ソフトウェア				次期繰越活動増減差額			
無形リース資産				（うち当期活動増減差額）			
投資有価証券							
長期貸付金							
退職給付引当資産							
長期預り金積立資産							
○○積立資産							
差入保証金							
長期前払費用							
その他の固定資産							
				純資産の部合計			
資産の部合計				負債及び純資産の部合計			

第3号の2様式

貸借対照表内訳表

平成　年　月　日現在

（単位：円）

勘定科目	社会福祉事業	公益事業	収益事業	合計	内部取引消去	法人合計
流動資産						
現金預金						
有価証券						
事業未収金						
未収金						
未収補助金						
未収収益						
受取手形						
貯蔵品						
医薬品						
診療・療養費等材料						
給食用材料						
商品・製品						
仕掛品						
原材料						
立替金						
前払金						
前払費用						
１年以内回収予定長期貸付金						
１年以内回収予定事業区分間長期貸付金						
短期貸付金						
事業区分間貸付金						
仮払金						
その他の流動資産						
徴収不能引当金						
固定資産						
基本財産						
土地						
建物						
定期預金						
投資有価証券						
その他の固定資産						
土地						
建物						
構築物						
機械及び装置						
車輌運搬具						
器具及び備品						
建設仮勘定						
有形リース資産						
権利						
ソフトウェア						
無形リース資産						
投資有価証券						
長期貸付金						
事業区分間長期貸付金						
退職給付引当資産						
長期預り金積立資産						
○○積立資産						
差入保証金						
長期前払費用						
その他の固定資産						
資産の部合計						

流動負債						
短期運営資金借入金						
事業未払金						
その他の未払金						
支払手形						
役員等短期借入金						
1年以内返済予定設備資金借入金						
1年以内返済予定長期運営資金借入金						
1年以内返済予定リース債務						
1年以内返済予定役員等長期借入金						
1年以内返済予定事業区分間長期借入金						
1年以内支払予定長期未払金						
未払費用						
預り金						
職員預り金						
前受金						
前受収益						
事業区分間借入金						
仮受金						
賞与引当金						
その他の流動負債						
固定負債						
設備資金借入金						
長期運営資金借入金						
リース債務						
役員等長期借入金						
事業区分間長期借入金						
退職給付引当金						
長期未払金						
長期預り金						
その他の固定負債						
負債の部合計						
基本金						
国庫補助金等特別積立金						
その他の積立金						
○○積立金						
次期繰越活動増減差額						
（うち当期活動増減差額）						
純資産の部合計						
負債及び純資産の部合計						

第3号の3様式

○○事業区分　貸借対照表内訳表

平成　年　月　日現在

（単位：円）

勘定科目	○○拠点	△△拠点	××拠点	合計	内部取引消去	事業区分計
流動資産						
現金預金						
有価証券						
事業未収金						
未収金						
未収補助金						
未収収益						
受取手形						
貯蔵品						
医薬品						
診療・療養費等材料						
給食用材料						
商品・製品						
仕掛品						
原材料						
立替金						
前払金						
前払費用						
１年以内回収予定長期貸付金						
１年以内回収予定事業区分間長期貸付金						
１年以内回収予定拠点区分間長期貸付金						
短期貸付金						
事業区分間貸付金						
拠点区分間貸付金						
仮払金						
その他の流動資産						
徴収不能引当金						
固定資産						
基本財産						
土地						
建物						
定期預金						
投資有価証券						
その他の固定資産						
土地						
建物						
構築物						
機械及び装置						
車輌運搬具						
器具及び備品						
建設仮勘定						
有形リース資産						
権利						
ソフトウェア						
無形リース資産						
投資有価証券						
長期貸付金						
事業区分間長期貸付金						
拠点区分間長期貸付金						
退職給付引当資産						
長期預り金積立資産						
○○積立資産						
差入保証金						
長期前払費用						
その他の固定資産						
資産の部合計						

流動負債						
短期運営資金借入金						
事業未払金						
その他の未払金						
支払手形						
役員等短期借入金						
1年以内返済予定設備資金借入金						
1年以内返済予定長期運営資金借入金						
1年以内返済予定リース債務						
1年以内返済予定役員等長期借入金						
1年以内返済予定事業区分間長期借入金						
1年以内返済予定拠点区分間長期借入金						
1年以内支払予定長期未払金						
未払費用						
預り金						
職員預り金						
前受金						
前受収益						
事業区分間借入金						
拠点区分間借入金						
仮受金						
賞与引当金						
その他の流動負債						
固定負債						
設備資金借入金						
長期運営資金借入金						
リース債務						
役員等長期借入金						
事業区分間長期借入金						
拠点区分間長期借入金						
退職給付引当金						
長期未払金						
長期預り金						
その他の固定負債						
負債の部合計						
基本金						
国庫補助金等特別積立金						
その他の積立金						
○○積立金						
次期繰越活動増減差額						
(うち当期活動増減差額)						
純資産の部合計						
負債及び純資産の部合計						

財務諸表に対する注記（法人全体用）

1．継続事業の前提に関する注記

・・・・・・・・

2．重要な会計方針

（1）有価証券の評価基準及び評価方法
・満期保有目的の債券等－償却原価法（定額法）
・上記以外の有価証券で時価のあるもの－決算日の市場価格に基づく時価法
（2）固定資産の減価償却の方法
・建物並びに器具及び備品－定額法
・リース資産
所有権移転ファイナンス・リース取引に係るリース資産
自己所有の固定資産に適用する減価償却方法と同一の方法によっている。
所有権移転外ファイナンス・リース取引に係るリース資産
リース期間を耐用年数とし、残存価額を零とする定額法によっている。
（3）引当金の計上基準
・退職給付引当金－・・・
・賞与引当金　　－・・・

3．重要な会計方針の変更

・・・・・・・・

4．法人で採用する退職給付制度

・・・・・・・・

5．法人が作成する財務諸表等と拠点区分、サービス区分

当法人の作成する財務諸表は以下のとおりになっている。
⑴ 法人全体の財務諸表(第1号の1様式、第2号の1様式、第3号の1様式)
⑵ 事業区分別内訳表(第1号の2様式、第2号の2様式、第3号の2様式)
⑶ 社会福祉事業における拠点区分別内訳表(第1号の3様式、第2号の3様式、第3号の3様式)
⑷ 収益事業における拠点区分別内訳表（第１号の３様式、第２号の３様式、第３号の３様式）
当法人では、収益事業を実施していないため作成していない。
⑸ 各拠点区分におけるサービス区分の内容
ア　A里拠点（社会福祉事業）
「介護老人福祉施設A里」
「短期入所生活介護○○」
「居宅介護支援○○」
「本部」
イ　B園拠点（社会福祉事業）
「保育所B園」
ウ　Cの家拠点（社会福祉事業）
「児童養護施設Cの家」
「子育て短期支援事業○○」
エ　D苑拠点（公益事業）
「有料老人ホームD苑」

６．基本財産の増減の内容及び金額

基本財産の増減の内容及び金額は以下のとおりである。

（単位：円）

基本財産の種類	前期末残高	当期増加額	当期減少額	当期末残高
土地				
建物				
定期預金				
投資有価証券				
合計				

７．会計基準第３章第４（４）及び（６）の規定による基本金又は国庫補助金等特別積立金の取崩し

○○施設を○○へ譲渡したことに伴い、基本金＊＊＊円及び
国庫補助金等特別積立金＊＊＊円を取り崩した。

８．担保に供している資産

担保に供されている資産は以下のとおりである。

土地（基本財産）	○○○円
建物（基本財産）	○○○円
計	○○○円

担保している債務の種類および金額は以下のとおりである。

設備資金借入金（１年以内返済予定額を含む）	○○○円
計	○○○円

９．固定資産の取得価額、減価償却累計額及び当期末残高
（貸借対照表上、間接法で表示している場合は記載不要。）

固定資産の取得価額、減価償却累計額及び当期末残高は、以下のとおりである。

（単位：円）

	取得価額	減価償却累計額	当期末残高
建物（基本財産）			
建物			
構築物			
・・・・・			
合計			

１０．債権額、徴収不能引当金の当期末残高、債権の当期末残高
（貸借対照表上、間接法で表示している場合は記載不要。）

債権額、徴収不能引当金の当期末残高、債権の当期末残高は以下のとおりである。

（単位：円）

	債権額	徴収不能引当金の当期末残高	債権の当期末残高
合　計			

１１．満期保有目的の債券の内訳並びに帳簿価額、時価及び評価損益

満期保有目的の債券の内訳並びに帳簿価額、時価及び評価損益は以下のとおりである。

（単位：円）

種類及び銘柄	帳簿価額	時価	評価損益
第○回利付国債			
第△回利付国債			
第☆回★★社 期限前償還条件付社債			
合　計			

１２．関連当事者との取引の内容

関連当事者との取引の内容は次のとおりである。

（単位：円）

種類	法人等の名称	住所	資産総額	事業の内容又は職業	議決権の所有割合	関係内容		取引の内容	取引金額	科目	期末残高
						役員の兼務等	事業上の関係				

取引条件及び取引条件の決定方針等

・・・・・・・・・

１３．重要な偶発債務

・・・・・・・・・

１４．重要な後発事象

・・・・・・・・・

１５．その他社会福祉法人の資金収支及び純資産増減の状況並びに資産、負債及び純資産の状態を明らかにするために必要な事項

・・・・・・・・・

資料1

第3号の4様式

○○拠点区分　貸借対照表

平成　年　月　日現在

（単位：円）

資　産　の　部				負　債　の　部			
	当年度末	前年度末	増減		当年度末	前年度末	増減
流動資産				流動負債			
現金預金				短期運営資金借入金			
有価証券				事業未払金			
事業未収金				その他の未払金			
未収金				支払手形			
未収補助金				役員~~職員~~等短期借入金			
未収収益				1年以内返済予定設備資金借入金			
受取手形				1年以内返済予定長期運営資金借入金			
貯蔵品				1年以内返済予定リース債務			
医薬品				1年以内返済予定役員等長期借入金			
診療・療養費等材料				1年以内返済予定事業区分間長期借入金			
給食用材料				1年以内返済予定拠点区分間長期借入金			
商品・製品				1年以内支払予定長期未払金			
仕掛品				未払費用			
原材料				預り金			
立替金				職員預り金			
前払金				前受金			
前払費用				前受収益			
1年以内回収予定長期貸付金				事業区分間借入金			
1年以内回収予定事業区分間長期貸付金				拠点区分間借入金			
1年以内回収予定拠点区分間長期貸付金				仮受金			
短期貸付金				賞与引当金			
事業区分間貸付金				その他の流動負債			
拠点区分間貸付金							
仮払金							
その他の流動資産							
徴収不能引当金							
固定資産				固定負債			
基本財産				設備資金借入金			
土地				長期運営資金借入金			
建物				リース債務			
定期預金				役員等長期借入金			
投資有価証券				事業区分間長期借入金			
その他の固定資産				拠点区分間長期借入金			
土地				退職給付引当金			
建物				長期未払金			
構築物				長期預り金			
機械及び装置				その他の固定負債			
車輌運搬具							
器具及び備品							
建設仮勘定				負債の部合計			
有形リース資産				純　資　産　の　部			
権利				基本金			
ソフトウェア				国庫補助金等特別積立金			
無形リース資産				その他の積立金			
投資有価証券				○○積立金			
長期貸付金				次期繰越活動増減差額			
事業区分間長期貸付金				（うち当期活動増減差額）			
拠点区分間長期貸付金							
退職給付引当資産							
長期預り金積立資産							
○○積立資産							
差入保証金							
長期前払費用							
その他の固定資産							
				純資産の部合計			
資産の部合計				負債及び純資産の部合計			

財務諸表に対する注記（A里拠点区分用）

1．重要な会計方針

（1）有価証券の評価基準及び評価方法
・満期保有目的の債券等－償却原価法（定額法）
・上記以外の有価証券で時価のあるもの－決算日の市場価格に基づく時価法
（2）固定資産の減価償却の方法
・建物並びに器具及び備品－定額法
・リース資産
所有権移転ファイナンス・リース取引に係るリース資産
自己所有の固定資産に適用する減価償却方法と同一の方法によっている。
所有権移転外ファイナンス・リース取引に係るリース資産
リース期間を耐用年数とし、残存価額を零とする定額法によっている。
（3）引当金の計上基準
・退職給付引当金－・・・
・賞与引当金　　－・・・

2．重要な会計方針の変更

・・・・・・・・

3．採用する退職給付制度

4．拠点が作成する財務諸表等とサービス区分

当拠点区分において作成する財務諸表等は以下のとおりになっている。
(1) A里拠点財務諸表(第1号の4様式、第2号の4様式、第3号の4様式)
(2) 拠点区分事業活動明細書(会計基準別紙4)
ア　介護老人福祉施設A里
イ　短期入所生活介護○○
ウ　居宅介護支援○○
エ　本部
(3) 拠点区分資金収支明細書(会計基準別紙3)は省略している。

5．基本財産の増減の内容及び金額

基本財産の増減の内容及び金額は以下のとおりである。

（単位：円）

基本財産の種類	前期末残高	当期増加額	当期減少額	当期末残高
土地				
建物				
定期預金				
投資有価証券				
合計				

6．会計基準第３章第４（４）及び（６）の規定による基本金又は国庫補助金等特別積立金の取崩し

○○施設を○○へ譲渡したことに伴い、基本金＊＊＊円及び国庫補助金等特別積立金＊＊＊円を取り崩した。

7．担保に供している資産

担保に供されている資産は以下のとおりである。

土地（基本財産）　○○○円
建物（基本財産）　○○○円
計　○○○円

担保している債務の種類および金額は以下のとおりである。

設備資金借入金（1年以内返済予定額を含む）　○○○円
設備資金借入金（1年以内返済予定額を含む）（C拠点）　○○○円
計　○○○円

※C拠点では「6．担保に供している資産」は「該当なし」と記載。

8．固定資産の取得価額、減価償却累計額及び当期末残高
（貸借対照表上、間接法で表示している場合は記載不要。）

固定資産の取得価額、減価償却累計額及び当期末残高は、以下のとおりである。

（単位：円）

	取得価額	減価償却累計額	当期末残高
建物（基本財産）			
建物			
構築物			
・・・・・			
・・・・・			
・・・・・			
合計			

9．債権額、徴収不能引当金の当期末残高、債権の当期末残高
（貸借対照表上、間接法で表示している場合は記載不要。）

債権額、徴収不能引当金の当期末残高、債権の当期末残高は以下のとおりである。

（単位：円）

	債権額	徴収不能引当金の当期末残高	債権の当期末残高
合　計			

10．満期保有目的の債券の内訳並びに帳簿価額、時価及び評価損益

満期保有目的の債券の内訳並びに帳簿価額、時価及び評価損益は以下のとおりである。

（単位：円）

種類及び銘柄	帳簿価額	時価	評価損益
第○回利付国債			
第△回利付国債			
第☆回★★社 期限前償還条件付社債			
合　計			

11．重要な後発事象

該当なし

12．その他社会福祉法人の資金収支及び純資産増減の状況並びに資産、負債及び純資産の状態を明らかにするために必要な事項

該当なし

別紙1

基本財産及びその他の固定資産（有形・無形固定資産）の明細書

（自）平成　年　月　日　（至）平成　年　月　日

社会福祉法人名
拠点区分

（単位：円）

資産の種類及び名称	期首帳簿価額(A)		当期増加額(B)		当期減価償却額(C)		当期減少額(D)		期末帳簿価額(E=A+B−C−D)		減価償却累計額(F)		期末取得原価(G=E+F)		摘要
		うち国庫補助金等の額		うち国庫補助金等の額		うち国庫補助金等の額		うち国庫補助金等の額		うち国庫補助金等の額		うち国庫補助金等の額		うち国庫補助金等の額	
基本財産（有形固定資産）															
土地															
建物															
基本財産合計															
その他の固定資産（有形固定資産）															
土地															
建物															
車輌運搬具															
○○○															
その他の固定資産（有形固定資産）計															
その他の固定資産（無形固定資産）															
○○○															
○○○															
その他の固定資産（無形固定資産）計															
その他の固定資産計															
基本財産及びその他の固定資産計															
将来入金予定の償還補助金の額															
差　引															

（注）1.「うち国庫補助金等の額」については、設備資金元金償還補助金がある場合には、償還補助総額を記載した上で、国庫補助金取崩計算を行うものとする。
ただし、「将来入金予定の償還補助金の額」欄では、「期首帳簿価額」の「うち国庫補助金等の額」はマイナス表示し、実際に補助金を受けた場合に「当期増加額」の「うち国庫補助金等の額」をプラス表示することにより、「差引」欄の「期末帳簿価額」の「うち国庫補助金等の額」が貸借対照表上の国庫補助金等特別積立金残高と一致することが確認できる。

2.「当期増加額」には減価償却控除前の増加額、「当期減少額」には当期減価償却額を控除した減少額を記載する。

資料1

別紙2

引当金明細書

（自）平成　年　月　日　（至）平成　年　月　日

社会福祉法人名
拠点区分

（単位：円）

科目	期首残高	当期増加額	当期減少額		期末残高	摘要
			目的使用	その他		
退職給付引当金	＊＊＊	＊＊＊ （＊＊＊）	＊＊＊	＊＊＊ （＊＊＊）	＊＊＊	
計						

（注）
1．引当金明細書には、引当金の種類ごとに、期首残高、当期増加額、当期減少額及び期末残高の明細を記載する。
2．目的使用以外の要因による減少額については、その内容及び金額を注記する。
3．都道府県共済会または法人独自の退職給付制度において、職員の転職または拠点間の異動により、退職給付の支払を伴わない退職給付引当金の増加または減少が発生した場合は、当期増加額又は当期減少額（その他）の欄に括弧書きでその金額を内数として記載するものとする。

別紙3

○○拠点区分　資金収支明細書

（自）平成　年　月　日　（至）平成　年　月　日

社会福祉法人名＿＿＿＿＿＿＿＿＿＿＿＿＿＿＿＿

（単位：円）

勘定科目	サービス区分			合計	内部取引消去	拠点区分合計
	○○事業	△△事業	××事業			
介護保険事業収入						
施設介護料収入						
介護報酬収入						
利用者負担金収入（公費）						
利用者負担金収入（一般）						
居宅介護料収入						
（介護報酬収入）						
介護報酬収入						
介護予防報酬収入						
（利用者負担金収入）						
介護負担金収入（公費）						
介護負担金収入（一般）						
介護予防負担金収入（公費）						
介護予防負担金収入（一般）						
地域密着型介護料収入						
（介護報酬収入）						
介護報酬収入						
介護予防報酬収入						
（利用者負担金収入）						
介護負担金収入（公費）						
介護負担金収入（一般）						
介護予防負担金収入（公費）						
介護予防負担金収入（一般）						
居宅介護支援介護料収入						
居宅介護支援介護料収入						
介護予防支援介護料収入						
利用者等利用料収入						
施設サービス利用料収入						
居宅介護サービス利用料収入						
地域密着型介護サービス利用料収入						
食費収入（公費）						
食費収入（一般）						
居住費収入（公費）						
居住費収入（一般）						
その他の利用料収入						
その他の事業収入						
補助金事業収入						
市町村特別事業収入						
受託事業収入						
その他の事業収入						
（保険等査定減）						
老人福祉事業収入						
措置事業収入						
事務費収入						
事業費収入						
その他の利用料収入						
その他の事業収入						
運営事業収入						
管理費収入						

		その他の利用料収入						
		補助金事業収入						
		その他の事業収入						
		その他の事業収入						
		管理費収入						
		その他の利用料収入						
		その他の事業収入						
		児童福祉事業収入						
		措置費収入						
		事務費収入						
		事業費収入						
		私的契約利用料収入						
		その他の事業収入						
		補助金事業収入						
		受託事業収入						
		その他の事業収入						
		保育事業収入						
		保育所運営費収入						
		私的契約利用料収入						
		私立認定保育所利用料収入						
	収入	その他の事業収入						
		補助金事業収入						
		受託事業収入						
		その他の事業収入						
		就労支援事業収入						
		○○事業収入						
		障害福祉サービス等事業収入						
		自立支援給付費収入						
		介護給付費収入						
		特例介護給付費収入						
		訓練等給付費収入						
		特例訓練等給付費収入						
		サービス利用計画作成費収入						
		障害児施設給付費収入						
		利用者負担金収入						
		補足給付費収入						
		特定障害者特別給付費収入						
		特例特定障害者特別給付費収入						
		特定入所障害児食費等給付費収入						
		特定費用収入						
		その他の事業収入						
		補助金事業収入						
		受託事業収入						
		その他の事業収入						
		（保険等査定減）						
		生活保護事業収入						
		措置費収入						
		事務費収入						
		事業費収入						
		授産事業収入						
		○○事業収入						
		利用者負担金収入						
		その他の事業収入						
		補助金事業収入						
		受託事業収入						
事業活動による		その他の事業収入						
		医療事業収入						
		入院診療収入						
		室料差額収入						
		外来診療収入						
		保健予防活動収入						

〜収支		受託検査・施設利用収入						
		訪問看護療養費収入						
		訪問看護利用料収入						
		訪問看護基本利用料収入						
		訪問看護その他の利用料収入						
		その他の医療事業収入						
		補助金事業収入						
		受託事業収入						
		その他の医療事業収入						
		(保険等査定減)						
		○○事業収入						
		○○事業収入						
		その他の事業収入						
		補助金事業収入						
		受託事業収入						
		その他の事業収入						
		○○収入						
		○○収入						
		借入金利息補助金収入						
		経常経費寄附金収入						
		受取利息配当金収入						
		その他の収入						
		受入研修費収入						
		利用者等外給食費収入						
		雑収入						
		流動資産評価益等による資金増加額						
		有価証券売却益						
		有価証券評価益						
		為替差益						
		事業活動収入計(1)						
		人件費支出						
		役員報酬支出						
		職員給料支出						
		職員賞与支出						
		非常勤職員給与支出						
		派遣職員費支出						
		退職給付支出						
		法定福利費支出						
		事業費支出						
		給食費支出						
		介護用品費支出						
		医薬品費支出						
		診療・療養等材料費支出						
		保健衛生費支出						
		医療費支出						
		被服費支出						
		教養娯楽費支出						
		日用品費支出						
		保育材料費支出						
		本人支給金支出						
		水道光熱費支出						
		燃料費支出						
		消耗器具備品費支出						
		保険料支出						
		賃借料支出						
		教育指導費支出						
		就職支度費支出						
		葬祭費支出						
		車輌費支出						
		管理費返還支出						
		○○費支出						

	支出	雑支出						
		事務費支出						
		福利厚生費支出						
		職員被服費支出						
		旅費交通費支出						
		研修研究費支出						
		事務消耗品費支出						
		印刷製本費支出						
		水道光熱費支出						
		燃料費支出						
		修繕費支出						
		通信運搬費支出						
		会議費支出						
		広報費支出						
		業務委託費支出						
		手数料支出						
		保険料支出						
		賃借料支出						
		土地・建物賃借料支出						
		租税公課支出						
		保守料支出						
		渉外費支出						
		諸会費支出						
		○○費支出						
		雑支出						
		就労支援事業支出						
		就労支援事業販売原価支出						
		就労支援事業販管費支出						
		授産事業支出						
		○○事業支出						
		○○支出						
		利用者負担軽減額						
		支払利息支出						
		その他の支出						
		利用者等外給食費支出						
		雑支出						
		流動資産評価損等による資金減少額						
		有価証券売却損						
		資産評価損						
		有価証券評価損						
		○○評価損						
		為替差損						
		徴収不能額						
		事業活動支出計(2)						
	事業活動資金収支差額(3)=(1)−(2)							
	収入	施設整備等補助金収入						
		施設整備等補助金収入						
		設備資金借入金元金償還補助金収入						
		施設整備等寄附金収入						
		施設整備等寄附金収入						
		設備資金借入金元金償還寄附金収入						
		設備資金借入金収入						
		固定資産売却収入						

施設整備等による収支		車輌運搬具売却収入						
		器具及び備品売却収入						
		○○売却収入						
		その他の施設整備等による収入						
		○○収入						
		施設整備等収入計(4)						
	支出	設備資金借入金元金償還支出						
		固定資産取得支出						
		土地取得支出						
		建物取得支出						
		車輌運搬具取得支出						
		器具及び備品取得支出						
		○○取得支出						
		固定資産除却・廃棄支出						
		ファイナンス・リース債務の返済支出						
		その他の施設整備等による支出						
		○○支出						
		施設整備等支出計(5)						
	施設整備等資金収支差額(6)=(4)－(5)							
その他の活動による収支	収入	長期運営資金借入金元金償還寄附金収入						
		長期運営資金借入金収入						
		長期貸付金回収収入						
		投資有価証券売却収入						
		積立資産取崩収入						
		退職給付引当資産取崩収入						
		長期預り金積立資産取崩収入						
		○○積立資産取崩収入						
		事業区分間長期借入金収入						
		拠点区分間長期借入金収入						
		事業区分間長期貸付金回収収入						
		拠点区分間長期貸付金回収収入						
		事業区分間繰入金収入						
		拠点区分間繰入金収入						
		サービス区分間繰入金収入						
		その他の活動による収入						
		○○収入						
		その他の活動収入計(7)						
	支出	長期運営資金借入金元金償還支出						
		長期貸付金支出						
		投資有価証券取得支出						
		積立資産支出						
		退職給付引当資産支出						
		長期預り金積立資産支出						
		○○積立資産支出						
		事業区分間長期貸付金支出						
		拠点区分間長期貸付金支出						
		事業区分間長期借入金返済支出						
		拠点区分間長期借入金返済支出						
		事業区分間繰入金支出						
		拠点区分間繰入金支出						
		サービス区分間繰入金支出						
		その他の活動による支出						
		○○支出						
		その他の活動支出計(8)						
	その他の活動資金収支差額(9)=(7)－(8)							
当期資金収支差額合計(11)=(3)+(6)+(9)－(10)								

前期末支払資金残高(12)						
当期末支払資金残高(11)＋(12)						

別紙4

○○拠点区分　事業活動明細書

（自）平成　年　月　日　（至）平成　年　月　日

社会福祉法人名

（単位：円）

勘定科目	サービス区分			合計	内部取引消去	拠点区分合計
	○○事業	△△事業	××事業			
介護保険事業収益						
施設介護料収益						
介護報酬収益						
利用者負担金収益（公費）						
利用者負担金収益（一般）						
居宅介護料収益						
（介護報酬収益）						
介護報酬収益						
介護予防報酬収益						
（利用者負担金収益）						
介護負担金収益（公費）						
介護負担金収益（一般）						
介護予防負担金収益（公費）						
介護予防負担金収益（一般）						
地域密着型介護料収益						
（介護報酬収益）						
介護報酬収益						
介護予防報酬収益						
（利用者負担金収益）						
介護負担金収益（公費）						
介護負担金収益（一般）						
介護予防負担金収益（公費）						
介護予防負担金収益（一般）						
居宅介護支援介護料収益						
居宅介護支援介護料収益						
介護予防支援介護料収益						
利用者等利用料収益						
施設サービス利用料収益						
居宅介護サービス利用料収益						
地域密着型介護サービス利用料収益						
食費収益（公費）						
食費収益（一般）						
居住費収益（公費）						
居住費収益（一般）						
その他の利用料収益						
その他の事業収益						
補助金事業収益						
市町村特別事業収益						
受託事業収益						
その他の事業収益						
（保険等査定減）						
老人福祉事業収益						
措置事業収益						
事務費収益						
事業費収益						
その他の利用料収益						
その他の事業収益						
運営事業収益						
管理費収益						
その他の利用料収益						
補助金事業収益						
その他の事業収益						
その他の事業収益						

サービス活動増減の部	収益	管理費収益						
		その他の利用料収益						
		その他の事業収益						
		児童福祉事業収益						
		措置費収益						
		事務費収益						
		事業費収益						
		私的契約利用料収益						
		その他の事業収益						
		補助金事業収益						
		受託事業収益						
		その他の事業収益						
		保育事業収益						
		保育所運営費収益						
		私的契約利用料収益						
		私立認定保育所利用料収益						
		その他の事業収益						
		補助金事業収益						
		受託事業収益						
		その他の事業収益						
		就労支援事業収益						
		○○事業収益						
		障害福祉サービス等事業収益						
		自立支援給付費収益						
		介護給付費収益						
		特例介護給付費収益						
		訓練等給付費収益						
		特例訓練等給付費収益						
		サービス利用計画作成費収益						
		障害児施設給付費収益						
		利用者負担金収益						
		補足給付費収益						
		特定障害者特別給付費収益						
		特例特定障害者特別給付費収益						
		特定入所障害児食費等給付費収益						
		特定費用収益						
		その他の事業収益						
		補助金事業収益						
		受託事業収益						
		その他の事業収益						
		（保険等査定減）						
		生活保護事業収益						
		措置費収益						
		事務費収益						
		事業費収益						
		授産事業収益						
		○○事業収益						
		利用者負担金収益						
		その他の事業収益						
		補助金事業収益						
		受託事業収益						
		その他の事業収益						
		医療事業収益						
		入院診療収益						
		室料差額収益						
		外来診療収益						
		保健予防活動収益						
		受託検査・施設利用収益						
		訪問看護療養費収益						
		訪問看護利用料収益						
		訪問看護基本利用料収益						
		訪問看護その他の利用料収益						
		その他の医療事業収益						
		補助金事業収益						

		受託事業収益 その他の医業収益 (保険等査定減) ○○事業収益 ○○事業収益 その他の事業収益 補助金事業収益 受託事業収益 その他の事業収益 ○○収益 ○○収益 経常経費寄附金収益 その他の収益						
		サービス活動収益計(1)						
	費用	人件費 役員報酬 職員給料 職員賞与 賞与引当金繰入 非常勤職員給与 派遣職員費 退職給付費用 法定福利費 事業費 給食費 介護用品費 医薬品費 診療・療養等材料費 保健衛生費 医療費 被服費 教養娯楽費 日用品費 保育材料費 本人支給金 水道光熱費 燃料費 消耗器具備品費 保険料 賃借料 教育指導費 就職支度費 葬祭費 車輌費 ○○費 雑費 事務費 福利厚生費 職員被服費 旅費交通費 研修研究費 事務消耗品費 印刷製本費 水道光熱費 燃料費 修繕費 通信運搬費 会議費 広報費 業務委託費 手数料 保険料 賃借料 土地・建物賃借料						

		租税公課						
		保守料						
		渉外費						
		諸会費						
		○○費						
		雑費						
		就労支援事業費用						
		就労支援事業販売原価						
		期首製品（商品）棚卸高						
		当期就労支援事業製造原価						
		当期就労支援事業仕入高						
		期末製品（商品）棚卸高						
		就労支援事業販管費						
		授産事業費用						
		○○事業費						
		○○費用						
		利用者負担軽減額						
		減価償却費						
		国庫補助金等特別積立金取崩額	△×××	△×××	△×××	△×××		△×××
		徴収不能額						
		徴収不能引当金繰入						
		その他の費用						
		サービス活動費用計（2）						
	サービス活動増減差額(3)=(1)-(2)							
サービス活動外増減の部	収益	借入金利息補助金収益						
		受取利息配当金収益						
		有価証券評価益						
		有価証券売却益						
		投資有価証券評価益						
		投資有価証券売却益						
		その他のサービス活動外収益						
		受入研修費収益						
		利用者等外給食収益						
		為替差益						
		雑収益						
		サービス活動外収益計(4)						
	費用	支払利息						
		有価証券評価損						
		有価証券売却損						
		投資有価証券評価損						
		投資有価証券売却損						
		その他のサービス活動外費用						
		利用者等外給食費						
		為替差損						
		雑損失						
		サービス活動外費用計（5）						
	サービス活動外増減差額（6）=(4)－(5)							
経常増減差額(7)=(3)＋(6)								

資料1

別紙5

財　　産　　目　　録

平成　年　月　日現在

（単位：円）

資　産　・　負　債　の　内　訳		金　額
Ⅰ　資産の部		
1　流動資産		
現金預金		
現金	現金手許有高	
普通預金	○○銀行　○○支店	
事業未収金	○月分介護料	
…………	…………	
流動資産合計		
2　固定資産		
(1)　基本財産		
土地	所在地番○○　地目○○	
建物	所在○○　家屋番号○○　種類○○	
定期預金	○○銀行　○○支店	
基本財産合計		
(2)　その他の固定資産		
車輌運搬具	車輌No.＊＊＊	
○○積立資産	○○銀行　○○支店	
…………	…………	
その他の固定資産合計		
固定資産合計		
資産合計		
Ⅱ　負債の部		
1　流動負債		
短期運営資金借入金	○○銀行　○○支店	
事業未払金	○月分水道光熱費	
職員預り金	○月分源泉所得税	
…………	…………	
流動負債合計		
2　固定負債		
設備資金借入金	独立行政法人福祉医療機構	
…………	…………	
固定負債合計		
負債合計		
差　引　純　資　産		

資料2

- 社会福祉法人会計基準適用上の留意事項（運用指針）
- 別添１　具体的な科目及び配分方法
- 別添２　減価償却資産の償却率，改訂償却率及び保証率表
- 別添３　勘定科目説明
- 別紙①～⑲

別紙1

「社会福祉法人会計基準適用上の留意事項（運用指針）」

－目次－

＊本運用指針で使用する略称は、次のとおりとする。

・会計基準：社会福祉法人会計基準

・注解　　：社会福祉法人会計基準注解

１　管理組織の確立

（１）法人における予算の執行及び資金等の管理に関しては、あらかじめ運営管理責任者を定める等法人の管理運営に十分配慮した体制を確保すること。

　また、内部牽制に配意した業務分担、自己点検を行う等、適正な会計事務処理に努めること。

（２）会計責任者については理事長が任命することとし、会計責任者は取引の遂行、資産の管理及び帳簿その他の証憑書類の保存等会計処理に関する事務を行い、又は理事長の任命する出納職員にこれらの事務を行わせるものとする。

（３）施設利用者から預かる金銭等は、法人に係る会計とは別途管理することとするが、この場合においても内部牽制に配意する等、個人ごとに適正な出納管理を行うこと。

　なお、ケアハウス・有料老人ホーム等で将来のサービス提供に係る対価の前受分として利用者から預かる金銭は法人に係る会計に含めて処理するものとする。

（４）法人は、上記事項を考慮し、会計基準に基づく適正な会計処理のために必要な事項について経理規程を定めるものとする。

２　予算と経理

（１）法人は、事業計画をもとに資金収支予算書を作成するものとし、資金収支予算書は各拠点区分ごとに収入支出予算を編成することとする。

　また、資金収支予算書の勘定科目は、資金収支計算書勘定科目に準拠することとする。

（２）法人は、全ての収入及び支出について予算を編成し、予算に基づいて事業活動を行うこととする。

　なお、年度途中で予算との乖離等が見込まれる場合は、必要な収入及び支出について補正予算を編成するものとする。ただし、乖離額等が法人の運営に支障がなく、軽微な範囲にとどまる場合は、この限りではない。

（３）会計帳簿は、原則として、各拠点区分ごとに仕訳日記帳及び総勘定元帳を作成し、備え置くものとする。

３　決算

決算に際しては、資金収支計算書、事業活動計算書、貸借対照表及び附属明細書並びに財産目録を作成し、毎会計年度終了後２か月以内に理事会（評議員会を設置している法人においては評議員会を含む。）の承認を受けなければならない。このうち、資金収支計算書（資金収支内訳表、事業区分資金収支内訳表及び拠点区分資金収支計算書を含む。）、事業活動計算書（事業活動内訳表、事業区分事業活動内訳表及び拠点区分事業活動計算書を含む。）及び貸借対照表（貸借対照表内訳表、事業区分貸借対照表内訳表及び拠点区分貸借対照表を含む。）については、社会福祉法施行規則第９条に基づき、毎会計年度終了後３か月以内に法人の現況報告に添付する書類として所轄庁に提出しなければならない。

4　拠点区分及び事業区分について

（1）拠点区分について

拠点区分は、一体として運営される施設、事業所又は事務所をもって1つの拠点区分とする。

公益事業（社会福祉事業と一体的に実施されているものを除く）若しくは収益事業を実施している場合、これらは別の拠点区分とするものとする。

（2）拠点区分の原則的な方法

ア　施設の取扱い

次の施設の会計は、それぞれの施設ごと（同一種類の施設を複数経営する場合は、それぞれの施設ごと）に独立した拠点区分とするものとする。

（ア）　生活保護法第38条第1項に定める保護施設
（イ）　身体障害者福祉法第5条第1項に定める社会参加支援施設
（ウ）　老人福祉法第20条の四に定める養護老人ホーム
（エ）　老人福祉法第20条の五に定める特別養護老人ホーム
（オ）　老人福祉法第20条の六に定める軽費老人ホーム
（カ）　老人福祉法第29条第1項に定める有料老人ホーム
（キ）　売春防止法第36条に定める婦人保護施設
（ク）　児童福祉法第7条第1項に定める児童福祉施設
（ケ）　母子及び寡婦福祉法第39条第1項に定める母子福祉施設
（コ）　障害者自立支援法第5条第12項に定める障害者支援施設
（サ）　介護保険法第8条第25項に定める介護老人保健施設
（シ）　医療法第1条の5に定める病院及び診療所（入所施設に附属する医務室を除く）

なお、当該施設で一体的に実施されている（ア）から（シ）まで以外の社会福祉事業又は公益事業については、イの規定にかかわらず、当該施設の拠点区分に含めて会計を処理することができる。

イ　事業所又は事務所の取扱い

上記（ア）から（シ）まで以外の社会福祉事業及び公益事業については、原則として、事業所又は事務所を単位に拠点とする。なお、同一の事業所又は事務所において複数の事業を行う場合は、同一拠点区分として会計を処理することができる。

ウ　障害福祉サービスの取扱い

障害福祉サービスについて、障害者自立支援法に基づく指定障害福祉サービスの事業等の人員、設備及び運営に関する基準（平成18年厚生労働省令第171号）（以下「指定基準」という。）に規定する一の指定障害福祉サービス事業所若しくは多機能型事業所として取り扱われる複数の事業所又は障害者自立支援法に基づく指定障害者支援施設等の人員、設備及び運営に関する基準（平成18年厚生労働省令第172号）（以下「指定施設基準」という。）に規定する一の指定障害者支援施設等（指定施設基準に規定する指定障害者支援施設等をいう。）として取り扱われる複数の施設においては、同一拠点区分として会計を処理することができる。

また、これらの事業所又は施設でない場合があっても、会計が一元的に管理されている複数の事業所又は施設においては、同一拠点区分とすることができる。

エ　その他

新たに施設を建設するときは拠点区分を設けることができる。

（3）事業区分について

各拠点区分について、その実施する事業が社会福祉事業、公益事業及び収益事業のいずれであるかにより、属する事業区分を決定するものとする。

なお、事業区分資金収支内訳表、事業区分事業活動内訳表及び事業区分貸借対照表内訳表は、当該事業区分に属するそれぞれの拠点区分の拠点区分資金収支計算書、拠点区分事業活動計算書及び拠点区分貸借対照表を合計し、内部取引を相殺消去して作成するものとする。

5　サービス区分について

（1）サービス区分の意味

サービス区分については、拠点区分において実施する複数の事業について、法令等の要請によりそれぞれの事業ごとの事業活動状況又は資金収支状況の把握が必要な場合に設定する。

（2）サービス区分の方法

ア　原則的な方法

介護保険サービス及び障害福祉サービスについては、会計基準注解（注4）に規定する指定サービス基準等において当該事業の会計とその他の事業の会計を区分すべきことが定められている事業をサービス区分とする。

他の事業については、法人の定款に定める事業ごとに区分するものとする。

なお、特定の補助金等の使途を明確にするため、更に細分化することもできる。

イ　簡便的な方法

次のような場合は、同一のサービス区分として差し支えない。

（ア）介護保険関係

以下の介護サービスと一体的に行われている介護予防サービスなど、両者のコストをその発生の態様から区分することが困難である場合には、勘定科目として介護予防サービスなどの収入額のみを把握できれば同一のサービス区分として差し支えない。

・指定訪問介護と指定介護予防訪問介護
・指定通所介護と指定介護予防通所介護
・指定認知症対応型通所介護と指定介護予防認知症対応型通所介護
・指定短期入所生活介護と指定介護予防短期入所生活介護
・指定小規模多機能型居宅介護と指定介護予防小規模多機能型居宅介護
・指定認知症対応型共同生活介護と指定介護予防認知症対応型共同生活介護
・指定訪問入浴介護と指定介護予防訪問入浴介護
・指定特定施設入居者生活介護と指定介護予防特定施設入居者生活介護
・福祉用具貸与と介護予防福祉用具貸与
・福祉用具販売と介護予防福祉用具販売
・指定介護老人福祉施設といわゆる空きベッド活用方式により当該施設で実施する指定短期入所生活介護事業

（イ）　**保育関係**

保育所を経営する事業と保育所で実施される以下の事業については、同一のサービス区分として差し支えない。

・地域子育て支援拠点事業
・一時預かり事業

なお、保育所で実施される上記２事業、特定の補助金等により行われる事業については、当該補助金等の適正な執行を確保する観点から、同一のサービス区分とした場合においても合理的な基準に基づいて各事業費の算出を行うものとし、一度選択した基準は、原則継続的に使用するものとする。

また、各事業費の算出に当たっての基準、内訳は、所轄庁や補助を行う自治体の求めに応じて提出できるよう書類により整理しておくものとする。

（３）サービス区分ごとの拠点区分資金収支明細書及び事業活動明細書の作成について

拠点区分資金収支明細書はサービス区分を設け、事業活動による収支、施設整備等による収支及びその他の活動による収支について作成するものとし、その様式は会計基準別紙３のとおりとする。拠点区分事業活動明細書はサービス区分を設け、サービス活動増減の部及びサービス活動外増減の部について作成するものとし、その様式は会計基準別紙４のとおりとする。

介護保険サービス及び障害福祉サービスを実施する拠点については、それぞれの事業ごとの事業活動状況を把握するため、拠点区分事業活動明細書（会計基準別紙４）を作成するものとし、拠点区分資金収支明細書（会計基準別紙３）の作成は省略することができる。

保育所運営費、措置費による事業を実施する拠点は、それぞれの事業ごとの資金収支状況を把握する必要があるため、拠点区分資金収支明細書（会計基準別紙３）を作成するものとし、拠点区分事業活動明細書（会計基準別紙４）の作成は省略することができる。

また、上記以外の事業を実施する拠点については、当該拠点で実施する事業の内容に応じて、拠点区分資金収支明細書及び拠点区分事業活動明細書のうちいずれか一方の明細書を作成するものとし、残る他方の明細書の作成は省略することができる。

上記に従い、拠点区分資金収支明細書（会計基準別紙３）又は拠点区分事業活動明細書（会計基準別紙４）を省略する場合には、財務諸表の注記（拠点区分用）「４．拠点が作成する財務諸表等とサービス区分」にその旨を記載するものとする。

なお、会計基準第６章第２（２）に規定する「その他重要な事項に係る明細書」については、運用指針２３を参照するものとする。

６　本部会計の区分について

本部会計については、法人の自主的な決定により、拠点区分又はサービス区分とすることができる。

なお、介護保険サービス、障害福祉サービス、保育所運営費並びに措置費による事業の資金使途制限に関する通知において、これらの事業から本部会計への貸付金を年度内に返済する旨の規定があるにも拘わらず、年度内返済が行われていない場合は、サービス区分間貸付金（借入金）残高明細書（別紙⑩）を作成するものとする。

法人本部に係る経費については、理事会、評議員会の運営に係る経費、法人役員の報酬等その他の拠点区分又はサービス区分に属さないものであって、法人本部の帰属とすることが妥当なものとする。

７　作成を省略できる財務諸表の様式

（１）事業区分が社会福祉事業のみの法人の場合

拠点区分を設定した結果すべての拠点が社会福祉事業に該当する法人は、第１号の２様式、第２号の２様式及び第３号の２様式の作成を省略できる。この場合、財務諸表の注記（法人全体用）「５．法人が作成する財務諸表等と拠点区分、サービス区分」にその旨を記載するものとする。

（２）拠点区分が１つの法人の場合

拠点区分が１つの法人は、第１号の２様式、第１号の３様式、第２号の２様式、第２号の３様式、第３号の２様式及び第３号の３様式の作成を省略できる。この場合、財務諸表の注記（法人全体用）「５．法人が作成する財務諸表等と拠点区分、サービス区分」にその旨を記載するものとする。

（３）拠点区分が１つの事業区分の場合

拠点区分が１つの事業区分は、第１号の３様式、第２号の３様式及び第３号の３

様式の作成を省略できる。この場合、財務諸表の注記（法人全体用）「5．法人が作成する財務諸表等と拠点区分、サービス区分」にその旨を記載するものとする。

（4）サービス区分が1つの拠点区分の場合

サービス区分が1つの拠点区分は、拠点区分資金収支明細書（会計基準別紙3）及び拠点区分事業活動明細書（会計基準別紙4）の作成を省略できる。この場合、財務諸表の注記（拠点区分用）「4．拠点が作成する財務諸表等とサービス区分」にその旨を記載するものとする。

8　借入金の扱い

借入金の借り入れ及び償還にかかる会計処理は、借入目的に応じて、各拠点区分で処理することとする。

なお、資金を借り入れた場合については、借入金明細書（別紙①）を作成し、借入先、借入額及び償還額等を記載することとする。その際、独立行政法人福祉医療機構と協調融資（独立行政法人福祉医療機構の福祉貸付が行う施設整備のための資金に対する融資と併せて行う同一の財産を担保とする当該施設整備のための資金に対する融資をいう。）に関する契約を結んだ民間金融機関に対して基本財産を担保に供する場合は、借入金明細書の借入先欄の金融機関名の後に（協調融資）と記載するものとする。

また、法人が将来受け取る債権を担保として供する場合には、財務諸表の注記及び借入金明細書の担保資産欄にその旨を記載するものとする。

9　寄附金の扱い

（1）金銭の寄附は、寄附目的により拠点区分の帰属を決定し、当該拠点区分の資金収支計算書の経常経費寄附金収入又は施設整備等寄附金収入として計上し、併せて事業活動計算書の経常経費寄附金収益又は施設整備等寄附金収益として計上するものとする。

（2）寄附物品については、取得時の時価により、経常経費に対する寄附物品であれば経常経費寄附金収入及び経常経費寄附金収益として計上する。土地などの支払資金の増減に影響しない寄附物品については、事業活動計算書の固定資産受贈額として計上するものとし、資金収支計算書には計上しないものとする。

ただし、当該物品が飲食物等で即日消費されるもの又は社会通念上受取寄附金として扱うことが不適当なものはこの限りではない。

なお、寄附金及び寄附物品を収受した場合においては、寄附者から寄附申込書を受けることとし、寄附金収益明細書（別紙②）を作成し、寄附者、寄附目的、寄附金額等を記載することとする。

（3）共同募金会からの受配者指定寄附金のうち、施設整備及び設備整備に係る配分金（資産の取得等に係る借入金の償還に充てるものを含む。）は、施設整備等寄附金収入として計上し、併せて施設整備等寄附金収益として計上する。このうち基本金として組入れすべきものは、基本金に組入れるものとする。

また、受配者指定寄附金のうち経常的経費に係る配分金は、経常経費寄附金収入として計上し、併せて経常経費寄附金収益として計上する。

一方、受配者指定寄附金以外の配分金のうち、経常的経費に係る配分金は、補助金事業収入及び補助金事業収益に計上する。

また、受配者指定寄附金以外の配分金のうち、施設整備及び設備整備に係る配分金は、施設整備等補助金収入及び施設整備等補助金収益に計上し、国庫補助金等特別積立金を積立てることとする。

10　各種補助金の扱い

施設整備等に係る補助金、借入金元金償還補助金、借入金利息補助金及び経常経費補助金等の各種補助金については、補助の目的に応じて帰属する拠点区分を決定し、当該区分で受け入れることとする（別紙③「補助金収益明細書」参照)。

11　事業区分間、拠点区分間及びサービス区分間の資金移動

社会福祉事業、公益事業及び収益事業における事業区分間及び拠点区分間の繰入金収入及び繰入金支出を記載するものとする（別紙④「事業区分間及び拠点区分間繰入金明細書」参照)。

また、拠点区分資金収支明細書（会計基準別紙３）を作成した拠点においては、サービス区分間の繰入金収入及び繰入金支出を記載するものとする（別紙⑨「サービス区分間繰入金明細書」参照)。

12　事業区分間、拠点区分間及びサービス区分間の貸付金（借入金）残高

社会福祉事業、公益事業及び収益事業における事業区分間及び拠点区分間の貸付金（借入金）の残高を記載するものとする（別紙⑤「事業区分間及び拠点区分間貸付金（借入金）残高明細書」参照)。

また、拠点区分資金収支明細書（会計基準別紙３）を作成した拠点区分においては、サービス区分間の貸付金（借入金）の残高を記載するものとする（別紙⑩「サービス区分間貸付金（借入金）残高明細書」参照)。

13　共通支出及び費用の配分方法

（１）配分方法について

共通支出及び費用の具体的な科目及び配分方法は別添１のとおりとするが、これによりがたい場合は、実態に即した合理的な配分方法によることとして差し支えない。

また、科目が別添1に示すものにない場合は、適宜、類似の科目の考え方を基に配分して差し支えない。

なお、どのような配分方法を用いたか分かるように記録しておくことが必要である。

（2）事務費と事業費の科目の取扱について

「水道光熱費（支出）」、「燃料費（支出）」、「賃借料（支出）」、「保険料（支出）」については原則、事業費（支出）のみに計上できる。ただし、措置費、保育所運営費の弾力運用が認められないケースでは、事業費（支出）、事務費（支出）双方に計上するものとする。

14　基本金について

（1）基本金

会計基準第4章第4第2項及び会計基準注解（注 12）に規定する基本金として計上する額とは、次に掲げる額をいう。

ア　会計基準注解（注 12）（1）に規定する基本金について

会計基準注解（注 12）（1）に規定する社会福祉法人の設立並びに施設の創設及び増築等のために基本財産等を取得すべきものとして指定された寄附金の額とは、土地、施設の創設、増築、増改築における増築分、拡張における面積増加分及び施設の創設及び増設等時における初度設備整備、非常通報装置設備整備、屋内消火栓設備整備等の基本財産等の取得に係る寄附金の額とする。

さらに、地方公共団体から無償又は低廉な価額により譲渡された土地、建物の評価額（又は評価差額）は、寄附金とせずに、国庫補助金等に含めて取り扱うものとする。

なお、設備の更新、改築等に当たっての寄附金は基本金に含めないものとする。

イ　会計基準注解（注 12）（2）に規定する基本金について

会計基準注解（注 12）（2）に規定する資産の取得等に係る借入金の元金償還に充てるものとして指定された寄附金の額とは、施設の創設及び増築等のために基本財産等を取得するにあたって、借入金が生じた場合において、その借入金の返済を目的として収受した寄附金の総額をいう。

ウ　会計基準注解（注 12）（3）に規定する基本金について

会計基準注解（注 12）（3）に規定する施設の創設及び増築時等に運転資金に充てるために収受した寄附金の額とは、平成 12 年 12 月 1 日障企第 59 号、社援企第 35 号、老計第 52 号、児企第 33 号厚生省大臣官房障害保健福祉部企画課長、厚生省社会・援護局企画課長、厚生省老人保健福祉局計画課長、厚生省児童家庭局企画課連名通知「社会福祉法人の認可について」別添社会福祉法人審査要領第2（3）に規定する、当該法人の年間事業費の 12 分の1以上に相当する寄附金の額及び増築等の際に運転資金に充てるために収受した寄附金の額をいう。

（２）基本金の組入れ

会計基準第４章第４第２項及び会計基準注解（注 12）に規定する基本金への組み入れについては、複数の施設に対して一括して寄附金を受け入れた場合には、最も合理的な基準に基づいて各拠点区分に配分することとする。

なお、基本金の組み入れは会計年度末に一括して合計額を計上することができるものとする。

（３）基本金の取崩し

会計基準注解（注 13）に規定する基本金の取崩しについても各拠点区分において取崩しの処理を行うこととする。

なお、基本金を取り崩す場合には、基本財産の取崩しと同様、事前に所轄庁に協議し、内容の審査を受けなければならない。

（４）基本金明細書の作成

基本金の組入れ及び取崩しに当たっては、基本金明細書（別紙⑥）を作成し、それらの内容を記載することとする。

15　国庫補助金等特別積立金について

（１）国庫補助金等

会計基準第４章第４第３項及び会計基準注解（注 11）に規定する国庫補助金等とは、「社会福祉施設等施設整備費の国庫負担（補助）について」（平成 17 年 10 月 5 日付厚生労働省発社援第 1005003 号）に定める施設整備事業に対する補助金など、主として固定資産の取得に充てられることを目的として、国及び地方公共団体等から受領した補助金、助成金及び交付金等をいう。

また、国庫補助金等には、自転車競技法第 24 条第 6 号などに基づいたいわゆる民間公益補助事業による助成金等を含むものとする。

なお、施設整備及び設備整備の目的で共同募金会から受ける受配者指定寄附金以外の配分金も国庫補助金等に含むものとする。

また、設備資金借入金の返済時期に合わせて執行される補助金等のうち、施設整備時又は設備整備時においてその受領金額が確実に見込まれており、実質的に施設整備事業又は設備整備事業に対する補助金等に相当するものは国庫補助金等とする。

（２）国庫補助金等特別積立金の積立て

ア　国庫補助金等特別積立金の積立て

会計基準第４章第４第３項及び会計基準注解（注 11）に規定する国庫補助金等特別積立金については、国又は地方公共団体等から受け入れた補助金、助成金及び交付金等の額を各拠点区分で積み立てることとし、合築等により受け入れる拠点区分が判明しない場合、又は複数の施設に対して補助金を受け入れた場合には、最も合理的な基準に基づいて各拠点区分に配分することとする。

設備資金借入金の返済時期に合わせて執行される補助金等のうち、施設整備時又は設備整備時においてその受領金額が確実に見込まれており、実質的に施設整備事業又は設備整備事業に対する補助金等に相当するものとして国庫補助金等とされたものは、実際に償還補助があったときに当該金額を国庫補助金等特別積立金に積立てるものとする。

また、当該国庫補助金等が計画通りに入金されなかった場合については、差額部分を当初の予定額に加減算して、再度配分計算を行うものとする。ただし、当該金額が僅少な場合は、再計算を省略することができるものとする。さらに、設備資金借入金の償還補助が打ち切られた場合の国庫補助金等については、差額部分を当初の予定額に加減算して、再度配分計算をし、経過期間分の修正を行うものとする。当該修正額は原則として特別増減の部に記載するものとするが、重要性が乏しい場合はサービス活動外増減の部に記載できるものとする。

イ　国庫補助金等特別積立金の取崩し

会計基準注解（注 10）に規定する国庫補助金等特別積立金の減価償却等による取り崩し及び国庫補助金等特別積立金の対象となった基本財産等が廃棄又は売却された場合の取り崩しの場合についても各拠点区分で処理することとする。

また、国庫補助金等はその効果を発現する期間にわたって、支出対象経費（主として減価償却費をいう）の期間費用計上に対応して国庫補助金等特別積立金取崩額をサービス活動費用の控除項目として計上する。

なお、非償却資産である土地に対する国庫補助金等は、原則として取崩しという事態は生じず、将来にわたっても純資産に計上する。

さらに、設備資金借入金の返済時期に合わせて執行される補助金のうち、施設整備時又は設備整備時においてその受領金額が確実に見込まれており、実質的に施設整備事業又は設備整備事業に対する補助金等に相当するものとして積み立てられた国庫補助金等特別積立金の取崩額の計算に当たっては、償還補助総額を基礎として支出対象経費（主として減価償却費をいう）の期間費用計上に対応して国庫補助金等特別積立金取崩額をサービス活動費用の控除項目として計上する。

ウ　国庫補助金等特別積立金明細書の作成

国庫補助金等特別積立金の積み立て及び取り崩しに当たっては、国庫補助金等特別積立金明細書（別紙⑦）を作成し、それらの内容を記載することとする。

16　棚卸資産の会計処理等について

棚卸資産については、原則として、資金収支計算書上は購入時等に支出として処理するが、事業活動計算書上は当該棚卸資産を販売等した時に費用として処理するものとする。

17　減価償却について

（1）減価償却の対象と単位

減価償却は耐用年数が1年以上、かつ、原則として1個若しくは1組の金額が 10 万円以上の有形固定資産及び無形固定資産を対象とする。減価償却計算の単位は、原則として各資産ごととする。

（2）残存価額

ア　平成 19 年 3 月 31 日以前に取得した有形固定資産

有形固定資産について償却計算を実施するための残存価額は取得価額の 10％とする。耐用年数到来時においても使用し続けている有形固定資産については、さらに、備忘価額（1円）まで償却を行うことができるものとする。

イ　平成 19 年 4 月 1 日以降に取得した有形固定資産

有形固定資産について償却計算を実施するための残存価額はゼロとし、償却累計額が当該資産の取得価額から備忘価額（1円）を控除した金額に達するまで償却するものとする。

ウ　無形固定資産

無形固定資産については、当初より残存価額をゼロとして減価償却を行うものとする。

（3）耐用年数

耐用年数は、原則として「減価償却資産の耐用年数等に関する省令」（昭和 40 年大蔵省令第 15 号）によるものとする。

（4）償却率等

減価償却の計算は、原則として、「減価償却資産の耐用年数等に関する省令」の定めによるものとし、適用する償却率等は別添2（減価償却資産の償却率、改定償却率及び保証率表）のとおりとする。

（5）減価償却計算期間の単位

減価償却費の計算は、原則として1年を単位として行うものとする。ただし、年度の中途で取得又は売却・廃棄した減価償却資産については、月を単位（月数は暦に従って計算し、1か月に満たない端数を生じた時はこれを1か月とする）として計算を行うものとする。

（6）減価償却費の配分の基準

ア　複数の拠点区分又はサービス区分に共通して発生する減価償却費のうち、国庫補助金等により取得した償却資産に関する減価償却費は、国庫補助金等の補助目的に沿った拠点区分又はサービス区分に配分する。

イ　ア以外の複数の拠点区分又はサービス区分に共通して発生する減価償却費については、利用の程度に応じた面積、人数等の合理的基準に基づいて毎期継続的に各拠点区分又はサービス区分に配分する。

18　引当金について

（1）徴収不能引当金について

ア　徴収不能引当金の計上は、原則として、毎会計年度末において徴収することが不可能な債権を個別に判断し、当該債権を徴収不能引当金に計上する（会計基準別紙２参照）。

イ　ア以外の債権（以下「一般債権」という。）については、過去の徴収不能額の発生割合に応じた金額を徴収不能引当金として計上する。

（2）賞与引当金について

賞与引当金の計上は、法人と職員との雇用関係に基づき、毎月の給料の他に賞与を支給する場合において、翌期に支給する職員の賞与のうち、支給対象期間が当期に帰属する支給見込額を賞与引当金として計上する。

（3）退職給付引当金について

20（２）を参照のこと。

（4）引当金の計上について

引当金については、当分の間、原則として上記の引当金に限るものとする。

19　積立金と積立資産について

（1）積立資産の積立て

会計基準注解（注 20）において積立金を計上する際は同額の積立資産を積み立てることとしているが、資金管理上の理由等から積立資産の積立てが必要とされる場合には、その名称・理由を明確化した上で積立金を積み立てずに積立資産を計上できるものとする（別紙⑧「積立金・積立資産明細書」参照）。

（2）積立資産の積立ての時期

積立金と積立資産の積立ては、増減差額の発生した年度の財務諸表に反映させるのであるが、専用の預金口座で管理する場合は、遅くとも決算理事会終了後２か月を越えないうちに行うものとする。

（3）就労支援事業に関する積立金

就労支援事業については、指定基準において「就労支援事業収入から就労支援事業に必要な経費を控除した額に相当する金額を工賃として支払わなければならない」としていることから、原則として剰余金は発生しないものである。

しかしながら、将来にわたり安定的に工賃を支給し、又は安定的かつ円滑に就労支援事業を継続するため、また、次のような特定の目的の支出に備えるため、理事会の議決に基づき就労支援事業別事業活動明細書の就労支援事業活動増減差額から一定の金額を次の積立金として計上することができるものとする。

また、積立金を計上する場合には、同額の積立資産を計上することによりその存在を明らかにしなければならない。

なお、次の積立金は、当該年度の利用者賃金及び利用者工賃の支払額が、前年度の利用者賃金及び利用者工賃の支払実績額を下回らない場合に限り、計上できるものとする。

ア　工賃変動積立金

毎会計年度、一定の工賃水準を利用者に保障するため、将来の一定の工賃水準を下回る工賃の補填に備え、次に掲げる各事業年度における積立額及び積立額の上限額の範囲内において、「工賃変動積立金」を計上できるものとする。

・各事業年度における積立額：過去３年間の平均工賃の10%以内

・積立額の上限額：過去３年間の平均工賃の50%以内

なお、保障すべき一定の工賃水準とは、過去３年間の最低工賃（天災等により工賃が大幅に減少した年度を除く。）とし、これを下回った年度については、理事会の議決に基づき工賃変動積立金及び工賃変動積立資産を取り崩して工賃を補填し、補填された工賃を利用者に支給するものとする。

イ　設備等整備積立金

就労支援事業を安定的かつ円滑に継続するため、就労支援事業に要する設備等の更新、又は新たな業種への展開を行うための設備等の導入のための資金需要に対応するため、次に掲げる各事業年度における積立額及び積立額の上限額の範囲内において、設備等整備積立金を計上できるものとする。

・各事業年度における積立額：就労支援事業収入の10%以内

・積立額の上限額：就労支援事業資産の取得価額の75%以内

なお、設備等整備積立金の積み立てにあっては、施設の大規模改修への国庫補助、高齢・障害者雇用支援機構の助成金に留意することとし、設備等整備積立金により就労支援事業に要する設備等の更新、又は新たな業種への展開を行うための設備等を導入した場合には、対応する積立金及び積立資産を取り崩すものとする。

ウ　積立金の流用及び繰替使用

積立金は、上述のとおり、一定の工賃水準の保障、就労支援事業の安定的かつ円滑な継続という特定の目的のために、一定の条件の下に認められるものであることから、その他の目的のための支出への流用（積立金の流用とは、積立金の取り崩しではなく、積立金に対応して設定した積立資産の取崩しをいう。）は認められない。

しかしながら、就労支援事業に伴う自立支援給付費収入の受取時期が、請求及びその審査等に一定の時間を要し、事業の実施月から見て２か月以上遅延する場合が想定されることから、このような場合に限り、上述の積立金に対応する資金の一部を一時繰替使用することができるものとする。

ただし、繰替えて使用した資金は、自立支援給付費収入により必ず補填することとし、積立金の目的の達成に支障を来さないように留意すること。

（4）授産事業に関する積立金

授産施設は、最低基準において「授産施設の利用者には、事業収入の額から、事業に必要な経費の額を控除した額に相当する額の工賃を支払わなければならない。」と規定していることから、原則として剰余金は発生しないものである。

しかしながら、会計基準第４章第４（4）に規定する「その他の積立金」により、人件費積立金、修繕積立金、備品等購入積立金、工賃平均積立金等の積立金として処理を行うことは可能である。

なお、積立金を計上する場合には、同額の積立資産を計上することによりその存在を明らかにしなければならない。

20　新たに導入した会計手法とその簡便法について

（1）リース会計

ア　リース会計処理について

企業会計においてはリース取引の会計処理はリース会計基準に従って行われる。社会福祉法人においてもリース取引の会計処理はこれに準じて行うこととなる。

土地、建物等の不動産のリース取引（契約上、賃貸借となっているものも含む。）についても、ファイナンス・リース取引に該当するか、オペレーティング・リース取引に該当するかを判定する。ただし、土地については、所有権の移転条項又は割安購入選択権の条項がある場合等を除き、オペレーティング・リース取引に該当するものと推定することとなる。

なお、リース契約１件当たりのリース料総額（維持管理費用相当額又は通常の保守等の役務提供相当額のリース料総額に占める割合が重要な場合には、その合理的見積額を除くことができる。）が 300 万円以下のリース取引等少額のリース資産や、リース期間が１年以内のリース取引についてはオペレーティング・リース取引の会計処理に準じて資産計上又は注解（注９）に記載されている注記を省略することができる等の簡便的な取扱いができるものとする。

イ　利息相当額の各期への配分について

リース資産総額に重要性が乏しいと認められる場合は、次のいずれかの方法を適用することができる。

①　会計基準注解（注９）の定めによらず、リース料総額から利息相当額の合理的な見積額を控除しない方法によることができる。この場合、リース資産及びリース債務は、リース料総額で計上され、支払利息は計上されず、減価

償却費のみが計上される。

② 会計基準注解（注９）の定めによらず、利息相当額の総額をリース期間中の各期に配分する方法として、定額法を採用することができる。

なお、リース資産総額に重要性が乏しいと認められる場合とは、未経過リース料の期末残高（会計基準注解（注２）で通常の賃貸借取引に係る方法に準じて会計処理を行うこととしたものや、会計基準注解（注９）に従い利息相当額を利息法により各期に配分しているリース資産に係るものを除く。）が、当該期末残高、有形固定資産及び無形固定資産の期末残高の法人全体の合計額に占める割合が10 ％未満である場合とする。

（２）退職給付会計

ア 期末要支給額による算定について

退職給付会計の適用に当たり、退職給付の対象となる職員数が300 人未満の社会福祉法人のほか、職員数が300 人以上であっても、年齢や勤務期間に偏りがあるなどにより数理計算結果に一定の高い水準の信頼性が得られない社会福祉法人や原則的な方法により算定した場合の額と期末要支給額との差異に重要性が乏しいと考えられる社会福祉法人においては、退職一時金に係る債務について期末要支給額により算定することができるものとする。

イ 独立行政法人福祉医療機構の実施する社会福祉施設職員等退職手当共済制度の会計処理

独立行政法人福祉医療機構の実施する社会福祉施設職員等退職手当共済制度及び確定拠出年金制度のように拠出以後に追加的な負担が生じない外部拠出型の制度については、当該制度に基づく要拠出額である掛金額をもって費用処理する。

ウ 都道府県等の実施する退職共済制度の会計処理

都道府県等の実施する退職共済制度において、退職一時金制度等の確定給付型を採用している場合は、約定の額を退職給付引当金に計上する。ただし被共済職員個人の拠出金がある場合は、約定の給付額から被共済職員個人が既に拠出した掛金累計額を差し引いた額を退職給付引当金に計上する。

なお、簡便法として、期末退職金要支給額（約定の給付額から被共済職員個人が既に拠出した掛金累計額を差し引いた額）を退職給付引当金とし同額の退職給付引当資産を計上する方法や、社会福祉法人の負担する掛金額を退職給付引当資産とし同額の退職給付引当金を計上する方法を用いることができるものとする。

（３）資産価値の下落

会計基準第４章第３第６項に規定する資産の価値が著しく下落したとは、時価が帳簿価額から概ね50％を超えて下落している場合をいうものとする。

（４）内部取引の相殺消去

会計基準注解（注５）に規定する内部取引の相殺消去には、ある事業区分、拠点区分又はサービス区分から他の事業区分、拠点区分又はサービス区分への財貨又はサービスの提供を外部との取引と同様に収益（収入）・費用（支出）として処理した取引も含むものとする。

例えば、就労支援事業のある拠点区分において製造した物品を他の拠点区分で給食として消費した場合には、就労支援事業収益（収入）と給食費（支出）を、内部取引消去欄で相殺消去する取扱いをするものとする。

（５）法人税、住民税及び事業税

ア　事業活動計算書への記載

法人税、住民税及び事業税を納税する法人は、事業活動計算書等の特別増減差額と当期活動増減差額の間に以下の欄を追加するものとする。

勘定科目		当年度決算(A)	前年度決算(B)	増減(A)-(B)
特別増減の部	特別増減差額(10)=(8)-(9)			
税引前当期活動増減差額(11)=(7)+(10)				
法人税、住民税及び事業税(12)				
法人税等調整額(13)				
当期活動増減差額(14)=(11)-(12)-(13)				

なお、重要性の原則により税効果会計を適用しない法人は、「法人税等調整額」欄の追加は不要となる。「繰越活動増減差額の部」の各項目に右記した番号は順次繰り下げるものとする。

イ　貸借対照表への記載

確定した法人税、住民税及び事業税のうちの未払額については、流動負債の部に「未払法人税等」の科目を設けて記載するものとする。

また、税効果会計を適用する場合に生じる繰延税金資産及び繰延税金負債は、その発生原因に関連した資産・負債の分類又は将来における税効果の実現する時期が貸借対照表日の翌日から起算して１年以内か否かにより、当該科目名をもって流動資産又は固定資産及び流動負債又は固定負債に区分にして記載するものとする。

21　財務諸表の勘定科目及び注記について

（１）財務諸表の勘定科目

勘定科目は別添３に定めるとおりとする。

財務諸表の第１号の１～３様式、第２号の１～３様式は、勘定科目の大区分のみを記載するが、必要のない勘定科目は省略することができる。ただし、追加・修正はできないものとする。財務諸表の第１号の４様式、第２号の４様式は、勘定科目の小区分までを記載し、必要のない勘定科目は省略できるものとする。

また、第３号の１～４様式は、勘定科目の中区分までを記載し、必要のない中区分の勘定科目は省略できるものとする。

会計基準の別紙3及び別紙4については、勘定科目の小区分までを記載し、必要のない勘定科目は省略できるものとする。

勘定科目の中区分についてはやむを得ない場合、小区分については適当な勘定科目を追加できるものとする。

なお、小区分を更に区分する必要がある場合には、小区分の下に適当な科目を設けて処理することができるものとする。

また、財務諸表の様式又は運用指針別添3に規定されている勘定科目においても、該当する取引が制度上認められていない事業種別では当該勘定科目を使用することができないものとする。

（2）財務諸表の注記

財務諸表の注記は、法人全体で記載するもの及び拠点区分で記載するものの2種類とする。法人全体で記載するものは会計基準の第5章に定める（1）から（15）までの全項目で、第3号の3様式の後に記載する。拠点区分で記載するものは会計基準の第5章に定める項目のうち（1）、(12) 及び (13) 以外の項目で、第3号の4様式の後に記載するものとする。ただし、拠点が1つの法人の場合、拠点区分で記載する財務諸表の注記を省略することができるものとする。

なお、法人全体又は拠点区分で該当する内容がない項目についても、（1）、（3）、（9）及び（10）を除いては、項目名の記載は省略できない。この場合は当該項目に「該当なし」などと記載するものとする。

22　関連当事者との取引について

会計基準注解の（注22）における関連当事者との取引の内容について財務諸表に注記を付す場合の関連当事者の範囲及び重要性の基準は、以下のとおりである。

（1）関連当事者の範囲

当該社会福祉法人の役員及びその近親者とは、以下に該当するものとする。

ア　役員及びその近親者（3親等内の親族及びこの者と特別の関係にある者。なお、「親族及びこの者と特別の関係にあるもの」とは例えば以下を指すこととする。）

① 当該役員とまだ婚姻の届け出をしていないが、事実上婚姻と同様の事情にある者

② 当該役員から受ける金銭その他の財産によって生計を維持している者

③ ①又は②の親族で、これらの者と生計を一にしている者

イ　役員及びその近親者が議決権の過半数を有している法人

社会福祉法人の役員のうち、対象とする役員は有給常勤役員に限定するものとする。

（2）関連当事者との取引に係る開示対象範囲

上記（1）ア及びイに掲げる者との取引については、事業活動計算書項目及び貸借対照表項目いずれに係る取引についても、年間 1,000 万円を超える取引については全て開示対象とするものとする。

23　附属明細書について

社会福法人会計基準第6章に規定する「その他重要な事項に係る明細書」とは以下のものをいう。ただし、該当する事由がない場合は、当該附属明細書の作成は省略できるものとする。

（1）法人全体で作成する明細書（別紙①～⑦）

以下の明細書は、法人全体で作成するものとし、明細書の中で拠点区分ごとの内訳を示すものとする。

（別紙①）借入金明細書
（別紙②）寄附金収益明細書
（別紙③）補助金事業等収益明細書
（別紙④）事業区分間及び拠点区分間繰入金明細書
（別紙⑤）事業区分間及び拠点区分間貸付金（借入金）残高明細書
（別紙⑥）基本金明細書
（別紙⑦）国庫補助金等特別積立金明細書

（2）拠点区分で作成する明細書（別紙⑧～⑲）

ア　拠点区分で作成する明細書（別紙⑧～⑲）

以下の附属明細書は拠点区分ごとに作成するものとし、法人全体で作成する必要はないものとする。

（別紙⑧）積立金・積立資産明細書
（別紙⑨）サービス区分間繰入金明細書
（別紙⑩）サービス区分間貸付金（借入金）残高明細書
（別紙⑪）就労支援事業別事業活動明細書
（別紙⑫）就労支援事業別事業活動明細書（多機能型事業所等用）
（別紙⑬）就労支援事業製造原価明細書
（別紙⑭）就労支援事業製造原価明細書（多機能型事業所等用）
（別紙⑮）就労支援事業販管費明細書
（別紙⑯）就労支援事業販管費明細書（多機能型事業所等用）
（別紙⑰）就労支援事業明細書
（別紙⑱）就労支援事業明細書（多機能型事業所等用）
（別紙⑲）授産事業費用明細書

イ　就労支援事業に関する明細書（別紙⑪～⑱）の取扱い

就労支援事業に関する明細書の取扱いは以下のとおりとする。

（ア）対象範囲

就労支援事業の範囲は以下のとおりとする。

① 障害者自立支援法第５条第14項に規定する就労移行支援

② 同法施行規則第６条第10項第１号に規定する就労継続支援Ａ型

③ 同法施行規則第６条第10項第２号に規定する就労継続支援Ｂ型

また、同法第５条第６項に基づく生活介護等において、生産活動を実施する場合については、就労支援事業に関する明細書を作成できるものとする。

（イ）就労支援事業別事業活動明細書（別紙⑪又は⑫）について

就労支援事業別事業活動明細書上の「就労支援事業販売原価」の計算については、以下のとおりである。

① 就労支援事業所で製造した製品を販売する場合

（就労支援事業販売原価）

＝（期首製品（商品）棚卸高）＋（当期就労支援事業製造原価）－（期末製品（商品）棚卸高）

② 就労支援事業所以外で製造した商品を仕入れて販売する場合

（就労支援事業販売原価）

＝（期首製品（商品）棚卸高）＋（当期就労支援事業仕入高）－（期末製品（商品）棚卸高）

（ウ）就労支援事業製造原価明細書及び就労支援事業販管費明細書（別紙⑬～⑯）について

就労支援事業別事業活動明細書の「当期就労支援事業製造原価」及び「就労支援事業販管費」に関して、「就労支援事業製造原価明細書」（別紙⑬又は⑭）、「就労支援事業販管費明細書」（別紙⑮又は⑯）を作成するものとするが、その取扱いは以下のとおりである。

① 「製造業務に携わる利用者の賃金及び工賃」については、就労支援事業製造原価明細書に計上される。

また、製造業務に携わる就労支援事業に従事する職業指導員等（以下「就労支援事業指導員等」という。）の給与及び退職給付費用については、就労支援事業製造原価明細書に計上することができる。

② 「販売業務に携わる利用者の賃金及び工賃」及び「製品の販売のために支出された費用」については、就労支援事業販管費明細書に計上される。

また、販売業務に携わる就労支援事業指導員等の給与及び退職給付費用については、就労支援事業販管費明細書に計上することができる。

③ 「就労支援事業製造原価明細書」及び「就労支援事業販管費明細書」について、多種少額の生産活動を行う等の理由により、作業種別ごとに区分することが困難な場合は、作業種別ごとの区分を省略することができる。

なお、この場合において、別紙⑪又は⑫の「就労支援事業別事業活動明細書」を作成の際には、作業種別毎の区分は不要とする。

(エ) 就労支援事業明細書（別紙⑰又は⑱）について

サービス区分ごとに定める就労支援事業について、各就労支援事業の年間売上高が5,000万円以下であって、多種少額の生産活動を行う等の理由により、製造業務と販売業務に係る費用を区分することが困難な場合は、「就労支援事業製造原価明細書（別紙⑬又は⑭）」及び「就労支援事業販管費明細書（別紙⑮又は⑯）」の作成に替えて、「就労支援事業明細書（別紙⑰又は⑱）」を作成すれば足りることとする。

この「就労支援事業明細書」上の「材料費」の計算については、

（材料費）＝（期首材料棚卸高）＋（当期材料仕入高）－（期末材料棚卸高）とする。

なお、この場合において、資金収支計算書上は「就労支援事業製造原価支出」を「就労支援事業支出」と読み替え、「就労支援事業販管費支出」を削除して作成するものとし、事業活動計算書上は「当期就労支援事業製造原価」を「就労支援事業費」と読み替え、「就労支援事業販管費」を削除して作成するものとする。また、別紙⑪又は⑫の「就労支援事業別事業活動明細書」を作成の際には、同明細書上の「当期就労支援事業製造原価」を「就労支援事業費」と読み替え、「就労支援事業販管費」を削除して作成するものとする。

また、作業種別ごとに区分することが困難な場合は、作業種別ごとの区分を省略することもできる。

ウ　授産事業に関する明細書（別紙⑲）の取扱い

授産施設で行う授産事業に関する明細書の取扱いは以下のとおりとする。

(ア) 対象範囲

授産事業の範囲は以下のとおりとする。

① 生活保護法（昭和25年法律第144号）第38条第5項に規定する授産施設

② 社会福祉法（昭和26年法律第45号）第2条第2項第7号に規定する授産施設

(イ) 授産事業費用明細書について

授産事業における費用の状況把握を適正に行うため、各法人においては「授産事業費用明細書」（別紙⑲）を作成し、授産事業に関する管理を適切に行うものとする。

24　固定資産管理台帳について

基本財産（有形固定資産）及びその他の固定資産（有形固定資産及び無形固定資産）

は個々の資産の管理を行うため、固定資産管理台帳を作成するものとする。

別添1

具体的な科目及び配分方法

種　類	想定される勘定科目	配　分　方　法
人件費（支出）	・職員給料（支出） ・職員賞与（支出） ・賞与引当金繰入 ・非常勤職員給与（支出） ・退職給付費用（退職給付支出） ・法定福利費（支出）	勤務時間割合により区分。 （困難な場合は次の方法により配分） ・職種別人員配置割合 ・看護・介護職員人員配置割合 ・届出人員割合 ・延利用者数割合
事業費（支出）	・介護用品費（支出） ・医薬品費（支出） ・診療・療養等材料費（支出） ・消耗器具備品費（支出）	各事業の消費金額により区分。 （困難な場合は次の方法により配分） ・延利用者数割合 ・各事業別収入割合
	・給食費（支出）	実際食数割合により区分。 （困難な場合は次の方法により配分） ・延利用者数割合 ・各事業別収入割合
事務費（支出）	・福利厚生費（支出） ・職員被服費（支出）	給与費割合により区分。 （困難な場合は延利用者数割合により配分）
	・旅費交通費（支出） ・通信運搬費（支出） ・諸会費（支出） ・雑費（雑支出） ・渉外費（支出）	・延利用者数割合 ・職種別人員配置割合 ・給与費割合
	・事務消耗品費（支出） ・広報費（支出）	各事業の消費金額により区分。 （困難な場合は延利用者数割合により配分）
	・会議費（支出）	会議内容により事業個別費として区分。 （困難な場合は延利用者数割合により配分）
	・水道光熱費（支出）	メーター等による測定割合により区分。 （困難な場合は建物床面積割合により配分）
	・修繕費（支出）	建物修繕は、当該修繕部分により区分、建物修修繕以外は事業個別費として配分 （困難な場合は建物床面積割合で配分）
	・賃借料（支出） ・土地建物賃借料（支出）	賃貸物件特にリース物件については、その物件の使用割合により区分。 （困難な場合は建物床面積割合により按分配分）
	・保険料（支出）	・建物床面積割合により配分 ・自動車関係は送迎利用者数割合又は使用高割合で、損害保険料等は延利用者数割合により配分
	・租税公課（支出）	・建物床面積割合により配分 ・自動車関係は送迎利用者数割合又は使用高割合で配分
	・保守料（支出）	保守契約対象物件の設置場所等に基づき事業個別費として区分。 （困難な場合は延利用者数割合により配分）

種　類	想定される勘定科目	配 分 方 法
	・ 業務委託費（支出）（寝具） （給食） （その他）	各事業の消費金額により区分。 （困難な場合は、延利用者数割合により配分） ・ 延利用者数割合 ・ 実際食数割合 ・ 建物床面積割合 ・ 延利用者数割合
	・ 研修研究費（支出）	研修内容等、目的、出席者等の実態に応じて、事業個別費として区分。 （困難な場合は、延利用者数割合により配分）
減価償却費	・ 建物、構築物等に係る減価償却費	建物床面積割合により区分。 （困難な場合は、延利用者数割合により配分）
	・ 車輌運搬具、機械及び装置等に係る減価償却費	使用高割合により区分。 （困難な場合は、延利用者数割合により配分）
	・ その他の有形固定資産、無形固定資産に係る減価償却費	延利用者数割合により配分
徴収不能額	・ 徴収不能額	各事業の個別発生金額により区分。 （困難な場合は、各事業別収入割合により配分）
徴収不能引当金繰入	・ 徴収不能引当金繰入	事業ごとの債権金額に引当率を乗じた金額に基づき区分。 （困難な場合は、延利用者数割合により配分）
支払利息（支出）	・ 支払利息（支出）	事業借入目的の借入金に対する期末残高割合により区分。 （困難な場合は、次の方法により配分） ・ 借入金が主として土地建物の取得の場合は建物床面積割合 ・ それ以外は、延利用者数割合

別添2

減価償却資産の償却率、改訂償却率及び保証率表

耐用年数	平成19年4月1日以後取得				耐用年数	平成19年3月31日以前取得	
	定額法償却率	定率法				旧定額法償却率	旧定率法償却率
		償却率	改訂償却率	保証率			
2	0.500	1.000	—	—	2	0.500	0.684
3	0.334	0.833	1.000	0.02789	3	0.333	0.536
4	0.250	0.625	1.000	0.05274	4	0.250	0.438
5	0.200	0.500	1.000	0.06249	5	0.200	0.369
6	0.167	0.417	0.500	0.05776	6	0.166	0.319
7	0.143	0.357	0.500	0.05496	7	0.142	0.280
8	0.125	0.313	0.334	0.05111	8	0.125	0.250
9	0.112	0.278	0.334	0.04731	9	0.111	0.226
10	0.100	0.250	0.334	0.04448	10	0.100	0.206
11	0.091	0.227	0.250	0.04123	11	0.090	0.189
12	0.084	0.208	0.250	0.03870	12	0.083	0.175
13	0.077	0.192	0.200	0.03633	13	0.076	0.162
14	0.072	0.179	0.200	0.03389	14	0.071	0.152
15	0.067	0.167	0.200	0.03217	15	0.066	0.142
16	0.063	0.156	0.167	0.03063	16	0.062	0.134
17	0.059	0.147	0.167	0.02905	17	0.058	0.127
18	0.056	0.139	0.143	0.02757	18	0.055	0.120
19	0.053	0.132	0.143	0.02616	19	0.052	0.114
20	0.050	0.125	0.143	0.02517	20	0.050	0.109
21	0.048	0.119	0.125	0.02408	21	0.048	0.104
22	0.046	0.114	0.125	0.02296	22	0.046	0.099
23	0.044	0.109	0.112	0.02226	23	0.044	0.095
24	0.042	0.104	0.112	0.02157	24	0.042	0.092
25	0.040	0.100	0.112	0.02058	25	0.040	0.088
26	0.039	0.096	0.100	0.01989	26	0.039	0.085
27	0.038	0.093	0.100	0.01902	27	0.037	0.082
28	0.036	0.089	0.091	0.01866	28	0.036	0.079
29	0.035	0.086	0.091	0.01803	29	0.035	0.076
30	0.034	0.083	0.084	0.01766	30	0.034	0.074
31	0.033	0.081	0.084	0.01688	31	0.033	0.072
32	0.032	0.078	0.084	0.01655	32	0.032	0.069
33	0.031	0.076	0.077	0.01585	33	0.031	0.067
34	0.030	0.074	0.077	0.01532	34	0.030	0.066
35	0.029	0.071	0.072	0.01532	35	0.029	0.064
36	0.028	0.069	0.072	0.01494	36	0.028	0.062
37	0.028	0.068	0.072	0.01425	37	0.027	0.060
38	0.027	0.066	0.067	0.01393	38	0.027	0.059
39	0.026	0.064	0.067	0.01370	39	0.026	0.057
40	0.025	0.063	0.067	0.01317	40	0.025	0.056
41	0.025	0.061	0.063	0.01306	41	0.025	0.055
42	0.024	0.060	0.063	0.01261	42	0.024	0.053
43	0.024	0.058	0.059	0.01248	43	0.024	0.052
44	0.023	0.057	0.059	0.01210	44	0.023	0.051
45	0.023	0.056	0.059	0.01175	45	0.023	0.050
46	0.022	0.054	0.056	0.01175	46	0.022	0.049
47	0.022	0.053	0.056	0.01153	47	0.022	0.048
48	0.021	0.052	0.053	0.01126	48	0.021	0.047
49	0.021	0.051	0.053	0.01102	49	0.021	0.046
50	0.020	0.050	0.053	0.01072	50	0.020	0.045

（注1）　耐用年数50年以降の計数については、「減価償却資産の耐用年数等に関する省令」（昭和40年大蔵省令第15号）別表第九及び第十を用いること。

（注2）　本表における用語の定義は次の通りであること。
「保証率」＝「償却保証額」の計算において減価償却資産の取得価額に乗ずる率をいう
「改訂償却率」＝各事業年度の「調整前償却額」が「償却保証額」に満たない場合に、その最初に満たないこととなる事業年度以降の償却費がその後毎年同一となるように適用される償却率
「調整前償却額」＝減価償却資産の期首帳簿価額（取得価額から既にした償却費の累計額を控除した後の金額。以下同じ）に「定率法の償却率」を乗じて計算した金額（＝各事業年度の償却額）をいう。
「償却保証額」＝減価償却資産の取得価額×「保証率」
「改訂取得価額」＝各事業年度の「調整前償却額」が「償却保証額」に満たない場合にその最初に満たないこととなる事業年度の期首帳簿価額をいう。

（調整前償却額）≧（償却保証額）の場合：
（定率法減価償却費）＝（期首帳簿価額）×（定率法の償却率）

（調整前償却額）＜（償却保証額）の場合：
（定率法減価償却費）＝（改訂取得価額）×（改訂償却率）

勘定科目説明

別添３

※財務諸表の第１号の１～３様式、第２号の１～３様式は、勘定科目の大区分のみを記載するが、必要のないものは省略することができる。ただし追加・修正はできないものとする。財務諸表の第１号の４様式、第２号の４様式は、勘定科目の小区分までを記載し、必要のない勘定科目は省略できるものとする。また、第３号の１～４様式は、勘定科目の中区分までを記載し、必要のない中区分の勘定科目は省略できるものとする。
※会計基準の別紙３、別紙４については、勘定科目の小区分までを記載し、必要のない勘定科目は省略できるものとする。
※勘定科目の中区分についてはやむを得ない場合、小区分については適当な科目を追加できるものとする。なお、小区分を更に区分する必要がある場合には、小区分の下に適当な科目を設けて処理することができるものとする。
※「水道光熱費（支出）」、「燃料費（支出）」、「賃借料（支出）」、「保険料（支出）」については原則、事業費（支出）のみに計上できる。ただし、措置費、保育所運営費の弾力運用が認められないケースでは、事業費（支出）、事務費（支出）の双方に計上するものとする。
※財務諸表の様式又は運用指針Ｉ別添３に規定されている勘定科目においても、該当する取引が制度上認められていない事業種別では当該勘定科目を使用することができないものとする。

1．資金収支計算書勘定科目の説明

①収入の部			
＜事業活動による収入＞			
大区分	中区分	小区分	説明
介護保険事業収入	施設介護料収入	介護報酬収入	介護保険の施設介護料で介護報酬収入をいう。 （介護保険法の給付等に関する省令・告示に規定する介護福祉施設サービス費、介護保健施設サービス費、療養病床を有する病院における介護療養施設サービス費、療養病床を有する診療所における介護療養施設サービス費、老人性認知症疾患療養病棟を有する病院における介護療養施設サービス費、旧措置入所者介護福祉施設サービス費、ユニット型介護福祉施設サービス費、ユニット型旧措置入所者介護福祉施設サービス費、ユニット型介護保健施設サービス費、初期加算、退所時等相談援助加算、退所時指導等加算、緊急時施設療養費等）
		利用者負担金収入（公費）	介護保険の施設介護料で利用者負担収入（公費）をいう。 （介護保険法の給付等に関する省令・告示に規定する介護福祉施設サービス費、介護保健施設サービス費、療養病床を有する病院における介護療養施設サービス費、療養病床を有する診療所における介護療養施設サービス費、老人性認知症疾患療養病棟を有する病院における介護療養施設サービス費、旧措置入所者介護福祉施設サービス費、ユニット型介護福祉施設サービス費、ユニット型旧措置入所者介護福祉施設サービス費、ユニット型介護保健施設サービス費、初期加算、退所時等相談援助加算、退所時指導等加算、緊急時施設療養費等の利用者負担額のうち、公費分）
		利用者負担金収入（一般）	介護保険の施設介護料で利用者負担収入（一般）をいう。 （介護保険法の給付等に関する省令・告示に規定する介護福祉施設サービス費、介護保健施設サービス費、療養病床を有する病院における介護療養施設サービス費、療養病床を有する診療所における介護療養施設サービス費、老人性認知症疾患療養病棟を有する病院における介護療養施設サービス費、旧措置入所者介護福祉施設サービス費、ユニット型介護福祉施設サービス費、ユニット型旧措置入所者介護福祉施設サービス費、ユニット型介護保健施設サービス費、初期加算、退所時等相談援助加算、退所時指導等加算、緊急時施設療養費等の利用者負担額のうち、一般分）
	居宅介護料収入		
	（介護報酬収入）	介護報酬収入	介護保険の居宅介護料で介護報酬収入をいう。 （介護保険法の給付等に関する省令・告示に規定する訪問介護費、訪問入浴介護費、通所介護費、短期入所生活介護費、訪問看護療養費等）
		介護予防報酬収入	介護保険の居宅介護料で介護予防報酬収入をいう。 （介護保険法の給付等に関する省令・告示に規定する介護予防訪問介護費、介護予防訪問入浴費、介護予防通所介護費、介護予防短期入所生活介護費、介護予防訪問看護療養費等）
	（利用者負担金収入）	介護負担金収入（公費）	介護保険の居宅介護料で介護負担金収入（公費）をいう。 （介護保険法の給付等に関する省令・告示に規定する訪問介護費、訪問入浴介護費、通所介護費、短期入所生活介護費、訪問看護療養費等の利用者負担額のうち、公費分）
		介護負担金収入（一般）	介護保険の居宅介護料で介護負担金収入（一般）をいう。 （介護保険法の給付等に関する省令・告示に規定する訪問介護費、訪問入浴介護費、通所介護費、短期入所生活介護費、訪問看護療養費等の利用者負担額のうち、一般分）
		介護予防負担金収入（公費）	介護保険の居宅介護料で介護予防負担金収入（公費）をいう。 （介護保険法の給付等に関する省令・告示に規定する介護予防訪問介護費、介護予防訪問入浴費、介護予防通所介護費、介護予防短期入所生活介護費、介護予防訪問看護療養費等の利用者負担額のうち、公費分）
		介護予防負担金収入（一般）	介護保険の居宅介護料で介護予防負担金収入（一般）をいう。 （介護保険法の給付等に関する省令・告示に規定する介護予防訪問介護費、介護予防訪問入浴費、介護予防通所介護費、介護予防短期入所生活介護費、介護予防訪問看護療養費等の利用者負担額のうち、一般分）
	地域密着型介護料収入		

	（介護報酬収入）	介護報酬収入	介護保険の地域密着型介護料で介護報酬収入をいう。 （介護保険法の給付等に関する省令・告示に規程する夜間対応型訪問介護費、認知症対応型通所介護費、小規模多機能型居宅介護費、認知症対応型共同生活介護費、地域密着型特定施設入居者生活介護費、地域密着型介護老人福祉施設入所者生活介護費）
		介護予防報酬収入	介護保険の地域密着型介護料で介護予防報酬収入をいう。 （介護保険法の給付等に関する省令・告示に規程する介護予防夜間対応型訪問介護費、介護予防認知症対応型通所介護費、介護予防小規模多機能型居宅介護費、介護予防認知症対応型共同生活介護費、介護予防地域密着型特定施設入居者生活介護費、介護予防地域密着型介護老人福祉施設入所者生活介護費）
	（利用者負担金収入）	介護負担金収入（公費）	介護保険の居宅介護料で介護負担金収入（公費）をいう。 （介護保険法の給付等に関する省令・告示に規定する夜間対応型訪問介護費、認知症対応型通所介護費、小規模多機能型居宅介護費、認知症対応型共同生活介護費、地域密着型特定施設入居者生活介護費、地域密着型介護老人福祉施設入所者生活介護費の利用者負担額のうち、公費分）
		介護負担金収入（一般）	介護保険の居宅介護料で介護負担金収入（一般）をいう。 （介護保険法の給付等に関する省令・告示に規定する夜間対応型訪問介護費、認知症対応型通所介護費、小規模多機能型居宅介護費、認知症対応型共同生活介護費、地域密着型特定施設入居者生活介護費、地域密着型介護老人福祉施設入所者生活介護費の利用者負担額のうち、一般分）
		介護予防負担金収入（公費）	介護保険の居宅介護料で介護予防負担金収入（公費）をいう。 （介護保険法の給付等に関する省令・告示に規定する介護予防夜間対応型訪問介護費、介護予防認知症対応型通所介護費、介護予防小規模多機能型居宅介護費、介護予防認知症対応型共同生活介護費、介護予防地域密着型特定施設入居者生活介護費、介護予防地域密着型介護老人福祉施設入所者生活介護費の利用者負担額のうち、公費分）
		介護予防負担金収入（一般）	介護保険の居宅介護料で介護予防負担金収入（一般）をいう。 （介護保険法の給付等に関する省令・告示に規定する介護予防夜間対応型訪問介護費、介護予防認知症対応型通所介護費、介護予防小規模多機能型居宅介護費、介護予防認知症対応型共同生活介護費、介護予防地域密着型特定施設入居者生活介護費、介護予防地域密着型介護老人福祉施設入所者生活介護費の利用者負担額のうち、一般分）
	居宅介護支援介護料収入	居宅介護支援介護料収入	介護保険の居宅介護支援介護料で居宅介護支援介護料収入をいう。 （介護保険法の給付等に関する省令・告示に規定する居宅介護支援費）
		介護予防支援介護料収入	介護保険の居宅介護支援介護料で居宅予防介護支援介護料収入をいう。 （介護保険法の給付等に関する省令・告示に規定する介護予防支援費）
	利用者等利用料収入	施設サービス利用料収入	介護保険の利用者等利用料収入で施設サービス利用料収入をいう。 （介護保険法の給付等に関する省令・告示において支払いを受けることができることとされている理美容料、日常生活サービス料等）
		居宅介護サービス利用料収入	介護保険の利用者等利用料収入で居宅介護サービス利用料収入をいう。 （介護保険法の給付等に関する省令・告示において支払いを受けることができることとされている送迎費、おむつ料、日常生活サービス料等）
		地域密着型介護サービス利用料収入	介護保険の利用者等利用料収入で地域密着型介護サービス利用料収入をいう。 （介護保険法の給付等に関する省令・告示において支払いを受けることができることとされているサービス料等）
		食費収入（公費）	介護保険の利用者等利用料収入で、食費収入（公費）をいう。 （食費に係る特定入所者介護サービス費、生活保護の公費請求分等）
		食費収入（一般）	介護保険の利用者等利用料収入で、食費収入（一般）をいう。 （指定介護老人福祉施設、介護老人保健施設等の入所者又は入居者（以下「入所者等」という。）並びに指定通所介護事業所、指定短期入所生活介護事業所及び指定認知症対応型共同生活介護事業所等の利用者が支払う食費（ケアハウスの生活費として処理されるものを除く）、食費に係る特定入所者介護サービス費、利用者が選定した特別な食事料）
		居住費収入（公費）	介護保険の利用者等利用料収入で、居住費収入（公費）をいう。 （居住費に係る特定入所者介護サービス費、生活保護の公費請求分等）

		居住費収入（一般）	介護保険の利用者等利用料収入で、居住費収入（一般）をいう。 （指定介護老人福祉施設、介護老人保健施設等の入所者等が支払う居住費、指定短期入所生活介護事業所の利用者が支払う滞在費、指定特定施設入居者生活介護事業所等の利用者が支払う家賃又は宿泊費（ケアハウスの管理費として処理されるものを除く）、居住費に係る特定施設入所者介護サービス費、利用者が選定した特別な室料）
		その他の利用料収入	介護保険の利用者等利用料収入で、その他の利用料収入をいう。 （前記のいずれにも属さない利用者等からの利用料）
	その他の事業収入	補助金事業収入	介護保険に関連する事業に対して、地方公共団体等から交付される補助金事業に係る収入をいう（共同募金からの配分金（受配者指定寄付金を除く）及び助成金を含む。）。補助金事業に係る利用者からの収入も含む。
		市町村特別事業収入	介護保険のその他の事業で、市町村特別事業収入をいう。 （介護保険法第62条に規定する市町村特別給付による収入）
		受託事業収入	介護保険に関連する、地方公共団体から委託された事業に係る収入をいう。受託事業に係る利用者からの収入も含む。 （介護保険法に基づく又は関連する、地方公共団体から委託された事業に係る収入）
		その他の事業収入	上記に属さないその他の事業収入をいう。利用者からの収入も含む。 （文書料など前記に属さない介護保険事業収入）
	（保険等査定減）		社会保険診療報酬支払基金等の審査機関による審査減額をいう。
老人福祉事業収入	措置事業収入	事務費収入	老人福祉の措置事業で、事務費収入をいう。 （老人福祉法に規定する措置費支弁額中の人件費及び管理費に係る収入をいう。）
		事業費収入	老人福祉の措置事業で、事業費収入をいう。 （老人福祉法に規定する措置費支弁額中の入所者の処遇に必要な一般生活費等に係る収入をいう。）
		その他の利用料収入	老人福祉の措置事業で、その他の利用料収入をいう。 （前記のいずれの利用料にも属さない利用者等からの利用料をいう。）
		その他の事業収入	老人福祉の措置事業で、その他の事業収入をいう。 （前記のいずれの収入にも属さない事業収入をいう。）
	運営事業収入	管理費収入	老人福祉の運営事業で、管理費収入をいう。 （老人福祉法に規定する軽費老人ホームにおける居住に要する費用の収入をいう。）
		その他の利用料収入	老人福祉の運営事業で、その他の利用料収入をいう。 （老人福祉法に規定する軽費老人ホームにおける管理費収入を除く利用者等からの利用料（徴収額を含む。）をいう。）
		補助金事業収入	老人福祉の運営事業で、補助金事業収入をいう。 （老人福祉法に規定する軽費老人ホーム事業に対して交付される地方公共団体等からの補助金等の事業収入をいう。）
		その他の事業収入	老人福祉の運営事業で、その他の事業収入をいう。 （前記のいずれの収入にも属さない事業収入をいう。）
	その他の事業収入	管理費収入	老人福祉のその他の事業で、管理費収入をいう。 （老人福祉法に規定するその他の事業で、居住に要する費用の収入をいう。）
		その他の利用料収入	老人福祉のその他の事業で、その他の利用料収入をいう。 （老人福祉法に規定するその他の事業で、管理費収入を除く利用者等からの利用料（徴収額を含む。）をいう。）
		その他の事業収入	老人福祉のその他の事業で、その他の事業収入をいう。 （老人福祉法に規定するその他の事業で、前記のいずれの収入にも属さない事業収入をいう。）
児童福祉事業収入	措置費収入	事務費収入	措置費支弁額中の人件費及び管理費に係る収入をいう。
		事業費収入	措置費支弁額中の入所者の処遇に必要な一般生活費等に係る収入をいう。

	私的契約利用料収入		措置施設等における私的契約に基づく利用料収入をいう。
	その他の事業収入	補助金事業収入	措置受託に関連する地方公共団体等から交付される補助金事業に係る収入をいう（共同募金からの配分金（受配者指定寄附金を除く）及び助成金を含む）。補助金事業に係る利用者からの収入も含む。
		受託事業収入	措置受託に関連する、地方公共団体から委託された事業に係る収入をいう。受託事業に係る利用者からの収入も含む。
		その他の事業収入	上記に属さないその他の事業収入をいう。利用者からの収入も含む。
保育事業収入	保育所運営費収入		保育所等における保育の実施等に関する運営費収入をいう。
	私的契約利用料収入		保育所等における私的契約に基づく利用料収入をいう。
	私立認定保育所利用料収入		私立認定保育所における利用者等からの利用料収入をいう。
	その他の事業収入	補助金事業収入	保育所等に関連する事業に対して、地方公共団体等から交付される補助金事業に係る収入をいう（共同募金からの配分金（受配者指定寄附金を除く）及び助成金を含む）。補助金事業に係る利用者からの収入も含む。
		受託事業収入	保育所等に関連する、地方公共団体から委託された事業に係る収入をいう。受託事業に係る利用者からの収入も含む。
		その他の事業収入	上記に属さないその他の事業収入をいう。利用者からの収入も含む。
就労支援事業収入	○○事業収入		就労支援事業の内容（製造製品の売上、仕入れ商品の売上、受託加工の別等）を示す名称を付した科目で記載する。
障害福祉サービス等事業収入	自立支援給付費収入	介護給付費収入	介護給付費の代理受領分をいう。
		特例介護給付費収入	特例介護給付費の受領分をいう。
		訓練等給付費収入	訓練等給付費の代理受領分をいう。
		特例訓練等給付費収入	特例訓練費等給付費の受領分をいう。
		サービス利用計画作成費収入	サービス利用計画作成費の代理受領分をいう。
	障害児施設給付費収入		障害児施設給付費の代理受領分をいう。
	利用者負担金収入		利用者本人（障害児においては、その保護者）の負担による収入をいう。
	補足給付費収入	特定障害者特別給付費収入	特定障害者特別給付費の代理受領分をいう。
		特例特定障害者特別給付費収入	特例特定障害者特別給付費の代理受領分をいう。
		特定入所障害児食費等給付費収入	特定入所障害児食費等給付費の代理受領分をいう。
	特定費用収入		利用者から支払いを受けることができることとされている日用品費等をいう。
	その他の事業収入	補助金事業収入	障害者自立支援法又はこれに関連する事業に対して、地方公共団体等から交付される補助金事業（地域生活支援事業を含む）に係る収入をいう（共同募金からの配分金（受配者指定寄附金を除く）及び助成金を含む）。補助金事業に係る利用者からの収入も含む。
		受託事業収入	障害者自立支援法又はこれに関連する、地方公共団体から委託された事業（地域生活支援事業を含む）に係る収入をいう。受託事業に係る利用者からの収入も含む。
		その他の事業収入	上記に属さないその他の事業収入をいう。利用者からの収入も含む。
	（保険等査定減）		社会保険診療報酬支払基金等の審査機関による審査減額をいう。
生活保護事業収入	措置費収入	事務費収入	措置費支弁額中の人件費及び管理費に係る収入をいう。
		事業費収入	入所者の処遇に必要な一般生活費として交付される保護費収入をいう。

	授産事業収入	○○事業収入	授産事業の内容（製造製品の売上げ、仕入れ商品の売上、受託加工の別等）を示す名称を付した科目で記載する。
	利用者負担金収入		保護施設等における利用者等からの利用料収入をいう。
	その他の事業収入	補助金事業収入	措置受託に関連する事業に対して、地方公共団体等から交付される補助金等収入をいう（共同募金からの配分金（受配者指定寄附金を除く）及び助成金を含む）。補助金事業に係る利用者からの収入も含む。
		受託事業収入	措置受託に関連する、地方公共団体から委託された事業に係る収入をいう。受託事業に係る利用者からの収入も含む。
		その他の事業収入	上記に属さないその他の事業収入をいう。利用者からの収入も含む。
医療事業収入	入院診療収入		入院患者の診療、療養に係る収入（医療保険、公費負担医療、公害医療、労災保険、自動車損害賠償責任保険、自費診療等。ただし介護保険適用の療養病床に係るものは除く）をいう。
	室料差額収入		特定療養費の対象となる特別の療養環境の提供に係る収入をいう。
	外来診療収入		外来患者の診療、療養に係る収入（医療保険、公費負担医療、公害医療、労災保険、自動車損害賠償責任保険、自費診療等）をいう。
	保健予防活動収入		各種の健康診断、人間ドック、予防接種、妊産婦保健指導等保健予防活動に係る収入をいう。
	受託検査・施設利用収入		他の医療機関から検査の委託を受けた場合の検査収入及び医療設備器機を他の医療機関の利用に供した場合の収入をいう。
	訪問看護療養費収入		訪問看護療養費の額等に関する告示に規定する訪問看護基本療養費、訪問看護管理療養費、訪問看護情報提供療養費、訪問看護ターミナル療養費相当分をいう。
	訪問看護利用料収入	訪問看護基本利用料収入	人員運営基準第13条第1項に規定する基本利用料徴収額をいう。
		訪問看護その他の利用料収入	人員運営基準第13条第2項の規定に基づくその他の利用料徴収額をいう。長時間利用料収入、休日・時間外利用料収入、交通費収入、その他のサービス利用料収入に区分設定する。
	その他の医療事業収入	補助金事業収入	医療法に基づく又は関連する事業に対して交付される地方公共団体等からの補助金等の事業収入をいう（共同募金からの配分金（受配者指定寄附金を除く）及び助成金を含む）。補助金事業に係る利用者からの収入も含む。
		受託事業収入	医療法に基づく又は関連する、地方公共団体から委託された事業に係る収入をいう。受託事業に係る利用者からの収入も含む。
		その他の医療事業収入	上記に属さないその他の医療事業収入をいう。利用者からの収入も含む。
	（保険等査定減）		社会保険診療報酬支払基金等の審査機関による審査減額をいう。
○○事業収入	○○事業収入		事業の内容を示す名称を付した科目で記載する。
	その他の事業収入	補助金事業収入	○○事業に対して、地方公共団体等からの補助金等収入をいう（共同募金からの配分金（受配者指定寄附金を除く）及び助成金を含む）。補助金事業に係る利用者からの収入も含む。
		受託事業収入	○○事業に関連する、地方公共団体から委託された事業に係る収入をいう。受託事業に係る利用者からの収入も含む。
		その他の事業収入	上記に属さないその他の事業収入をいう。利用者からの収入も含む。
○○収入	○○収入		収入の内容を示す名称を付した科目で記載する。
借入金利息補助金収入			施設整備及び設備整備に対する借入金利息に係る地方公共団体からの補助金等の収入をいう。
経常経費寄附金収入			経常経費に対する寄附金及び寄附物品をいう。
受取利息配当金収入			預貯金、有価証券、貸付金等の利息及び配当金等の収入をいう。
その他の収入	受入研修費収入		研修の受入に対する収入をいう。
	利用者等外給食費収入		職員等患者・利用者以外に提供した食事に対する収入をいう。

	雑収入		上記に属さない事業活動による収入をいう。
流動資産評価益等による資金増加額	有価証券売却益		有価証券（投資有価証券を除く）を売却した場合の売却益をいう。
	有価証券評価益		有価証券（投資有価証券を除く）を時価評価した時の評価益をいう。
	為替差益		外国通貨、外貨建金銭債権債務（外貨預金を含む）及び外貨建有価証券等について、円換算によって生じた換算差益をいう。
＜施設整備等による収入＞			
施設整備等補助金収入	施設整備等補助金収入		施設整備及び設備整備に係る地方公共団体等からの補助金等の収入をいう。
	設備資金借入金元金償還補助金収入		施設整備及び設備整備に対する借入金元金償還に係る地方公共団体等からの補助金等の収入をいう。
施設整備等寄附金収入	施設整備等寄附金収入		施設整備及び設備整備に係る寄附金収入をいう。なお、施設の創設及び増築時等に運転資金に充てるために収受した寄附金を含む。
	設備資金借入金元金償還寄附金収入		施設整備及び設備整備に対する借入金元金償還に係る寄附金収入をいう。
設備資金借入金収入			施設整備及び設備整備に対する借入金の受入額をいう。
固定資産売却収入	車輌運搬具売却収入		車輌運搬具の売却による収入をいう。
	器具及び備品売却収入		器具及び備品の売却による収入をいう。
	○○売却収入		売却した資産等の内容を示す名称を付した科目で記載する。
その他の施設整備等による収入	○○収入		施設整備及び設備整備による収入で他のいずれの科目にも属さない収入をいう。収入の内容を示す名称を付した科目で記載する。
＜その他の活動による収入＞			
長期運営資金借入金元金償還寄附金収入			長期運営資金（設備資金を除く）借入金元金償還に係る寄附金収入をいう。
長期運営資金借入金収入			長期運営資金（設備資金を除く）のための借入金の受入額をいう。
長期貸付金回収収入			長期に貸付けた資金の回収による収入をいう。（1年以内回収予定長期貸付金の回収による収入を含む。）
投資有価証券売却収入			投資有価証券の売却収入（収入総額）をいう。
積立資産取崩収入	退職給付引当資産取崩収入		退職給付引当資産の取崩しによる収入をいう。
	長期預り金積立資産取崩収入		長期預り金積立資産の取崩しによる収入をいう。
	○○積立資産取崩収入		積立資産の取崩しによる収入をいう。積立資産の目的等を示す名称を付した科目で記載する。
事業区分間長期借入金収入			他の事業区分から長期に借り入れた資金の収入をいう。
拠点区分間長期借入金収入			同一事業区分内における他の拠点区分から長期に借り入れた資金の収入をいう。
事業区分間長期貸付金回収収入			他の事業区分へ長期に貸付けた資金の回収による収入をいう。（1年以内回収予定事業区分間長期貸付金の回収による収入を含む。）
拠点区分間長期貸付金回収収入			同一事業区分内における他の拠点区分へ長期に貸付けた資金の回収による収入をいう。（1年以内回収予定拠点区分間長期貸付金の回収による収入を含む。）
事業区分間繰入金収入			他の事業区分からの繰入金収入をいう。
拠点区分間繰入金収入			同一事業区分内における他の拠点区分からの繰入金収入をいう。
サービス区分間繰入金収入			同一拠点区分内における他のサービス区分からの繰入金収入をいう。
その他の活動による収入	○○収入		その他の活動による収入で上記に属さない収入をいう。収入の内容を示す名称を付した科目で記載する。

1. 資金収支計算書勘定科目の説明

②支出の部			
<事業活動による支出>			
大区分	中区分	小区分	説明
人件費支出	役員報酬支出		法人役員に支払う報酬、諸手当をいう。
	職員給料支出		常勤職員に支払う俸給・諸手当をいう。
	職員賞与支出		常勤職員に支払う賞与をいう。
	非常勤職員給与支出		非常勤職員に支払う俸給・諸手当及び賞与をいう。
	派遣職員費支出		派遣会社に支払う金額をいう。
	退職給付支出		退職共済制度など、外部拠出型の退職手当制度に対して法人が拠出する掛金額および退職手当として支払う金額をいう。
	法定福利費支出		法令に基づいて法人が負担する健康保険料、厚生年金保険料、雇用保険料等の支出をいう。
事業費支出	給食費支出		食材及び食品の支出をいう。なお、給食業務を外部委託している施設又は事業所にあっては、材料費を計上すること。
	介護用品費支出		利用者の処遇に直接使用するおむつ、タオル等の介護用品の支出をいう。
	医薬品費支出		利用者のための施設内又は事業所内の医療に要する医薬品の支出をいう。ただし病院・介護老人保健施設以外ではこれらを保健衛生費に含めて良いものとする。
	診療・療養等材料費支出		カテーテル、縫合糸、酸素、ギブス粉、レントゲンフィルム、包帯、ガーゼ、氷など1回ごとに消費する診療材料、衛生材料の費消額。また、診療、検査、看護、給食などの医療用の器械、器具のうち、固定資産の計上基準額に満たないもの、または1年内に消費するもの。ただし病院・介護老人保健施設以外ではこれらを保健衛生費に含めて良いものとする。
	保健衛生費支出		利用者の健康診断の実施、施設内又は事業所内の消毒等に要する支出をいう。
	医療費支出		利用者が傷病のために医療機関等で診療等を受けた場合の診療報酬等をいう。
	被服費支出		利用者の衣類、寝具等（介護用品及び日用品を除く）の購入のための支出をいう。
	教養娯楽費支出		利用者のための新聞雑誌等の購読、娯楽用品の購入及び行楽演芸会等の実施のための支出をいう。
	日用品費支出		利用者に現物で給付する身のまわり品、化粧品などの日用品（介護用品を除く）の支出をいう。
	保育材料費支出		保育に必要な文具材料、絵本等の支出及び運動会等の行事を実施するための支出をいう。
	本人支給金支出		利用者に小遣い、その他の経費として現金支給するための支出をいう。
	水道光熱費支出		利用者に直接必要な電気、ガス、水道等の支出をいう。
	燃料費支出		利用者に直接必要な灯油、重油等の燃料費（車輌費で計上する燃料費を除く）をいう。
	消耗器具備品費支出		利用者の処遇に直接使用する介護用品以外の消耗品、器具備品で、固定資産の購入に該当しない支出をいう。
	保険料支出		利用者に対する生命保険料及び損害保険料をいう。
	賃借料支出		利用者が利用する器具及び備品等のリース料、レンタル料をいう。
	教育指導費支出		利用者に対する教育訓練に直接要する支出をいう。
	就職支度費支出		児童等の就職に際し必要な被服寝具類の購入に要する支出をいう。
	葬祭費支出		利用者が死亡したときの葬祭に要する支出をいう。
	車輌費支出		乗用車、送迎用自動車、救急車等の燃料費、車輌検査等の支出をいう。
	管理費返還支出		老人福祉事業における管理費を返還するための支出をいう。
	○○費支出		費用の内容を示す名称を付した科目で記載する。
	雑支出		事業費のうち他のいずれにも属さない支出をいう。

事務費支出	福利厚生費支出		役員・職員が福利施設を利用する場合における事業主負担額、健康診断その他福利厚生のために要する法定外福利費をいう。
	職員被服費支出		職員に支給又は貸与する白衣、予防衣、診察衣、作業衣などの購入、洗濯等の支出をいう。
	旅費交通費支出		業務に係る役員・職員の出張旅費及び交通費（ただし、研究、研修のための旅費を除く）をいう。
	研修研究費支出		役員・職員に対する教育訓練に直接要する支出(研究・研修のための旅費を含む）をいう。
	事務消耗品費支出		事務用に必要な消耗品及び器具什器のうち、固定資産の購入に該当しないものの支出をいう。
	印刷製本費支出		事務に必要な書類、諸用紙、関係資料などの印刷及び製本に要する支出をいう。
	水道光熱費支出		事務用の電気、ガス、水道等の支出をいう。
	燃料費支出		事務用の灯油、重油等の燃料（車輌費で計上する燃料費を除く）をいう。
	修繕費支出		建物、器具及び備品等の修繕又は模様替の支出をいう。ただし、建物、器具及び備品を改良し、耐用年数を延長させるような資本的支出を含まない。
	通信運搬費支出		電話、電報、ファックスの使用料、インターネット接続料及び切手代、葉書代その他通信・運搬に要する支出をいう。
	会議費支出		会議時における茶菓子代、食事代等の支出をいう。
	広報費支出		施設及び事業所の広告料、パンフレット・機関誌・広報誌作成などの印刷製本費等に要する支出をいう。
	業務委託費支出		洗濯、清掃、夜間警備及び給食（給食材料費を除く）など施設の業務の一部を他に委託するための支出（保守料を除く）をいう。必要に応じて検査委託、給食委託、寝具委託、医事委託、清掃委託など、小区分で更に細分化することができる。
	手数料支出		役務提供にかかる支出のうち、業務委託費以外のものをいう。
	保険料支出		生命保険料および建物、車輌運搬具、器具及び備品等にかかる損害保険契約に基づく保険料をいう。ただし、福利厚生費に該当するものを除く。
	賃借料支出		固定資産に計上を要しない器機等のリース料、レンタル料をいう。
	土地・建物賃借料支出		土地、建物等の賃借料をいう。
	租税公課支出		消費税及び地方消費税の申告納税、固定資産税、印紙税、登録免許税、自動車税、事業所税等をいう。
	保守料支出		建物、各種機器等の保守・点検料等をいう。
	渉外費支出		創立記念日等の式典、慶弔、広報活動（広報費に属する支出を除く）等に要する支出をいう。
	諸会費支出		各種組織への加盟等に伴う会費、負担金等の支出をいう。
	○○費支出		費用の内容を示す名称を付した科目で記載する。
	雑支出		事務費のうち他のいずれにも属さない支出をいう。
就労支援事業支出	就労支援事業販売原価支出	就労支援事業製造原価支出	就労支援事業に係る材料費、労務費、外注加工費、経費に要する支出をいう。
		就労支援事業仕入支出	就労支援事業に係る製品・商品の仕入れに要する支出をいう。
	就労支援事業販管費支出		就労支援事業に係る販売費及び一般管理費支出をいう。
授産事業支出	○○事業支出		授産事業に係る材料費、商品仕入れ、労務費、外注加工費、経費に要する支出をいう。
○○支出			支出の内容を示す名称を付した科目で記載する。
利用者負担軽減額			利用者負担を軽減した場合の利用者負担軽減額をいう（無料または低額で診療を行う場合の割引額を含む）。
支払利息支出			設備資金借入金、長期運営資金借入金及び短期運営資金借入金の利息、及び支払リース料のうち利息相当額として処理するものをいう。
その他の支出	利用者等外給食費支出		職員、来訪者等利用者以外に提供した食材及び食品の支出をいう。

	雑支出		上記に属さない支出をいう。
流動資産評価損等による資金減少額	有価証券売却損		有価証券（投資有価証券を除く）を売却した場合の売却損をいう。
	資産評価損	有価証券評価損	有価証券の評価損をいう。
		○○評価損	資産の時価の著しい下落に伴い、その回復が可能であると認められない場合に当該資産に対して計上する評価損をいう。
	為替差損		外国通貨、外貨建金銭債権債務（外貨預金を含む）及び外貨建有価証券等について、円換算によって生じた換算差損をいう。
	徴収不能額		金銭債権のうち徴収不能として処理した額をいう。
<施設整備等による支出>			
設備資金借入金元金償還支出			設備（施設整備及び設備整備）資金の借入金に基づく元金償還額をいう。（１年以内返済予定設備資金借入金の償還額を含む）
固定資産取得支出	土地取得支出		土地を取得するための支出をいう。
	建物取得支出		建物を取得するための支出をいう。
	車輌運搬具取得支出		車輌運搬具を取得するための支出をいう。
	器具及び備品取得支出		固定資産に計上される器具及び備品を取得するための支出をいう。
	○○取得支出		上記以外を取得するための支出をいう。
固定資産除却・廃棄支出			建物取壊支出の他、固定資産の除却、廃棄等に係る支出をいう。
ファイナンス・リース債務の返済支出			ファイナンス・リース取引に係る支払リース料のうち、元本相当額をいう。（１年以内返済予定リース債務の返済額を含む）
その他の施設整備等による支出	○○支出		施設整備等による支出で他のいずれの科目にも属さない支出をいう。支出の内容を示す名称を付した科目で記載する。
<その他の活動による支出>			
長期運営資金借入金元金償還支出			長期運営資金（設備資金を除く）の借入金に基づく元金償還額をいう。（１年以内返済予定長期運営資金借入金の償還額を含む。）
長期貸付金支出			長期に貸付けた資金の支出をいう。
投資有価証券取得支出			投資有価証券を取得するための支出をいう。
積立資産支出	退職給付引当資産支出		退職給付引当資産への積立による支出をいう。
	長期預り金積立資産支出		長期預り金積立資産への積立による支出をいう。
	○○積立資産支出		積立資産への積立による支出をいう。なお、積立資産の目的を示す名称を付した科目で記載する。
事業区分間長期貸付金支出			他の事業区分へ長期に貸し付けた資金の支出をいう。
拠点区分間長期貸付金支出			同一事業区分内における他の拠点区分へ長期に貸付けた資金の支出をいう。
事業区分間長期借入金返済支出			他の事業区分から長期に借り入れた資金に基づく元金償還額をいう。（１年以内返済予定事業区分間長期借入金の償還額を含む。）
拠点区分間長期借入金返済支出			同一事業区分における他の拠点区分から長期に借り入れた資金に基づく元金償還額をいう。（１年以内返済予定拠点区分間長期借入金の償還額を含む。）
事業区分間繰入金支出			他の事業区分への繰入金支出をいう。
拠点区分間繰入金支出			同一事業区分内における他の拠点区分への繰入金支出をいう。
サービス区分間繰入金支出			同一拠点区分内における他のサービス区分への繰入金支出をいう。
その他の活動による支出	○○支出		その他の活動による支出で上記に属さない支出をいう。支出の内容を示す名称を付した科目で記載する。

2. 事業活動計算書勘定科目の説明

①収益の部			
＜サービス活動増減による収益＞			
大区分	中区分	小区分	説明
介護保険事業収益	施設介護料収益	介護報酬収益	介護保険の施設介護料で介護報酬収益をいう。 （介護保険法の給付等に関する省令・告示に規定する介護福祉施設サービス費、介護保健施設サービス費、療養病床を有する病院における介護療養施設サービス費、療養病床を有する診療所における介護療養施設サービス費、老人性認知症疾患療養病棟を有する病院における介護療養施設サービス費、旧措置入所者介護福祉施設サービス費、ユニット型介護福祉施設サービス費、ユニット型旧措置入所者介護福祉施設サービス費、ユニット型介護保健施設サービス費、初期加算、退所時等相談援助加算、退所時指導等加算、緊急時施設療養費等）
		利用者負担金収益（公費）	介護保険の施設介護料で利用者負担収益（公費）をいう。 （介護保険法の給付等に関する省令・告示に規定する介護福祉施設サービス費、介護保健施設サービス費、療養病床を有する病院における介護療養施設サービス費、療養病床を有する診療所における介護療養施設サービス費、老人性認知症疾患療養病棟を有する病院における介護療養施設サービス費、旧措置入所者介護福祉施設サービス費、ユニット型介護福祉施設サービス費、ユニット型旧措置入所者介護福祉施設サービス費、ユニット型介護保健施設サービス費、初期加算、退所時等相談援助加算、退所時指導等加算、緊急時施設療養費等の利用者負担額のうち、公費分）
		利用者負担金収益（一般）	介護保険の施設介護料で利用者負担収益（一般）をいう。 （介護保険法の給付等に関する省令・告示に規定する介護福祉施設サービス費、介護保健施設サービス費、療養病床を有する病院における介護療養施設サービス費、療養病床を有する診療所における介護療養施設サービス費、老人性認知症疾患療養病棟を有する病院における介護療養施設サービス費、旧措置入所者介護福祉施設サービス費、ユニット型介護福祉施設サービス費、ユニット型旧措置入所者介護福祉施設サービス費、ユニット型介護保健施設サービス費、初期加算、退所時等相談援助加算、退所時指導等加算、緊急時施設療養費等の利用者負担額のうち、一般分）
	居宅介護料収益		
	（介護報酬収益）	介護報酬収益	介護保険の居宅介護料で介護報酬収益をいう。 （介護保険法の給付等に関する省令・告示に規定する訪問介護費、訪問入浴介護費、通所介護費、短期入所生活介護費、訪問看護療養費等）
		介護予防報酬収益	介護保険の居宅介護料で介護予防報酬収益をいう。 （介護保険法の給付等に関する省令・告示に規定する介護予防訪問介護費、介護予防訪問入浴費、介護予防通所介護費、介護予防短期入所生活介護費、介護予防訪問看護療養費等）
	（利用者負担金収益）	介護負担金収益（公費）	介護保険の居宅介護料で介護負担金収益（公費）をいう。 （介護保険法の給付等に関する省令・告示に規定する訪問介護費、訪問入浴介護費、通所介護費、短期入所生活介護費、訪問看護療養費等の利用者負担額のうち、公費分）
		介護負担金収益（一般）	介護保険の居宅介護料で介護負担金収益（一般）をいう。 （介護保険法の給付等に関する省令・告示に規定する訪問介護費、訪問入浴介護費、通所介護費、短期入所生活介護費、訪問看護療養費等の利用者負担額のうち、一般分）
		介護予防負担金収益（公費）	介護保険の居宅介護料で介護予防負担金収益（公費）をいう。 （介護保険法の給付等に関する省令・告示に規定する介護予防訪問介護費、介護予防訪問入浴費、介護予防通所介護費、介護予防短期入所生活介護費、介護予防訪問看護療養費等の利用者負担額のうち、公費分）
		介護予防負担金収益（一般）	介護保険の居宅介護料で介護予防負担金収益（一般）をいう。 （介護保険法の給付等に関する省令・告示に規定する介護予防訪問介護費、介護予防訪問入浴費、介護予防通所介護費、介護予防短期入所生活介護費、介護予防訪問看護療養費等の利用者負担額のうち、一般分）
	地域密着型介護料収益		

	（介護報酬収益）	介護報酬収益	介護保険の地域密着型介護料で介護報酬収益をいう。 （介護保険法の給付等に関する省令・告示に規程する夜間対応型訪問介護費、認知症対応型通所介護費、小規模多機能型居宅介護費、認知症対応型共同生活介護費、地域密着型特定施設入居者生活介護費、地域密着型介護老人福祉施設入所者生活介護費）
		介護予防報酬収益	介護保険の地域密着型介護料で介護予防報酬収益をいう。 （介護保険法の給付等に関する省令・告示に規程する介護予防夜間対応型訪問介護費、介護予防認知症対応型通所介護費、介護予防小規模多機能型居宅介護費、介護予防認知症対応型共同生活介護費、介護予防地域密着型特定施設入居者生活介護費、介護予防地域密着型介護老人福祉施設入所者生活介護費）
	（利用者負担金収益）	介護負担金収益（公費）	介護保険の居宅介護料で介護負担金収益（公費）をいう。 （介護保険法の給付等に関する省令・告示に規定する夜間対応型訪問介護費、認知症対応型通所介護費、小規模多機能型居宅介護費、認知症対応型共同生活介護費、地域密着型特定施設入居者生活介護費、地域密着型介護老人福祉施設入所者生活介護費の利用者負担額のうち、公費分）
		介護負担金収益（一般）	介護保険の居宅介護料で介護負担金収益（一般）をいう。 （介護保険法の給付等に関する省令・告示に規定する夜間対応型訪問介護費、認知症対応型通所介護費、小規模多機能型居宅介護費、認知症対応型共同生活介護費、地域密着型特定施設入居者生活介護費、地域密着型介護老人福祉施設入所者生活介護費の利用者負担額のうち、一般分）
		介護予防負担金収益（公費）	介護保険の居宅介護料で介護予防負担金収益（公費）をいう。 （介護保険法の給付等に関する省令・告示に規定する介護予防夜間対応型訪問介護費、介護予防認知症対応型通所介護費、介護予防小規模多機能型居宅介護費、介護予防認知症対応型共同生活介護費、介護予防地域密着型特定施設入居者生活介護費、介護予防地域密着型介護老人福祉施設入所者生活介護費の利用者負担額のうち、公費分）
		介護予防負担金収益（一般）	介護保険の居宅介護料で介護予防負担金収益（一般）をいう。 （介護保険法の給付等に関する省令・告示に規定する介護予防夜間対応型訪問介護費、介護予防認知症対応型通所介護費、介護予防小規模多機能型居宅介護費、介護予防認知症対応型共同生活介護費、介護予防地域密着型特定施設入居者生活介護費、介護予防地域密着型介護老人福祉施設入所者生活介護費の利用者負担額のうち、一般分）
	居宅介護支援介護料収益	居宅介護支援介護料収益	介護保険の居宅介護支援介護料で居宅介護支援介護料収益をいう。 （介護保険法の給付等に関する省令・告示に規定する居宅介護支援費）
		介護予防支援介護料収益	介護保険の居宅介護支援介護料で居宅予防介護支援介護料収益をいう。 （介護保険法の給付等に関する省令・告示に規定する介護予防支援費）
	利用者等利用料収益	施設サービス利用料収益	介護保険の利用者等利用料収益で施設サービス利用料収益をいう。 （介護保険法の給付等に関する省令・告示において支払いを受けることができることとされている理美容料、日常生活サービス料等）
		居宅介護サービス利用料収益	介護保険の利用者等利用料収益で居宅介護サービス利用料収益をいう。 （介護保険法の給付等に関する省令・告示において支払いを受けることができることとされている送迎費、おむつ料、日常生活サービス料等）
		地域密着型介護サービス利用料収益	介護保険の利用者等利用料収益で地域密着型介護サービス利用料収益をいう。 （介護保険法の給付等に関する省令・告示において支払いを受けることができることとされているサービス料等）
		食費収益（公費）	介護保険の利用者等利用料収益で、食費収益（公費）をいう。 （食費に係る特定入所者介護サービス費、生活保護の公費請求分等）
		食費収益（一般）	介護保険の利用者等利用料収益で、食費収益（一般）をいう。 （指定介護老人福祉施設、介護老人保健施設等の入所者又は入居者（以下「入所者等」という。）並びに指定通所介護事業所、指定短期入所生活介護事業所及び指定認知症対応型共同生活介護事業所等の利用者が支払う食費（ケアハウスの生活費として処理されるものを除く）、食費に係る特定入所者介護サービス費、利用者が選定した特別な食事料）
		居住費収益（公費）	介護保険の利用者等利用料収益で、居住費収益（公費）をいう。 （居住費に係る特定入所者介護サービス費、生活保護の公費請求分等）

		居住費収益（一般）	介護保険の利用者等利用料収益で、居住費収益（一般）をいう。 （指定介護老人福祉施設、介護老人保健施設等の入所者等が支払う居住費、指定短期入所生活介護事業所の利用者が支払う滞在費、指定特定施設入居者生活介護事業所等の利用者が支払う家賃又は宿泊費（ケアハウスの管理費として処理されるものを除く）、居住費に係る特定施設入所者介護サービス費、利用者が選定した特別な室料）
		その他の利用料収益	介護保険の利用者等利用料収益で、その他の利用料収益をいう。 （前記のいずれにも属さない利用者等からの利用料）
	その他の事業収益	補助金事業収益	介護保険に関連する事業に対して、地方公共団体等から交付される補助金事業に係る収益をいう。（共同募金からの配分金（受配者指定寄附金を除く）及び助成金を含む。）。補助金事業に係る利用者からの収益も含む。
		市町村特別事業収益	介護保険のその他の事業で、市町村特別事業収益をいう。 （介護保険法第62条に規定する市町村特別給付による収益）
		受託事業収益	介護保険に関連する、地方公共団体から委託された事業に係る収益をいう。受託事業に係る利用者からの収益も含む。（介護保険法に基づく又は関連する、地方公共団体から委託された事業に係る収益）
		その他の事業収益	上記に属さないその他の事業収益をいう。利用者からの収益もふくむ。 （文書料など前記に属さない介護保険事業収入）
	（保険等査定減）		社会保険診療報酬支払基金等の審査機関による審査減額をいう。
老人福祉事業収益	措置事業収益	事務費収益	老人福祉の措置事業で、事務費収益をいう。 （老人福祉法に規定する措置費支弁額中の人件費及び管理費に係る受取事務費をいう。）
		事業費収益	老人福祉の措置事業で、事業費収益をいう。 （老人福祉法に規定する措置費支弁額中の入所者の処遇に必要な一般生活費等に係る受取事業費をいう。）
		その他の利用料収益	老人福祉の措置事業で、その他の利用料収益をいう。 （前記のいずれの利用料にも属さない利用者等からの受取額をいう。）
		その他の事業収益	老人福祉の措置事業で、その他の事業収益をいう。 （前記のいずれの収益にも属さない事業収益をいう。）
	運営事業収益	管理費収益	老人福祉の運営事業で、管理費収益をいう。 （老人福祉法に規定する軽費老人ホームにおける居住に要する費用に係る受取額をいう。一括徴収の償却額を含む。）
		その他の利用料収益	老人福祉の運営事業で、その他の利用料収益をいう。 （老人福祉法に規定する軽費老人ホームにおける管理費収益を除く利用者等からの利用料（徴収額を含む。）をいう。）
		補助金事業収益	老人福祉の運営事業で、補助金事業収益をいう。 （老人福祉法に規定する軽費老人ホーム事業に対して交付される地方公共団体等からの補助金等の事業収益をいう。）
		その他の事業収益	老人福祉の運営事業で、その他の事業収益をいう。 （前記のいずれの収益にも属さない事業収益をいう。）
	その他の事業収益	管理費収益	老人福祉のその他の事業で、管理費収益をいう。 （老人福祉法に規定するその他の事業で、居住に要する費用に係る受取額をいう。一括徴収の償却額を含む。）
		その他の利用料収益	老人福祉のその他の事業で、その他の利用料収益をいう。 （老人福祉法に規定するその他の事業で、管理費収益を除く利用者等からの利用料（徴収額を含む。）をいう。）
		その他の事業収益	老人福祉のその他の事業で、その他の事業収益をいう。 （老人福祉法に規定するその他の事業で、前記のいずれにも属さない事業収益をいう。）
児童福祉事業収益	措置費収益	事務費収益	措置費支弁額中の人件費及び管理費に係る事務費収益をいう。

		事業費収益	措置費支弁額中の入所者の処遇に必要な一般生活費等に係る事業費収益をいう。
	私的契約利用料収益		措置施設等における私的契約に基づく利用料収益をいう。
	その他の事業収益	補助金事業収益	措置受託に関連する地方公共団体等からの補助金事業収益をいう（共同募金からの配分金（受配者指定寄附金を除く）及び助成金を含む）。補助金事業に係る利用者からの収益も含む。
		受託事業収益	措置受託に関連する、地方公共団体から委託された事業に係る収益をいう。受託事業に係る利用者からの収益も含む。
		その他の事業収益	上記に属さないその他の事業収益をいう。利用者からの収益も含む。
保育事業収益	保育所運営費収益		保育所等における保育の実施等に関する運営費収益をいう。
	私的契約利用料収益		保育所等における私的契約に基づく利用料収益をいう。
	私立認定保育所利用料収益		私立認定保育所における利用者等からの利用料収益をいう。
	その他の事業収益	補助金事業収益	保育所等に関連する事業に対して、地方公共団体等からの補助金事業収益をいう（共同募金からの配分金（受配者指定寄附金を除く）及び助成金を含む）。補助金事業に係る利用者からの収益も含む。
		受託事業収益	保育所等に関連する、地方公共団体から委託された事業に係る収益をいう。受託事業に係る利用者からの収益も含む。
		その他の事業収益	上記に属さないその他の事業収益をいう。利用者からの収益も含む。
就労支援事業収益	○○事業収益		就労支援事業の内容（製造製品の売上、仕入れ商品の売上、受託加工の別等）を示す名称を付した科目で記載する。
障害福祉サービス等事業収益	自立支援給付費収益	介護給付費収益	介護給付費の代理受領分をいう。
		特例介護給付費収益	特例介護給付費の受領分をいう。
		訓練等給付費収益	訓練等給付費の代理受領分をいう。
		特例訓練等給付費収益	特例訓練費等給付費の受領分をいう。
		サービス利用計画作成費収益	サービス利用計画作成費の代理受領分をいう。
	障害児施設給付費収益		障害児施設給付費の代理受領分をいう。
	利用者負担金収益		利用者本人（障害児においては、その保護者）の負担による収益をいう。
	補足給付費収益	特定障害者特別給付費収益	特定障害者特別給付費の代理受領分をいう。
		特例特定障害者特別給付費収益	特例特定障害者特別給付費の代理受領分をいう。
		特定入所障害児食費等給付費収益	特定入所障害児食費等給付費の代理受領分をいう。
	特定費用収益		利用者から支払いを受けることができることとされている日用品費等をいう。
	その他の事業収益	補助金事業収益	障害者自立支援法又は地方公共団体等からの補助事業（地域生活支援事業を含む）に係る収益をいう（共同募金からの配分金（受配者指定寄附金を除く）及び助成金を含む）。補助金事業に係る利用者からの収益も含む。
		受託事業収益	障害者自立支援法又はこれに関連する地方公共団体から委託された事業（地域生活支援事業を含む）に係る収益をいう。受託事業に係る利用者からの収益も含む。
		その他の事業収益	上記に属さないその他の事業収益をいう。利用者からの収益も含む。

	（保険等査定減）		社会保険診療報酬支払基金等の審査機関による審査減額をいう。
生活保護事業収益	措置費収益	事務費収益	措置費支弁額中の人件費及び管理費に係る事務費収益をいう。
		事業費収益	入所者の処遇に必要な一般生活費として交付される保護費収益をいう。
	授産事業収益	○○事業収益	授産事業の内容（製造製品の売上げ、仕入れ商品の売上、受託加工の別等）を示す名称を付した科目で記載する。
	利用者負担金収益		保護施設等における利用者等からの利用料収益をいう。
	その他の事業収益	補助金事業収益	措置受託に関連する事業に対して、地方公共団体等からの補助金事業収益をいう（共同募金からの配分金（受配者指定寄附金を除く）及び助成金を含む）。補助金事業に係る利用者からの収益も含む。
		受託事業収益	措置受託に関連する、地方公共団体から委託された事業に係る収益をいう。受託事業に係る利用者からの収益も含む。
		その他の事業収益	上記に属さないその他の事業収益をいう。利用者からの収益も含む。
医療事業収益	入院診療収益		入院患者の診療、療養に係る収益（医療保険、公費負担医療、公害医療、労災保険、自動車損害賠償責任保険、自費診療等。ただし、介護保険適用の療養病床に係るものは除く）をいう。
	室料差額収益		特定療養費の対象となる特別の療養環境の提供に係る収益をいう。
	外来診療収益		外来患者の診療、療養に係る収益（医療保険、公費負担医療、公害医療、労災保険、自動車損害賠償責任保険、自費診療）をいう。
	保健予防活動収益		各種の健康診断、人間ドック、予防接種、妊産婦保健指導等保健予防活動に係る収益をいう。
	受託検査・施設利用収益		他の医療機関から検査の委託を受けた場合の検査収益及び医療設備器機を他の医療機関の利用に供した場合の収益をいう。
	訪問看護療養費収益		訪問看護療養費の額等に関する告示に規定する訪問看護基本療養費、訪問看護管理療養費、訪問看護情報提供療養費、訪問看護ターミナル療養費相当分をいう。
	訪問看護利用料収益	訪問看護基本利用料収益	人員運営基準第13条第1項に規定する基本利用料徴収額をいう。
		訪問看護その他の利用料収益	人員運営基準第13条第2項の規定に基づくその他の利用料徴収額をいう。長時間利用料収益、休日・時間外利用料収益、交通費収益、その他のサービス利用料収益に区分設定する。
	その他の医療事業収益	補助金事業収益	医療法に基づく又は関連する事業に対して交付される地方公共団体等からの補助金事業収益等をいう（共同募金からの配分金（受配者指定寄附金を除く）及び助成金を含む）。補助金事業に係る利用者からの収益も含む。
		受託事業収益	医療法に基づく又は関連する、地方公共団体から委託された事業に係る収益をいう。受託事業に係る利用者からの収入も含む。
		その他の医業収益	上記に属さないその他の医療事業収益をいう。利用者からの収益も含む。
	（保険等査定減）		社会保険診療報酬支払基金等の審査機関による審査減額をいう。
○○事業収益	○○事業収益		事業の内容を示す名称を付した科目で記載する。
	その他の事業収益	補助金事業収益	○○事業に対して、地方公共団体等からの補助金事業収益等をいう（共同募金からの配分金（受配者指定寄附金を除く）及び助成金を含む）。補助金事業に係る利用者からの収益も含む。
		受託事業収益	○○事業に関連する、地方公共団体から委託された事業に係る収益をいう。受託事業に係る利用者からの収益も含む。
		その他の事業収益	上記に属さないその他の事業収益をいう。利用者からの収益も含む。
○○収益	○○収益		収益の内容を示す名称を付した科目で記載する。
経常経費寄附金収益			経常経費に対する寄附金及び寄附物品をいう。
その他の収益			上記に属さないサービス活動による収益をいう。

<サービス活動外増減による収益>			
借入金利息補助金収益			施設整備及び設備整備に対する借入金利息に係る地方公共団体からの補助金等をいう。
受取利息配当金収益			預貯金、有価証券、貸付金等の利息及び出資金等に係る配当金等の収益をいう。（償却原価法による収益を含む）
有価証券評価益			有価証券（投資有価証券を除く）を時価評価した時の評価益をいう。
有価証券売却益			有価証券（投資有価証券を除く）を売却した場合の売却益をいう。
投資有価証券評価益			投資有価証券を時価評価した時の評価益をいう。
投資有価証券売却益			投資有価証券を売却した場合の売却益をいう。
その他のサービス活動外収益	受入研修費収益		研修の受入に対する収益をいう。
	利用者等外給食収益		職員等患者・利用者以外に提供した食事に対する収益をいう。
	為替差益		外国通貨、外貨建金銭債権債務（外貨預金を含む）及び外貨建有価証券等について、円換算によって生じた換算差益をいう。
	雑収益		上記に属さないサービス活動外による収益をいう。
<特別増減による収益>			
施設整備等補助金収益	施設整備等補助金収益		施設整備及び設備整備に係る地方公共団体等からの補助金等をいう。
	設備資金借入金元金償還補助金収益		施設整備及び設備整備に対する借入金元金償還に係る地方公共団体等からの補助金等の収益をいう。
施設整備等寄附金収益	施設整備等寄附金収益		施設整備及び設備整備に係る寄附金をいう。なお、施設の創設及び増築時等に運転資金に充てるために収受した寄付金を含む。
	設備資金借入金元金償還寄附金収益		施設整備及び設備整備に対する借入金元金償還に係る寄附金をいう。
長期運営資金借入金元金償還寄附金収益			長期運営資金（設備資金を除く）借入金元金償還に係る寄附金収入をいう。
固定資産受贈額	○○受贈額		土地など固定資産の受贈額をいう。なお、受贈の内容を示す名称を付した科目で記載する。
固定資産売却益	車輌運搬具売却益		車輌運搬具の売却した場合の売却益をいう。
	器具及び備品売却益		器具及び備品の売却した場合の売却益をいう。
	○○売却益		売却資産の名称等売却の内容を示す名称を付した科目で記載する。
事業区分間繰入金収益			他の事業区分からの繰入金収益をいう。
拠点区分間繰入金収益			同一事業区分内における他の拠点区分からの繰入金収益をいう。
事業区分間固定資産移管収益			他の事業区分からの固定資産の移管による収益をいう。
拠点区分間固定資産移管収益			同一事業区分内における他の拠点区分からの固定資産の移管による収益をいう。
その他の特別収益	徴収不能引当金戻入益		徴収不能引当金の差額計上方式における戻入額をいう。

2．事業活動計算書勘定科目の説明

②費用の部			
<サービス活動増減による費用>			
大区分	中区分	小区分	説明
人件費	役員報酬		法人役員に支払う報酬、諸手当をいう。
	職員給料		常勤職員に支払う俸給・諸手当をいう。
	職員賞与		職員に対する確定済賞与のうち、当該会計期間に係る部分の金額をいう。
	賞与引当金繰入		職員に対する翌会計期間に確定する賞与の当該会計期間に係る部分の見積額をいう。
	非常勤職員給与		非常勤職員に支払う俸給・諸手当及び賞与をいう。
	派遣職員費		派遣会社に支払う金額をいう。
	退職給付費用		従事する職員に対する退職一時金、退職年金等将来の退職給付のうち、当該会計期間の負担に属する金額（役員であることに起因する部分を除く）をいう。
	法定福利費		法令に基づいて法人が負担する健康保険料、厚生年金保険料、雇用保険料等の費用をいう。
事業費	給食費		食材及び食品の費用をいう。なお、給食業務を外部委託している施設又は事業所にあっては、材料費を計上すること。
	介護用品費		利用者の処遇に直接使用するおむつ、タオル等の介護用品の費用をいう。
	医薬品費		利用者のための施設内又は事業所内の医療に要する医薬品の費用をいう。ただし病院・介護老人保健施設以外ではこれらを保健衛生費に含めて良いものとする。
	診療・療養等材料費		カテーテル、縫合糸、酸素、ギプス粉、レントゲンフィルム、包帯、ガーゼ、氷など1回ごとに消費する診療材料、衛生材料の費消額。また、診療、検査、看護、給食などの医療用の器械、器具のうち、固定資産の計上基準額に満たないもの、または1年内に消費するもの。ただし病院・介護老人保健施設以外ではこれらを保健衛生費に含めて良いものとする。
	保健衛生費		利用者の健康診断の実施、施設内又は事業所内の消毒等に要する費用をいう。
	医療費		利用者が傷病のために医療機関等で診療等を受けた場合の診療報酬等をいう。
	被服費		利用者の衣類、寝具等（介護用品及び日用品を除く。）の購入のための費用をいう。
	教養娯楽費		利用者のための新聞雑誌等の購読、娯楽用品の購入及び行楽演芸会等の実施のための費用をいう。
	日用品費		利用者に現物で給付する身のまわり品、化粧品などの日用品（介護用品を除く。）の費用をいう。
	保育材料費		保育に必要な文具材料、絵本等の費用及び運動会等の行事を実施するための費用をいう。
	本人支給金		利用者に小遣い、その他の経費として現金支給するための費用をいう。
	水道光熱費		利用者に直接必要な電気、ガス、水道等の費用をいう。
	燃料費		利用者に直接必要な灯油、重油等の燃料費（車輌費で計上する燃料費を除く）をいう。
	消耗器具備品費		利用者の処遇に直接使用する介護用品以外の消耗品、器具備品で、固定資産の購入に該当しない費用をいう。
	保険料		利用者に対する生命保険料及び損害保険料をいう。
	賃借料		利用者が利用する器具及び備品等のリース料、レンタル料をいう。
	教育指導費		利用者に対する教育訓練に直接要する費用をいう。
	就職支度費		児童等の就職に際し必要な被服寝具類の購入に要する費用をいう。
	葬祭費		利用者が死亡したときの葬祭に要する費用をいう。
	車輌費		乗用車、送迎用自動車、救急車等の燃料費、車輌検査等の費用をいう。
	○○費		費用の内容を示す名称を付した科目で記載する。
	雑費		事業費のうち他のいずれにも属さない費用をいう。

事務費	福利厚生費		役員・職員が福利施設を利用する場合における事業主負担額、健康診断その他福利厚生のために要する法定外福利費をいう。
	職員被服費		職員に支給又は貸与する白衣、予防衣、診察衣、作業衣などの購入、洗濯等の費用をいう。
	旅費交通費		業務に係る役員・職員の出張旅費及び交通費を（ただし、研究、研修のための旅費を除く）をいう。
	研修研究費		役員・職員に対する教育訓練に直接要する費用（研究・研修のための旅費を含む）をいう。
	事務消耗品費		事務用に必要な消耗品及び器具什器のうち、固定資産の購入に該当しないものの費用をいう。
	印刷製本費		事務に必要な書類、諸用紙、関係資料などの印刷及び製本に要する費用をいう。
	水道光熱費		事務用の電気、ガス、水道等の費用をいう。
	燃料費		事務用の灯油、重油等の燃料費（車輌費で計上する燃料費を除く）をいう。
	修繕費		建物、器具及び備品等の修繕又は模様替の費用をいう。ただし、建物、器具及び備品を改良し、耐用年数を延長させるような資本的費用を含まない。
	通信運搬費		電話、電報、ファックスの使用料、インターネット接続料及び切手代、葉書代その他通信・運搬に要する費用をいう。
	会議費		会議時における茶菓子代、食事代等の費用をいう。
	広報費		施設及び事業所の広告料、パンフレット・機関誌・広報誌作成などの印刷製本費等に要する費用をいう。
	業務委託費		洗濯、清掃、夜間警備及び給食（給食材料費を除く）など施設の業務の一部を他に委託するための費用（保守料を除く）をいう。必要に応じて検査委託、給食委託、寝具委託、医事委託、清掃委託など、小区分で更に細分化することができる。
	手数料		役務提供にかかる費用のうち、業務委託費以外のものをいう。
	保険料		生命保険料および建物、車輌運搬具、器具及び備品等にかかる損害保険契約に基づく保険料をいう。ただし、福利厚生費に該当するものを除く。
	賃借料		固定資産に計上を要しない器機等のリース料、レンタル料をいう。
	土地・建物賃借料		土地、建物等の賃借料をいう。
	租税公課		消費税及び地方消費税の申告納税、固定資産税、印紙税、登録免許税、自動車税、事業所税等をいう。
	保守料		建物、各種機器等の保守・点検料等をいう。
	渉外費		創立記念日等の式典、慶弔、広報活動（広報費に属する費用を除く）等に要する費用をいう。
	諸会費		各種組織への加盟等に伴う会費、負担金等の費用をいう。
	○○費		費用の内容を示す名称を付した科目で記載する。
	雑費		事務費のうち他のいずれにも属さない費用をいう。
就労支援事業費用	就労支援事業販売原価	期首製品（商品）棚卸高	就労支援事業に係る期首の製品・商品の棚卸高をいう。
		当期就労支援事業製造原価	就労支援事業に係る材料費、労務費、外注加工費、経費をいう。
		当期就労支援事業仕入高	就労支援事業に係る製品・商品の仕入高をいう。
		期末製品（商品）棚卸高	就労支援事業に係る期末の製品・商品の棚卸高をいう。
	就労支援事業販管費		就労支援事業に係る販売費及び一般管理費をいう。
授産事業費用	○○事業費		授産事業に係る材料費、商品仕入原価、労務費、外注加工費、経費等をいう。
○○費用			費用の内容を示す名称を付した科目で記載する。
利用者負担軽減額			利用者負担を軽減した場合の利用者負担軽減額をいう（無料または低額で診療を行う場合の割引額を含む）。
減価償却費			固定資産の減価償却の額をいう。

国庫補助金等特別積立金取崩額			国庫補助金等の支出対象経費（主として減価償却費）の期間費用計上に対応して取り崩された国庫補助金等特別積立金の額をいう。
徴収不能額			金銭債権の徴収不能額のうち、徴収不能引当金で填補されない部分の金額をいう。
徴収不能引当金繰入			徴収不能引当金に繰入れる額をいう。
その他の費用			上記に属さないサービス活動による費用をいう。
＜サービス活動外増減による費用＞			
支払利息			設備資金借入金、長期運営資金借入金及び短期運営資金借入金の利息、及び支払リース料のうち利息相当額として処理するものをいう。
有価証券評価損			有価証券（投資有価証券を除く）を時価評価した時の評価損をいう。
有価証券売却損			有価証券（投資有価証券を除く）を売却した場合の売却損をいう。
投資有価証券評価損			投資有価証券を時価評価した時の評価損をいう。
投資有価証券売却損			投資有価証券を売却した場合の売却損をいう。
その他のサービス活動外費用	利用者等外給食費		職員、来訪者等利用者以外に提供した食材及び食品の費用をいう。
	為替差損		外国通貨、外貨建金銭債権債務（外貨預金を含む）及び外貨建有価証券等について、円換算によって生じた換算差損をいう。
	雑損失		上記に属さないサービス活動外による費用をいう。
＜特別増減による費用＞			
基本金組入額			会計基準注解12に規定された基本金の組入額をいう。
資産評価損			資産の時価の著しい下落に伴い、回復の見込みがない当該資産に対して計上する評価損をいう。ただし、金額が大きい場合には個別に名称を付与して計上する。
固定資産売却損・処分損	建物売却損・処分損		建物を除却又は売却した場合の処分損をいう。
	車輌運搬具売却損・処分損		車輌運搬具を売却又は処分した場合の売却損又は処分損をいう。
	器具及び備品売却損・処分損		器具及び備品を売却又は処分した場合の売却損又は処分損をいう。
	その他の固定資産売却損・処分損		上記以外の固定資産を売却又は処分した場合の売却損又は処分損をいう。
国庫補助金等特別積立金取崩額（除却等）			国庫補助金等により取得した固定資産の廃棄等に伴い、取り崩された国庫補助金等特別積立金の額をいう。
国庫補助金等特別積立金積立額			会計基準注解11に規定された国庫補助金等特別積立金の積立額をいう。
災害損失			火災、出水等の災害に係る廃棄損と復旧に関する費用の合計額をいう。
事業区分間繰入金費用			他の事業区分への繰入額をいう。
拠点区分間繰入金費用			同一事業区分内における他の拠点区分への繰入額をいう。
事業区分間固定資産移管費用			他の事業区分への固定資産の移管額をいう。
拠点区分間固定資産移管費用			同一事業区分内における他の拠点区分への固定資産の移管額をいう。
その他の特別損失			上記に属さない特別損失をいう。
＜繰越活動増減差額の部＞			
基本金取崩額			会計基準注解13に規定された基本金の取崩額をいう。
その他の積立金取崩額	○○積立金取崩額		会計基準注解20に規定されたその他の積立金の取崩額をいう。
その他の積立金積立額	○○積立金積立額		会計基準注解20に規定されたその他の積立金の積立額をいう。

3. 貸借対照表勘定科目の説明

<資産の部>			
大区分	中区分	小区分	説明
流動資産	現金預金		現金（硬貨、小切手、紙幣、郵便為替証書、郵便振替貯金払出証書、官公庁の支払通知書等）及び預貯金（当座預金、普通預金、定期預金、郵便貯金、金銭信託等）をいう。
	有価証券		国債、地方債、株式、社債、証券投資信託の受益証券などのうち時価の変動により利益を得ることを目的とする有価証券をいう。
	事業未収金		事業収益に対する未収入金をいう。
	未収金		事業収益以外の収益に対する未収入金をいう。
	未収補助金		施設整備、設備整備及び事業に係る補助金等の未収額をいう。
	未収収益		一定の契約に従い、継続して役務の提供を行う場合、すでに提供した役務に対していまだその対価の支払を受けていないものをいう。
	受取手形		事業の取引先との通常の取引に基づいて発生した手形債権（金融手形を除く）をいう。割引又は裏書譲渡したものは、受取手形から控除し、その会計年度末日における期限未到来の金額を注記する。
	貯蔵品		消耗品等で未使用の物品をいう。業種の特性に応じ小区分を設けることができる。
	医薬品		医薬品の棚卸高をいう。
	診療・療養費等材料		診療・療養費等材料の棚卸高をいう。
	給食用材料		給食用材料の棚卸高をいう。
	商品・製品		売買又は製造する物品の販売を目的として所有するものをいう。
	仕掛品		製品製造又は受託加工のために現に仕掛中のものをいう。
	原材料		製品製造又は受託加工の目的で消費される物品で、消費されていないものをいう。
	立替金		一時的に立替払いをした場合の債権額をいう。
	前払金		物品等の購入代金及び役務提供の対価の一部又は全部の前払額をいう。
	前払費用		一定の契約に従い、継続して役務の提供を受ける場合、いまだ提供されていない役務に対し支払われた対価をいう。
	１年以内回収予定長期貸付金		長期貸付金のうち貸借対照表日の翌日から起算して１年以内に入金の期限が到来するものをいう。
	１年以内回収予定事業区分間長期貸付金		事業区分間長期貸付金のうち貸借対照表日の翌日から起算して１年以内に入金の期限が到来するものをいう。
	１年以内回収予定拠点区分間長期貸付金		拠点区分間長期貸付金のうち貸借対照表日の翌日から起算して１年以内に入金の期限が到来するものをいう。
	短期貸付金		生計困窮者に対して無利子または低利で資金を融通する事業、法人が職員の質の向上や福利厚生の一環として行う奨学金貸付等、貸借対照表日の翌日から起算して１年以内に入金の期限が到来するものをいう。
	事業区分間貸付金		他の事業区分への貸付額で、貸借対照表日の翌日から起算して１年以内に入金の期限が到来するものをいう。
	拠点区分間貸付金		同一事業区分内における他の拠点区分への貸付額で、貸借対照表日の翌日から起算して１年以内に入金の期限が到来するものをいう。
	仮払金		処理すべき科目又は金額が確定しない場合の支出額を一時的に処理する科目をいう。
	その他の流動資産		上記に属さない債権等であって、貸借対照表日の翌日から起算して１年以内に入金の期限が到来するものをいう。ただし、金額の大きいものについては独立の勘定科目を設けて処理することが望ましい。
	徴収不能引当金		未収金や受取手形について回収不能額を見積もったときの引当金をいう。

固定資産			
（基本財産）			定款において基本財産と定められた固定資産をいう。
	土地		基本財産に帰属する土地をいう。
	建物		基本財産に帰属する建物及び建物付属設備をいう。
	定期預金		定款等に定められた基本財産として保有する定期預金をいう。
	投資有価証券		定款等に定められた基本財産として保有する有価証券をいう。
（その他の固定資産）			基本財産以外の固定資産をいう。
	土地		基本財産以外に帰属する土地をいう。
	建物		基本財産以外に帰属する建物及び建物付属設備をいう。
	構築物		建物以外の土地に固着している建造物をいう。
	機械及び装置		機械及び装置をいう。
	車輌運搬具		送迎用バス、乗用車、入浴車等をいう。
	器具及び備品		器具及び備品をいう。ただし、取得価額が〇〇万円以上で、耐用年数が１年以上のものに限る。
	建設仮勘定		有形固定資産の建設、拡張、改造などの工事が完了し稼働するまでに発生する請負前渡金、建設用材料部品の買入代金等をいう。
	有形リース資産		有形固定資産のうちリースに係る資産をいう。
	権利		法律上又は契約上の権利をいう。
	ソフトウェア		コンピュータソフトウェアに係る費用で、外部から購入した場合の取得に要する費用ないしは制作費用のうち研究開発費に該当しないものをいう。
	無形リース資産		無形固定資産のうちリースに係る資産をいう。
	投資有価証券		長期的に所有する有価証券で基本財産に属さないものをいう。
	長期貸付金		生計困窮者に対して無利子または低利で資金を融通する事業、法人が職員の質の向上や福利厚生の一環として行う奨学金貸付等、貸借対照表日の翌日から起算して入金の期限が１年を超えて到来するものをいう。
	事業区分間長期貸付金		他の事業区分への貸付金で貸借対照表日の翌日から起算して入金の期限が１年を超えて到来するものをいう。
	拠点区分間長期貸付金		同一事業区分内における他の拠点区分への貸付金で貸借対照表日の翌日から起算して入金の期限が１年を超えて到来するものをいう。
	退職給付引当資産		退職金の支払に充てるために退職給付引当金に対応して積み立てた現金預金等をいう。
	長期預り金積立資産		長期預り金に対応して積み立てた現金預金等をいう。
	〇〇積立資産		将来における特定の目的のために積立てた現金預金等をいう。なお、積立資産の目的を示す名称を付した科目で記載する。
	差入保証金		賃貸用不動産に入居する際に賃貸人に差し入れる保証金をいう。
	長期前払費用		時の経過に依存する継続的な役務の享受取引に対する前払分で貸借対照表日の翌日から起算して１年を超えて費用化される未経過分の金額をいう。
	その他の固定資産		上記に属さない債権等であって、貸借対照表日の翌日から起算して入金の期限が１年を超えて到来するものをいう。ただし、金額の大きいものについては独立の勘定科目を設けて処理することが望ましい。
<負債の部>			
流動負債	短期運営資金借入金		経常経費に係る外部からの借入金で、貸借対照表日の翌日から起算して１年以内に支払の期限が到来するものをいう。
	事業未払金		事業活動に伴う費用等の未払い債務をいう。
	その他の未払金		上記以外の未払金（施設整備等未払金を含む）をいう。

	支払手形		事業の取引先との通常の取引に基づいて発生した手形債務（金融手形を除く）をいう。
	役員等短期借入金		役員等からの借入金で貸借対照表日の翌日から起算して１年以内に支払の期限が到来するものをいう。
	１年以内返済予定設備資金借入金		設備資金借入金のうち、貸借対照表日の翌日から起算して１年以内に支払の期限が到来するものをいう。
	１年以内返済予定長期運営資金借入金		長期運営資金借入金のうち、貸借対照表日の翌日から起算して１年以内に支払の期限が到来するものをいう。
	１年以内返済予定リース債務		リース債務のうち、貸借対照表日の翌日から起算して１年以内に支払の期限が到来するものをいう。
	１年以内返済予定役員等長期借入金		役員等長期借入金のうち貸借対照表日の翌日から起算して1年以内に支払の期限が到来するものをいう。
	１年以内返済予定事業区分間借入金		事業区分間長期借入金のうち貸借対照表日の翌日から起算して1年以内に支払の期限が到来するものをいう。
	１年以内返済予定拠点区分間借入金		拠点区分間長期借入金のうち貸借対照表日の翌日から起算して1年以内に支払の期限が到来するものをいう。
	1年以内支払予定長期未払金		長期未払金のうち貸借対照表日の翌日から起算して1年以内に支払の期限が到来するものをいう。
	未払費用		賃金、支払利息、賃借料など時の経過に依存する継続的な役務給付取引において既に役務の提供は受けたが、会計期末までに法的にその対価の支払債務が確定していない分の金額をいう。
	預り金		職員以外の者からの一時的な預り金をいう。
	職員預り金		源泉徴収税額及び社会保険料などの徴収額等、職員に関する一時的な預り金をいう。
	前受金		物品等の売却代金及び役務提供の対価の一部又は全部の前受額をいう。
	前受収益		受取利息、賃貸料など時の経過に依存する継続的な役務提供取引に対する前受分のうち未経過の金額をいう。
	事業区分間借入金		他の事業区分からの借入額で、貸借対照表日の翌日から起算して１年以内に支払の期限が到来するものをいう。
	拠点区分間借入金		同一事業区分内における他の拠点区分からの借入額で、貸借対照表日の翌日から起算して１年以内に支払の期限が到来するものをいう。
	仮受金		処理すべき科目又は金額が確定しない場合の収入金額を一時的に処理する科目をいう。
	賞与引当金		支給対象期間に基づき定期に支給する職員賞与に係る引当金をいう。
	その他の流動負債		上記に属さない債務等であって、貸借対照表日の翌日から起算して１年以内に支払の期限が到来するものをいう。ただし、金額の大きいものについては独立の勘定科目を設けて処理することが望ましい。
固定負債	設備資金借入金		施設設備等に係る外部からの借入金で、貸借対照表日の翌日から起算して支払の期限が１年を超えて到来するものをいう。
	長期運営資金借入金		経常経費に係る外部からの借入金で、貸借対照表日の翌日から起算して支払の期限が１年を超えて到来するものをいう。
	リース債務		リース料総額から利息相当額を控除した金額で、貸借対照表日の翌日から起算して支払の期限が１年を超えて到来するものをいう。
	役員等長期借入金		役員等からの借入金で貸借対照表日の翌日から起算して支払の期限が１年を超えて到来するものをいう。
	事業区分間長期借入金		他の事業区分からの借入金で貸借対照表日の翌日から起算して支払の期限が１年を超えて到来するものをいう。
	拠点区分間長期借入金		同一事業区分内における他の拠点区分からの借入金で貸借対照表日の翌日から起算して支払の期限が１年を超えて到来するものをいう。

	退職給付引当金		将来支給する退職金のうち、当該会計年度末までに発生していると認められる金額をいう。
	長期未払金		固定資産に対する未払債務（リース契約による債務を除く）等で貸借対照表日の翌日から起算して支払の期限が１年を超えて到来するものをいう。
	長期預り金		固定負債で長期預り金をいう。 （軽費老人ホーム（ケアハウスに限る。）等における入居者からの管理費等預り額をいう。）
	その他の固定負債		上記に属さない債務等であって、貸借対照表日の翌日から起算して支払の期限が１年を超えて到来するものをいう。ただし、金額の大きいものについては独立の勘定科目を設けて処理することが望ましい。
＜純資産の部＞			
基本金			会計基準第4章第4第2項に規定された基本金をいう。
国庫補助金等特別積立金			会計基準第4章第4第3項に規定された国庫補助金等特別積立金をいう。
その他の積立金	○○積立金		会計基準第4章第4第4項に規定されたその他の積立金をいう。積立ての目的を示す名称を付した科目で記載する。
次期繰越活動増減差額			事業活動計算書に計上された次期繰越活動増減差額をいう。

4. 就労支援事業 製造原価明細書勘定科目説明

<勘定科目>	
材料費	製造・作業に関する当該会計年度の材料の受入高をいう。
期首材料棚卸高	期首における主要材料及び補助材料の棚卸高をいう。
当期材料仕入高	当期における主要材料及び補助材料の仕入高をいう。
期末材料棚卸高	期末における主要材料及び補助材料の棚卸高をいう。
労務費	製造・作業に関する当該会計年度の労務費をいう。
利用者賃金	製造・作業に係る利用者に支払う作業賃金をいう。
利用者工賃	製造・作業に係る利用者に支払う作業工賃をいう。
就労支援事業指導員等給与	製造・作業に従事する職業指導員等に支払う給料、賞与等をいう。
就労支援事業指導員等賞与引当金繰入	製造・作業に従事する職業指導員等に対する翌会計期間に確定する賞与の当該会計期間に係る部分の見積もり額をいう。
就労支援事業指導員等退職給付費用	製造・作業に従事する職業指導員等に支払う退職一時金、退職年金等将来の退職給付のうち、当該会計期間の負担に属する金額をいう。
法定福利費	製造・作業に従事する職業指導員等に関し、法令に基づいて法人が負担する健康保険料、厚生年金保険料、雇用保険料等の費用をいう。
外注加工費	外部に依頼した加工費の支払額をいう。
経費	製造・作業に関する当該会計年度の作業経費をいう。
福利厚生費	製造・作業に従事する職業指導員等の者の健康診断その他福利厚生のための費用をいう。
旅費交通費	製造・作業に係る出張旅費及び交通費をいう。
器具什器費	製造・作業に直接必要な工具、金型等で、固定資産の購入に該当しないものの消費額をいう。
消耗品費	製造・作業に直接必要な消耗品で、固定資産に該当しないものの消費額をいう。
印刷製本費	製造・作業に必要な書類、諸用紙、関係資料等の印刷代及び製本代をいう。
水道光熱費	製造・作業に直接必要な電気、ガス、水道等の使用料をいう。
燃料費	製造・作業に直接必要な灯油、重油等の燃料及び自動車用燃料費をいう。
修繕費	製造・作業に係る建物、器具及び備品等の修繕費又は模様替の費用をいう。建物器具及び備品を改良し、耐用年数を延長させるような資本的支出を含まない。
通信運搬費	製造・作業に係る電話、ファックスの使用料及び切手代、葉書代その他通信運搬に要する費用をいう。
会議費	製造・作業に係る会議時の茶菓子代、食事代等をいう。
損害保険料	製造・作業に係る建物、器具及び備品等に係る損害保険契約に基づく保険料をいう。
賃借料	製造・作業に直接必要な機械器具等の賃料をいう。
図書・教育費	製造・作業に係る新聞、図書、印刷物等の経費をいう。
租税公課	製造・作業に係る租税公課をいう。
減価償却費	製造・作業に係る固定資産の減価償却の額をいう。
国庫補助金等特別積立金取崩額（控除項目）	製造・作業に係る国庫補助金等の支出対象経費（主として減価償却費）の期間費用計上に対応して取り崩された国庫補助金等特別積立金の額をいう。
雑費	製造・作業に係る経費のうち、上記のいずれにも属さないものをいう。
期首仕掛品棚卸高	期首における仕掛品の棚卸高をいう。
期末仕掛品棚卸高	期末における仕掛品の棚卸高をいう。

5. 就労支援事業販管費明細書勘定科目説明

<勘定科目>	
利用者賃金	販売及び一般管理に係る利用者に支払う作業賃金をいう。
利用者工賃	販売及び一般管理に係る利用者に支払う作業工賃をいう。
就労支援事業指導員等給与	販売及び一般管理に従事する職業指導員等に支払う給料、賞与等をいう。
就労支援事業指導員等賞与引当金繰入	販売及び一般管理に従事する職業指導員等に対する翌会計期間に確定する賞与の当該会計期間に係る部分の見積もり額をいう。
就労支援事業指導員等退職給付費用	販売及び一般管理に従事する職業指導員等に支払う退職一時金、退職年金等将来の退職給付のうち、当該会計期間の負担に属する金額をいう。
法定福利費	販売及び一般管理に従事する職業指導員等に関し、法令に基づいて法人が負担する健康保険料、厚生年金保険料、雇用保険料等の費用をいう。
福利厚生費	販売及び一般管理に従事する職業指導員等の者の健康診断その他福利厚生のための費用をいう。
旅費交通費	販売及び一般管理に係る出張旅費及び交通費をいう。
器具什器費	販売及び一般管理に直接必要な器具、什器等で、固定資産の購入に該当しないものの消費額をいう。
消耗品費	販売及び一般管理に直接必要な消耗品で、固定資産に該当しないものの消費額をいう。
印刷製本費	販売及び一般管理に必要な書類、諸用紙、関係資料等の印刷代及び製本代をいう。
水道光熱費	販売及び一般管理に直接必要な電気、ガス、水道等の使用料をいう。
燃料費	販売及び一般管理に直接必要な灯油、重油等の燃料及び自動車用燃料費をいう。
修繕費	販売及び一般管理に係る建物、器具及び備品等の修繕費又は模様替の費用をいう。建物器具及び備品を改良し、耐用年数を延長させるような資本的支出を含まない。
通信運搬費	販売及び一般管理に係る電話、ファックスの使用料及び切手代、葉書代その他通信運搬に要する費用をいう。
受注活動費	販売及び一般管理における受注活動に係る経費をいう。
会議費	販売及び一般管理に係る会議時の茶菓子代、食事代等をいう。
損害保険料	販売及び一般管理に係る建物、器具及び備品等に係る損害保険契約に基づく保険料をいう。
賃借料	販売及び一般管理に直接必要な機械器具等の賃料をいう。
図書・教育費	販売及び一般管理に係る新聞、図書、印刷物等の経費をいう。
租税公課	販売及び一般管理に係る租税公課をいう。
減価償却費	販売及び一般管理に係る固定資産の減価償却の額をいう。
国庫補助金等特別積立金取崩額（控除項目）	販売及び一般管理に係る国庫補助金等の支出対象経費（主として減価償却費）の期間費用計上に対応して取り崩された国庫補助金等特別積立金の額をいう。
徴収不能引当金繰入額	徴収不能引当金に繰入れる額をいう。
徴収不能額	金銭債権の徴収不能額のうち、徴収不能引当金で填補されない部分の金額をいう。
雑費	販売及び一般管理に係る経費のうち、上記のいずれにも属さないものをいう。

6. 就労支援事業明細書勘定科目説明

<勘定科目>	
材料費	就労支援事業に関する当該会計年度の材料の受入高をいう。
期首材料棚卸高	期首における主要材料及び補助材料（商品を含む）の棚卸高をいう。
当期材料仕入高	当期における主要材料及び補助材料（商品を含む）の仕入高をいう。
期末材料棚卸高	期末における主要材料及び補助材料（商品を含む）の棚卸高をいう。
労務費	就労支援事業に関する当該会計年度の労務費をいう。
利用者賃金	就労支援事業に係る利用者に支払う作業賃金をいう。
利用者工賃	就労支援事業に係る利用者に支払う作業工賃をいう。
就労支援事業指導員等給与	就労支援事業に従事する職業指導員等に支払う給料、賞与等をいう。
就労支援事業指導員等賞与引当金繰入	就労支援事業に従事する職業指導員等に対する翌会計期間に確定する賞与の当該会計期間に係る部分の見積もり額をいう。
就労支援事業指導員等退職給付費用	就労支援事業に従事する職業指導員等に支払う退職一時金、退職年金等将来の退職給付のうち、当該会計期間の負担に属する金額をいう。
法定福利費	就労支援事業に従事する職業指導員等に関し、法令に基づいて法人が負担する健康保険料、厚生年金保険料、雇用保険料等の費用をいう。
外注加工費	外部に依頼した加工費の支払額をいう。
経費	就労支援事業に関する当該会計年度の作業経費をいう。
福利厚生費	就労支援事業に従事する職業指導員等の者の健康診断その他福利厚生のための費用をいう。
旅費交通費	就労支援事業に係る出張旅費及び交通費をいう。
器具什器費	就労支援事業に直接必要な器具、什器等で、固定資産の購入に該当しないものの消費額をいう。
消耗品費	就労支援事業に直接必要な消耗品で、固定資産に該当しないものの消費額をいう。
印刷製本費	就労支援事業に必要な書類、諸用紙、関係資料等の印刷代及び製本代をいう。
水道光熱費	就労支援事業に直接必要な電気、ガス、水道等の使用料をいう。
燃料費	就労支援事業に直接必要な灯油、重油等の燃料及び自動車用燃料費をいう。
修繕費	就労支援事業に係る建物、器具及び備品等の修繕費又は模様替の費用をいう。建物器具及び備品を改良し、耐用年数を延長させるような資本的支出を含まない。
通信運搬費	就労支援事業に係る電話、ファックスの使用料及び切手代、葉書代その他通信運搬に要する費用をいう。
受注活動費	就労支援事業における受注活動に係る経費をいう。
会議費	就労支援事業に係る会議時の茶菓子代、食事代等をいう。
損害保険料	就労支援事業に係る建物、器具及び備品等に係る損害保険契約に基づく保険料をいう。
賃借料	就労支援事業に直接必要な機械器具等の賃料をいう。
図書・教育費	就労支援事業に係る新聞、図書、印刷物等の経費をいう。
租税公課	就労支援事業に係る租税公課をいう。
減価償却費	就労支援事業に係る固定資産の減価償却の額をいう。
国庫補助金等特別積立金取崩額（控除項目）	就労支援事業に係る国庫補助金等の支出対象経費（主として減価償却費）の期間費用計上に対応して取り崩された国庫補助金等特別積立金の額をいう。
徴収不能引当金繰入額	徴収不能引当金に繰入れる額をいう。
徴収不能額	金銭債権の徴収不能額のうち、徴収不能引当金で填補されない部分の金額をいう。
雑費	就労支援事業に係る経費のうち、上記のいずれにも属さないものをいう。

7. 授産事業費用明細書勘定科目説明

＜勘定科目＞	
材料費	授産事業に関する当該会計年度の材料の受入高をいう。
当期材料仕入高	当期における主要材料及び補助材料（商品を含む）の仕入高をいう。
労務費	授産事業に関する当該会計年度の労務費をいう。
利用者工賃	授産事業に係る利用者に支払う作業工賃をいう。
授産事業指導員等給与	授産事業に従事する職業指導員等に支払う給料、法定福利費、賞与等をいう。
授産事業指導員等賞与引当金繰入	授産事業に従事する職業指導員等に対する翌会計期間に確定する賞与の当該会計期間に係る部分の見積もり額をいう。
授産事業指導員等退職給付費用	授産事業に従事する職業指導員等に支払う退職一時金、退職年金等将来の退職給付のうち、当該会計期間の負担に属する金額をいう。
法定福利費	授産事業に従事する職業指導員等に関し、法令に基づいて法人が負担する健康保険料、厚生年金保険料、雇用保険料等の費用をいう。
外注加工費	外部に依頼した加工費の支払額をいう。
経費	授産事業に関する当該会計年度の作業経費をいう。
福利厚生費	授産事業に従事する職業指導員等の者の健康診断その他福利厚生のための費用をいう。
旅費交通費	授産事業に係る出張旅費及び交通費をいう。
器具什器費	授産事業に直接必要な工具、金型等で、固定資産の購入に該当しないものの消費額をいう。
消耗品費	授産事業に直接必要な消耗品で、固定資産の購入に該当しないものの消費額をいう。
印刷製本費	授産事業に直接必要な書類、諸用紙、関係資料などの印刷代及び製本代をいう。
水道光熱費	授産事業に直接必要な電気、ガス、水道等の使用料をいう。
燃料費	授産事業に直接必要な灯油、重油等の燃料及び自動車用燃料費をいう。
修繕費	授産事業に係る建物、器具及び備品等の修繕又は模様替の費用をいう。建物器具及び備品等を改良し、耐用年数を延長させるような資本的支出を含まない。
通信運搬費	授産事業に係る電話、ファックスの使用料及び切手代、葉書代その他通信運搬に要する費用をいう。
受注活動費	授産事業における受注活動に係る経費をいう。
会議費	授産事業に係る会議時における茶菓子代、食事代等をいう。
損害保険料	授産事業に係る建物、器具及び備品等に係る損害保険契約に基づく保険料をいう。
賃借料	授産事業に直接必要な機械器具等の賃料をいう。
図書・教育費	授産事業に係る新聞、図書、印刷物等の経費をいう。
租税公課	授産事業に係る租税公課をいう。
減価償却費	授産事業に係る固定資産の減価償却の額をいう。
国庫補助金等特別積立金取崩額（控除項目）	国庫補助金等の支出対象経費（主として減価償却費）の期間費用計上に対応して取り崩された国庫補助金等特別積立金の額をいう。
徴収不能引当金繰入額	徴収不能引当金に繰入れる額をいう。
徴収不能額	金銭債権の徴収不能額のうち、徴収不能引当金で填補されない部分の金額をいう。
○○費	費用の内容を示す名称を付した科目で記載する。
雑費	授産事業に係る経費のうち、上記のいずれにも属さないものをいう。
棚卸資産増減額	授産事業に要する原材料、商品。製品、仕掛品の棚卸資産の増減額をいう。期首棚卸高から期末棚卸高を減じた額を記載する。

別紙①

借入金明細書

（自）平成　年　月　日　（至）平成　年　月　日

社会福祉法人名

（単位：円）

区分	借入先	拠点区分	期首残高 ①	当期借入金 ②	当期償還額 ③	差引期末残高 ④=①+②−③ （うち１年以内償還予定額）	元金償還 補助金	利率 ％	支払利息		返済 期限	使途	担保資産		
									当期支出額	利息補助金収入			種類	地番または内容	帳簿価額
設備資金借入金						（　）									
						（　）									
						（　）									
						（　）									
						（　）									
	計					（　）									
長期運営資金借入金						（　）									
						（　）									
						（　）									
						（　）									
						（　）									
	計					（　）									
短期運営資金借入金															
	計														
合計						（　）									

（注）役員等からの長期借入金、短期借入金がある場合には、区分を新設するものとする。

別紙②

寄附金収益明細書

（自）平成　年　月　日（至）平成　年　月　日

社会福祉法人名＿＿＿＿＿＿＿＿＿＿

（単位：円）

寄附者の属性	区分	件数	寄附金額	うち基本金組入額	寄附金額の拠点区分ごとの内訳		
					○○○	○○○	○○○
区分小計							
区分小計							
区分小計							
合計							

（注）1．寄附者の属性の内容は、法人の役職員、利用者本人、利用者の家族、取引業者、その他とする。

2．「寄附金額」欄には寄附物品を含めるものとする。「区分欄」には、経常経費寄附金収益の場合は「経常」、長期運営資金借入金元金償還寄附金収益の場合は「運営」、施設整備等寄附金収益の場合は「施設」、設備資金借入金元金償還寄附金収益の場合は「償還」、固定資産受贈額の場合は「固定」と、寄附金の種類がわかるように記入すること。

3．「寄附金額」の「区分小計」欄は事業活動計算書の勘定科目の金額と一致するものとする。また、「寄附金額の拠点区分ごとの内訳」の「区分小計」欄は、拠点区分事業活動計算書の勘定科目の金額と原則として一致するものとする。

別紙③

補助金事業等収益明細書

（自）平成　年　月　日（至）平成　年　月　日

社会福祉法人名＿＿＿＿＿＿＿＿＿＿

（単位：円）

交付団体及び交付の目的	区分	交付金額	補助金事業に係る利用者からの収益	交付金額等合計	うち国庫補助金等特別積立金積立額	交付金額等合計の拠点区分ごとの内訳		
						○○○	○○○	○○○
区分小計								
区分小計								
区分小計								
合計								

（注）1．「区分」欄には、介護保険事業の補助金事業収益の場合は「介護事業」、老人福祉事業の補助金事業収益の場合は「老人事業」、児童福祉事業の補助金事業収益の場合は「児童事業」、保育事業の補助金事業収益の場合は「保育事業」、障害福祉サービス等事業の補助金事業収益の場合は「障害事業」、生活保護事業の補助金事業収益の場合は「生活保護事業」、医療事業の補助金事業収益の場合は「医療事業」、○○事業の補助金事業収益の場合は「○○事業」、借入金利息補助金収益の場合は「利息」、施設整備等補助金収益の場合は「施設」、設備資金借入金元金償還補助金収益の場合は「償還」と補助金の種類がわかるように記入すること。
なお、運用指針別添３「勘定科目説明」において「利用者からの収益も含む」と記載されている場合のみ、「補助金事業に係る利用者からの収益」欄を記入するものとする。

2．「交付金額等合計」の「区分小計」欄は事業活動計算書の勘定科目の金額と一致するものとする。
また、「交付金額等合計の拠点区分ごとの内訳」の「区分小計」欄は、拠点区分事業活動計算書の勘定科目の金額と一致するものとする。

別紙 ④

事業区分間及び拠点区分間繰入金明細書

（自）平成　年　月　日　（至）平成　年　月　日

社会福祉法人名＿＿＿＿＿＿＿＿

1）事業区分間繰入金明細書

（単位：円）

事業区分名		繰入金の財源（注）	金額	使用目的等
繰入元	繰入先			

（注）繰入金の財源には、介護保険収入、運用収入、前期末支払資金残高等の別を記入すること。

2）拠点区分間繰入金明細書

（単位：円）

拠点区分名		繰入金の財源（注）	金額	使用目的等
繰入元	繰入先			

（注）繰入金の財源には、介護保険収入、運用収入、前期末支払資金残高等の別を記入すること。

別紙⑤

事業区分間及び拠点区分間貸付金(借入金)残高明細書

平成　年　月　日現在

社会福祉法人名＿＿＿＿＿＿＿＿＿＿＿＿

1）事業区分間貸付金(借入金)明細書

（単位：円）

	貸付事業区分名	借入事業区分名	金額	使用目的等
短期				
	小計			
長期				
	小計			
	合計			

2）拠点区分間貸付金(借入金)明細書

（単位：円）

	貸付拠点区分名	借入拠点区分名	金額	使用目的等
短期				
	小計			
長期				
	小計			
	合計			

資料2

別紙⑥

基本金明細書

（自）平成　年　月　日　（至）平成　年　月　日

社会福祉法人名

（単位：円）

区分並びに組入れ及び取崩しの事由		合計	各拠点区分ごとの内訳		
			○○○	○○○	○○○
前年度末残高					
	第一号基本金				
	第二号基本金				
	第三号基本金				
第一号基本金	当期組入額 ○○○○ ○○○○				
	計				
	当期取崩額 ○○○○ ○○○○				
	計				
第二号基本金	当期組入額 ○○○○ ○○○○				
	計				
	当期取崩額 ○○○○ ○○○○				
	計				
第三号基本金	当期組入額 ○○○○ ○○○○				
	計				
	当期取崩額 ○○○○ ○○○○				
	計				
当期末残高					
	第一号基本金				
	第二号基本金				
	第三号基本金				

（注）　1．「区分並びに組入れ及び取崩しの事由」の欄に該当する事項がない場合には、記載を省略する。

2．①第一号基本金とは、注解（注12）（1）に規定する基本金をいう。
　②第二号基本金とは、注解（注12）（2）に規定する基本金をいう。
　③第三号基本金とは、注解（注12）（3）に規定する基本金をいう。

3．従前及び今回の改正において特例により第一号基本金・第二号基本金の内訳を示していない法人では、合計額のみを記載するものとする。

別紙⑦

国庫補助金等特別積立金明細書

（自）平成　年　月　日（至）平成　年　月　日

社会福祉法人名

（単位：円）

区分並びに積立て及び取崩しの事由		補助金の種類			合計	各拠点区分の内訳		
		国庫補助金	地方公共団体補助金	その他の団体からの補助金		○○○	○○○	○○○
前期繰越額								
当期積立額	○○○○ ○○○○ ○○○○ ○○○○							
	当期積立額合計							
当期取崩額	サービス活動費用の控除項目として計上する取崩額 特別費用の控除項目として計上する取崩額 ○○○○							
	当期取崩額合計							
当期末残高								

（注）サービス活動費用の控除項目として計上する取崩額には、国庫補助金等特別積立金の対象となった固定資産の減価償却相当額等の取崩額を記入し、特別費用の控除項目として計上する取崩額には、国庫補助金等特別積立金の対象となった固定資産が売却または廃棄された場合の取崩額を記入する（注解（注10）参照）。

資料2

別紙⑧

積立金・積立資産明細書

（自）平成　年　月　日　（至）平成　年　月　日

社会福祉法人名
拠点区分

（単位：円）

区分	前期末残高	当期増加額	当期減少額	期末残高	摘　要
○○積立金					
○○積立金					
○○積立金					
計					

（単位：円）

区分	前期末残高	当期増加額	当期減少額	期末残高	摘　要
○○積立資産					
○○積立資産					
○○積立資産					
計					

（注）
1．積立金を計上せずに積立資産を積み立てる場合には、摘要欄にその理由を明記すること。
2．退職給付引当金に対応して退職給付引当資産を積み立てる場合及び長期預り金に対応して長期預り金積立資産を積み立てる場合には摘要欄にその旨を明記すること。

別紙⑨

サービス区分間繰入金明細書

（自）平成　年　月　日　（至）平成　年　月　日

社会福祉法人名
拠点区分

（単位：円）

サービス区分名		繰入金の財源（注）	金額	使用目的等
繰入元	繰入先			

（注）拠点区分資金収支明細書（会計基準別紙３）を作成した拠点においては、本明細書を作成のこと。
繰入金の財源には、措置費収入、保育所運営費収入、前期末支払資金残高等の別を記入すること。

別紙⑩

サービス区分間貸付金(借入金)残高明細書

平成　年　月　日現在

社会福祉法人名＿＿＿＿＿＿＿＿
拠点区分＿＿＿＿＿＿＿＿

（単位：円）

貸付サービス区分名	借入サービス区分名	金額	使用目的等
合計			

（注）拠点区分資金収支明細書（会計基準別紙３）を作成した拠点においては、本明細書を作成のこと。

別紙⑪

就労支援事業別事業活動明細書

（自）平成　年　月　日　（至）平成　年　月　日

社会福祉法人名

拠点区分

（単位：円）

勘定科目		合計	○○作業	△△作業
収益	就労支援事業収益			
	就労支援事業活動収益計			
費用	就労支援事業販売原価 期首製品（商品）棚卸高 当期就労支援事業製造原価 当期就労支援事業仕入高			
	合計			
	期末製品（商品）棚卸高			
	差引 就労支援事業販管費			
	就労支援事業活動費用計			
就労支援事業活動増減差額				

別紙⑫

就労支援事業別事業活動明細書（多機能型事業所等用）

（自）平成　年　月　日　（至）平成　年　月　日

社会福祉法人名

拠点区分

（単位：円）

勘定科目		合計	A事業所								
			就労移行支援			就労継続支援A型			就労継続支援B型		
			小計	○○作業	△△作業	小計	○○作業	△△作業	小計	○○作業	△△作業
収益	就労支援事業収益										
	就労支援事業活動収益計										
費用	就労支援事業販売原価 期首製品（商品）棚卸高 当期就労支援事業製造原価 当期就労支援事業仕入高										
	合計 期末製品（商品）棚卸高										
	差引 就労支援事業販管費										
	就労支援事業活動費用計										
就労支援事業活動増減差額											

別紙⑬

就労支援事業製造原価明細書

(自)平成　年　月　日　(至)平成　年　月　日

社会福祉法人名
拠点区分

(単位：円)

勘定科目	合計	○○作業	△△作業
Ⅰ　材料費			
1．期首材料棚卸高			
2．当期材料仕入高			
計			
3．期末材料棚卸高			
当期材料費			
Ⅱ　労務費			
1．利用者賃金			
2．利用者工賃			
3．就労支援事業指導員等給与			
4．就労支援事業指導員等賞与引当金繰入			
5．就労支援事業指導員等退職給付費用			
6．法定福利費			
当期労務費			
Ⅲ　外注加工費			
(うち内部外注加工費)			
当期外注加工費			
Ⅳ　経費			
1．福利厚生費			
2．旅費交通費			
3．器具什器費			
4．消耗品費			
5．印刷製本費			
6．水道光熱費			
7．燃料費			
8．修繕費			
9．通信運搬費			
10．会議費			
11．損害保険料			
12．賃借料			
13．図書・教育費			
14．租税公課			
15．減価償却費			
16．国庫補助金等特別積立金取崩額（控除項目）			
17．雑費			
当期経費			
当期就労支援事業製造総費用			
期首仕掛品棚卸高			
合計			
期末仕掛品棚卸高			
当期就労支援事業製造原価			

別紙⑭

就労支援事業製造原価明細書（多機能型事業所等用）

（自）平成　年　月　日　（至）平成　年　月　日

社会福祉法人名
拠点区分

（単位：円）

勘定科目	合計	A事業所								
		就労移行支援			就労継続支援A型			就労継続支援B型		
		小計	○○作業	△△作業	小計	○○作業	△△作業	小計	○○作業	△△作業
Ⅰ　材料費										
１．期首材料棚卸高										
２．当期材料仕入高										
計										
３．期末材料棚卸高										
当期材料費										
Ⅱ　労務費										
１．利用者賃金										
２．利用者工賃										
３．就労支援事業指導員等給与										
４．就労支援事業指導員等賞与引当金繰入										
５．就労支援事業指導員等退職給付費用										
６．法定福利費										
当期労務費										
Ⅲ　外注加工費										
（うち内部外注加工費）										
当期外注加工費										
Ⅳ　経費										
１．福利厚生費										
２．旅費交通費										
３．器具什器費										
４．消耗品費										
５．印刷製本費										
６．水道光熱費										
７．燃料費										
８．修繕費										
９．通信運搬費										
10．会議費										
11．損害保険料										
12．賃借料										
13．図書・教育費										
14．租税公課										
15．減価償却費										
16．国庫補助金等特別積立金取崩額（控除項目）										
17．雑費										
当期経費										
当期就労支援事業製造総費用										
期首仕掛品棚卸高										
合計										
期末仕掛品棚卸高										
当期就労支援事業製造原価										

別紙⑮

就労支援事業販管費明細書

(自)平成　年　月　日　(至)平成　年　月　日

社会福祉法人名

拠点区分

（単位：円）

勘定科目	合計	○○作業	△△作業
1．利用者賃金			
2．利用者工賃			
3．就労支援事業指導員等給与			
4．就労支援事業指導員等賞与引当金繰入			
5．就労支援事業指導員等退職給付費用			
6．法定福利費			
7．福利厚生費			
8．旅費交通費			
9．器具什器費			
10．消耗品費			
11．印刷製本費			
12．水道光熱費			
13．燃料費			
14．修繕費			
15．通信運搬費			
16．受注活動費			
17．会議費			
18．損害保険料			
19．賃借料			
20．図書・教育費			
21．租税公課			
22．減価償却費			
23．国庫補助金等特別積立金取崩額（控除項目）			
24．徴収不能引当金繰入額			
25．徴収不能額			
26．雑費			
就労支援事業販管費合計			

別紙⑯

就労支援事業販管費明細書（多機能型事業所等用）

（自）平成　年　月　日　（至）平成　年　月　日

社会福祉法人名

拠点区分

（単位：円）

勘定科目	計	A事業所								
		就労移行支援			就労継続支援A型			就労継続支援B型		
		小計	○○作業	△△作業	小計	○○作業	△△作業	小計	○○作業	△△作業
1．利用者賃金										
2．利用者工賃										
3．就労支援事業指導員等給与										
4．就労支援事業指導員等賞与引当金繰入										
5．就労支援事業指導員等退職給付費用										
6．法定福利費										
7．福利厚生費										
8．旅費交通費										
9．器具什器費										
10．消耗品費										
11．印刷製本費										
12．水道光熱費										
13．燃料費										
14．修繕費										
15．通信運搬費										
16．受注活動費										
17．会議費										
18．損害保険料										
19．賃借料										
20．図書・教育費										
21．租税公課										
22．減価償却費										
23．国庫補助金等特別積立金取崩額（控除項目）										
24．徴収不能引当金繰入額										
25．徴収不能額										
26．雑費										
就労支援事業販管費合計										

別紙⑰

就労支援事業明細書

（自）平成　年　月　日　（至）平成　年　月　日

社会福祉法人名

拠点区分

（単位：円）

勘定科目	合計	○○作業	△△作業
Ⅰ　材料費			
1．期首材料棚卸高			
2．当期材料仕入高			
計			
3．期末材料棚卸高			
当期材料費			
Ⅱ　労務費			
1．利用者賃金			
2．利用者工賃			
3．就労支援事業指導員等給与			
4．就労支援事業指導員等賞与引当金繰入			
5．就労支援事業指導員等退職給付費用			
6．法定福利費			
当期労務費			
Ⅲ　外注加工費			
（うち内部外注加工費）			
当期外注加工費			
Ⅳ　経費			
1．福利厚生費			
2．旅費交通費			
3．器具什器費			
4．消耗品費			
5．印刷製本費			
6．水道光熱費			
7．燃料費			
8．修繕費			
9．通信運搬費			
10．受注活動費			
11．会議費			
12．損害保険料			
13．賃借料			
14．図書・教育費			
15．租税公課			
16．減価償却費			
17．国庫補助金等特別積立金取崩額（控除項目）			
18．徴収不能引当金繰入額			
19．徴収不能額			
20．雑費			
当期経費			
当期就労支援総事業費			
期首仕掛品棚卸高			
合計			
期末仕掛品棚卸高			
就労支援事業費			

資料2

別紙⑱

就労支援事業明細書(多機能型事業所等用)

(自)平成　年　月　日　(至)平成　年　月　日

社会福祉法人名

拠点区分

(単位：円)

勘定科目	合計	A事業所								
		就労移行支援			就労継続支援A型			就労継続支援B型		
		小計	○○作業	△△作業	小計	○○作業	△△作業	小計	○○作業	△△作業
Ⅰ　材料費										
1．期首材料棚卸高										
2．当期材料仕入高										
計										
3．期末材料棚卸高										
当期材料費										
Ⅱ　労務費										
1．利用者賃金										
2．利用者工賃										
3．就労支援事業指導員等給与										
4．就労支援事業指導員等賞与引当金繰入										
5．就労支援事業指導員等退職給付費用										
6．法定福利費										
当期労務費										
Ⅲ　外注加工費										
(うち内部外注加工費)										
当期外注加工費										
Ⅳ　経費										
1．福利厚生費										
2．旅費交通費										
3．器具什器費										
4．消耗品費										
5．印刷製本費										
6．水道光熱費										
7．燃料費										
8．修繕費										
9．通信運搬費										
10．受注活動費										
11．会議費										
12．損害保険料										
13．賃借料										
14．図書・教育費										
15．租税公課										
16．減価償却費										
17．国庫補助金等特別積立金取崩額（控除項目）										
18．徴収不能引当金繰入額										
19．徴収不能額										
20．雑費										
当期経費										
当期就労支援総事業費										
期首仕掛品棚卸高										
合計										
期末仕掛品棚卸高										
就労支援事業費										

別紙⑲

授産事業費用明細書

(自)平成　年　月　日　(至)平成　年　月　日

社会福祉法人名＿＿＿＿＿＿＿＿＿＿＿＿＿＿＿＿
拠点区分＿＿＿＿＿＿＿＿＿＿＿＿＿＿＿＿＿＿＿

(単位：円)

勘定科目	合計	○○作業	△△作業
Ⅰ　材料費			
当期材料（商品を含む）仕入高			
材料費計(1)			
Ⅱ　労務費			
利用者工賃			
授産事業指導員等給与			
授産事業指導員等賞与引当金繰入			
授産事業指導員等退職給付費用			
法定福利費			
労務費計(2)			
Ⅲ　外注加工費			
外注加工費計(3)			
Ⅳ　経費			
福利厚生費			
旅費交通費			
器具什器費			
消耗品費			
印刷製本費			
水道光熱費			
燃料費			
修繕費			
通信運搬費			
受注活動費			
会議費			
損害保険料			
賃借料			
図書・教育費			
租税公課			
減価償却費			
国庫補助金等特別積立金取崩額（控除項目）			
徴収不能引当金繰入額			
徴収不能額			
○○費			
雑費			
経費計(4)			
Ⅴ　棚卸資産増減額(5)			
授産事業費用(6)＝(1)＋(2)＋(3)＋(4)+(5)			

資料3

・社会福祉法人会計基準への移行時の取扱い

別紙①，③，④，⑮

旧基準と会計基準の勘定科目比較表

資金収支計算書

別紙①

【旧基準】		【会計基準】			備考 （A欄の科目に対するB欄の科目等）
勘定科目【A】		勘定科目【B】			
科目区分		科目区分			
大区分	中区分	大区分	中区分	小区分	
＜経常活動による収支＞ 【収入】		＜事業活動による収支＞ 【収入】			
介護保険収入	介護保険収入	介護保険事業収入	施設介護料収入	介護報酬収入 利用者負担金収入（公費） 利用者負担金収入（一般）	社会福祉法人が行う事業ごとに大区分を設定
			居宅介護料収入 （介護報酬収入）	介護報酬収入 介護予防報酬収入	
			（利用者負担金収入）	介護負担金収入（公費） 介護負担金収入（一般） 介護予防負担金収入（公費） 介護予防負担金収入（一般）	
			地域密着型介護料収入 （介護報酬収入）	介護報酬収入 介護予防報酬収入	
			（利用者負担金収入）	介護負担金収入（公費） 介護負担金収入（一般） 介護予防負担金収入（公費） 介護予防負担金収入（一般）	他の会計の基準の内容を踏まえ追加
			居宅介護支援介護料収入	居宅介護支援介護料収入 介護予防支援介護料収入	
			利用者等利用料収入	施設サービス利用料収入 居宅介護サービス利用料収入 地域密着型介護サービス利用料収入 食費収入（公費） 食費収入（一般） 居住費収入（公費） 居住費収入（一般） その他の利用料収入	
経常経費補助金収入	経常経費補助金収入		その他の事業収入	補助金事業収入 市町村特別事業収入 受託事業収入 その他の事業収入	介護保険事業収入に係る補助金事業収入等を計上。なお他の大区分に係る補助金事業収入等はそれぞれの区分ごとに計上。
			（保険等査定減）		
利用料収入	利用料収入 利用料負担金収入				
措置費収入	事務費収入 事業費収入	老人福祉事業収入	措置事業収入	事務費収入 事業費収入 その他の利用料収入 その他の事業収入	本科目の他、児童福祉事業収入、生活保護事業収入にも設定
			運営事業収入	管理費収入 その他の利用料収入 補助金事業収入 その他の事業収入	
			その他の事業収入	管理費収入 その他の利用料収入 その他の事業収入	
		児童福祉事業収入	措置費収入	事務費収入 事業費収入	
			私的契約利用料収入 その他の事業収入	補助金事業収入 受託事業収入 その他の事業収入	
運営費収入 私的契約利用料収入	運営費収入 私的契約利用料収入	保育事業収入	保育所運営費収入 私的契約利用料収入 私立認定保育所利用料収入 その他の事業収入	補助金事業収入 受取事業収入 その他の事業収入	運営費については、保育事業収入の中に保育所運営費収入を設定
		就労支援事業収入	○○事業収入		
自立支援費等収入	介護給付費収入 訓練等給付費収入 障害児施設給付費収入 サービス利用計画作成費収入	障害福祉サービス等事業収入	自立支援給付費収入	介護給付費収入 特例介護給付費収入 訓練等給付費収入 特例訓練等給付費収入 サービス利用計画作成費収入	
			障害児施設給付費収入 利用者負担金収入 補足給付費収入		
	特定障害者特別給付費収入 特定入所障害児食費等給付費収入 利用者負担金収入			特定障害者特別給付費収入 特例特定障害者特別給付費収入 特定入所障害児食費等給付費収入	
			特定費用収入 その他の事業収入	補助金事業収入 受託事業収入 その他の事業収入	
			（保険等査定減）		
		生活保護事業収入	措置費収入	事務費収入	
			授産事業収入	○○事業収入	
			その他の事業収入	補助金事業収入 受託事業収入 その他の事業収入	
		医療事業収入	入院診療収入 室料差額収入 外来診療収入 保健予防活動収入		

旧基準と会計基準の勘定科目比較表

【旧基準】勘定科目【A】科目区分 大区分	中区分	【会計基準】勘定科目【B】科目区分 大区分	中区分	小区分	備考（A欄の科目に対するB欄の科目等）
			受託検査・施設利用収入		
			訪問看護療養費収入		
			訪問看護利用料収入		
				訪問看護基本利用料収入	
				訪問看護その他の利用料収入	
			その他の医療事業収入		
				補助金事業収入	
				受託事業収入	
				その他の医療事業収入	
			（保険等査定減）		
○○事業収入		○○事業収入			
	○○事業収入		○○事業収入		
			その他の事業収入		介護保険事業収入等に係る補助金事業収入等は、それぞれの区分ごとに計上。上記の大区分に含まれない事業の補助金事業収入は○○事業収入に計上
				補助金事業収入	
				受託事業収入	
				その他の事業収入	
		○○収入			
			○○収入		
借入金利息補助金収入	借入金利息補助金収入	借入金利息補助金収入			
寄附金収入	寄附金収入	経常経費寄附金収入			
受取利息配当金収入	受取利息配当金収入	受取利息配当金収入			
		その他の収入			
			受入研修費収入		
			利用者等外給食費収入		
雑収入	雑収入		雑収入		
		流動資産評価益等による資金増加額			
			有価証券売却益		
			有価証券評価益		
会計単位間繰入金収入			為替差益		
	公益事業会計繰入金収入				
	収益事業会計繰入金収入				
経理区分間繰入金収入					
	経理区分間繰入金収入				
経常収入計（1）		事業活動収入計（1）			

旧基準と会計基準の勘定科目比較表

【旧基準】		【会計基準】			備考 (A欄の科目に対するB欄の科目等)
勘定科目【A】		勘定科目【B】			
科目区分		科目区分			
大区分	中区分	大区分	中区分	小区分	
<経常活動による収支> 【支出】		<事業活動による収支> 【支出】			
人件費支出		人件費支出			
	役員報酬		役員報酬支出		
	職員俸給		職員給料支出		会計基準では「職員給料支出」と「職員賞与支出」に分けて整理
	職員諸手当		職員賞与支出		
	非常勤職員給与		非常勤職員給与支出		
			派遣職員費支出		派遣職員費支出を追加
	退職金				
	退職共済掛金		退職給付支出		退職金と退職共済掛金は、会計基準では「退職給付支出」に統合して計上
	法定福利費		法定福利費支出		
事業費支出		事業費支出			
	給食費		給食費支出		＊旧基準では勘定科目の順は事務費支出、事業費支出の順番だが、ここでは比較しやすいように会計基準の事業費支出、事務費支出の順番に合わせている
			介護用品費支出		
	保健衛生費		医薬品費支出		
			診療・療養等材料費支出		
			保健衛生費支出		
	医療費		医療費支出		
	被服費		被服費支出		
	教養娯楽費		教養娯楽費支出		
	日用品費		日用品費支出		
	保育材料費		保育材料費支出		
	本人支給金		本人支給金支出		
	水道光熱費		水道光熱費支出		
	燃料費		燃料費支出		
	消耗品費		消耗器具備品費支出		消耗品費と器具什器費は、会計基準では「消耗器具備品費支出」に統合して計上
	器具什器費				
			保険料支出		
	賃借料		賃借料支出		
	教育指導費		教育指導費支出		
	就職支度費		就職支度費支出		
	葬祭費		葬祭費支出		
			車輌費支出		
			管理費返還支出		
	○○費		○○費支出		
	雑費		雑支出		
事務費支出		事務費支出			
	福利厚生費		福利厚生費支出		＊旧基準では勘定科目の順は事務費支出、事業費支出の順番だが、ここでは比較しやすいように会計基準の事業費支出、事務費支出の順番に合わせている
			職員被服費支出		
	旅費交通費		旅費交通費支出		
	研修費		研修研究費支出		
	消耗品費		事務消耗品費支出		消耗品費と器具什器費は、会計基準では「事務消耗品費支出」に統合して計上
	器具什器費				
	印刷製本費		印刷製本費支出		
	水道光熱費		水道光熱費支出		
	燃料費		燃料費支出		
	修繕費		修繕費支出		
	通信運搬費		通信運搬費支出		
	会議費		会議費支出		
	広報費		広報費支出		
	業務委託費		業務委託費支出		
	手数料		手数料支出		損害保険以外の保険加入のケースもあるため、他の会計の基準の内容も踏まえて変更
	損害保険料		保険料支出		
	賃借料		賃借料支出		賃借料は、会計基準では「賃借料支出」と「土地・建物賃借料支出」に分けて計上
			土地・建物賃借料支出		
	租税公課		租税公課支出		
			保守料支出		
			渉外費支出		他の会計の基準の内容を踏まえて追加
			諸会費支出		
	○○費		○○費支出		
	雑費		雑支出		
		就労支援事業支出			
			就労支援事業販売支出		他の会計の基準の内容を踏まえて追加
			就労支援事業販管費支出		
		授産事業支出			
		○○支出			
		利用者負担軽減額			他の会計の基準の内容を踏まえて追加
借入金利息支出	借入金利息支出	支払利息支出			
		その他の支出			
			利用者等外給食費支出		
			雑支出		
		流動資産評価損等による資金減少額			
			有価証券売却損		他の会計の基準の内容を踏まえて追加
			資産評価損		
				有価証券評価損	
				○○評価損	
			為替差損		
			徴収不能額		
経理区分間繰入金支出					
	経理区分間繰入金支出				
経常支出計(2)		事業活動支出計(2)			
経常活動資金収支差額(3)=(1)−(2)		事業活動資金収支差額(3)=(1)−(2)			

旧基準と会計基準の勘定科目比較表

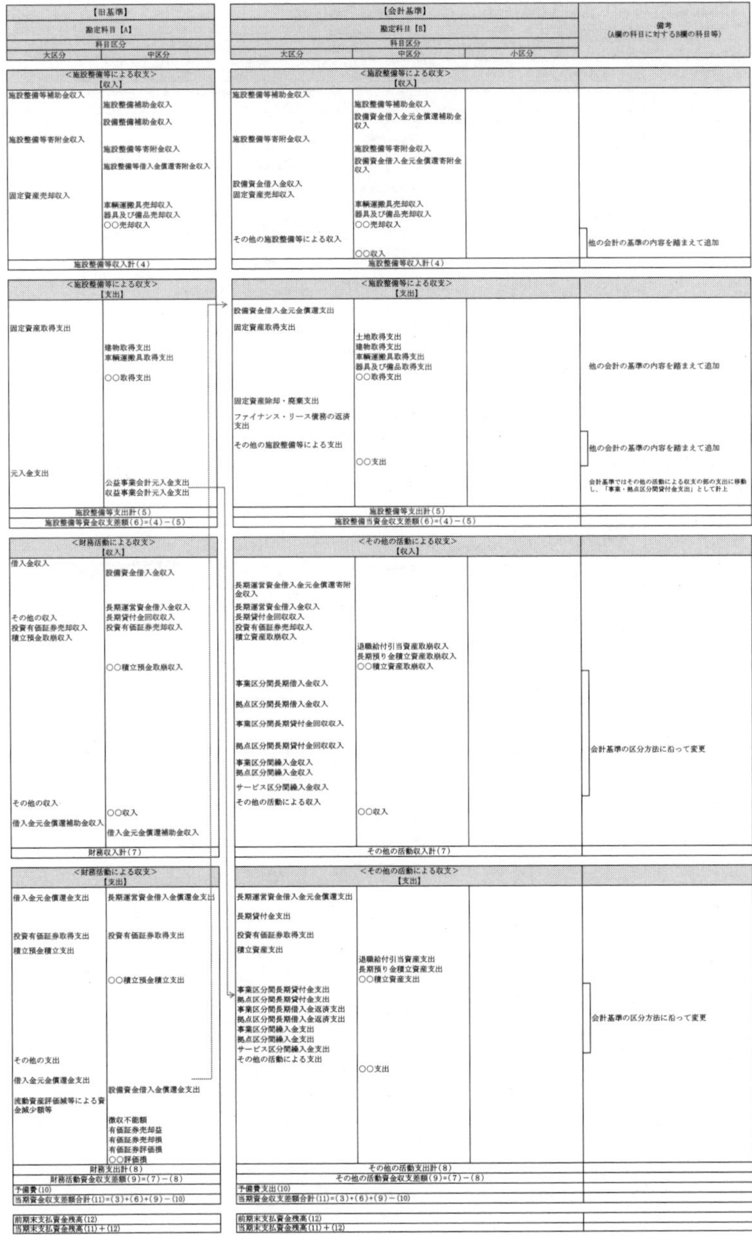

【旧基準】勘定科目【A】科目区分 大区分	【旧基準】中区分	【会計基準】勘定科目【B】科目区分 大区分	【会計基準】中区分	【会計基準】小区分	備考（A欄の科目に対するB欄の科目等）
＜施設整備等による収支＞【収入】		＜施設整備等による収支＞【収入】			
施設整備等補助金収入		施設整備等補助金収入			
	施設整備補助金収入		施設整備等補助金収入		
	設備整備補助金収入		設備資金借入金元金償還補助金収入		
施設整備等寄附金収入		施設整備等寄附金収入			
	施設整備等寄附金収入		施設整備等寄附金収入		
	施設整備等借入金償還寄附金収入		設備資金借入金元金償還寄附金収入		
		設備資金借入金収入			
固定資産売却収入		固定資産売却収入			
	車輌運搬具売却収入		車輌運搬具売却収入		
	器具及び備品売却収入		器具及び備品売却収入		
	○○売却収入		○○売却収入		
		その他の施設整備等による収入			他の会計の基準の内容を踏まえて追加
			○○収入		
施設整備等収入計(4)		施設整備等収入計(4)			
＜施設整備等による収支＞【支出】		＜施設整備等による収支＞【支出】			
		設備資金借入金元金償還支出			
固定資産取得支出		固定資産取得支出			
			土地取得支出		他の会計の基準の内容を踏まえて追加
	建物取得支出		建物取得支出		
	車輌運搬具取得支出		車輌運搬具取得支出		
			器具及び備品取得支出		
	○○取得支出		○○取得支出		
		固定資産除却・廃棄支出			他の会計の基準の内容を踏まえて追加
		ファイナンス・リース債務の返済支出			
		その他の施設整備等による支出			
			○○支出		
元入金支出					
	公益事業会計元入金支出				会計基準ではその他の活動による収支の部の支出に移動し、「事業・拠点区分間貸付金支出」として計上
	収益事業会計元入金支出				
施設整備等支出計(5)		施設整備等支出計(5)			
施設整備等資金収支差額(6)=(4)－(5)		施設整備当資金収支差額(6)=(4)－(5)			
＜財務活動による収支＞【収入】		＜その他の活動による収支＞【収入】			
借入金収入					
	設備資金借入金収入				
		長期運営資金借入金元金償還寄附金収入			
	長期運営資金借入金収入	長期運営資金借入金収入			
その他の収入	長期貸付金回収収入	長期貸付金回収収入			
投資有価証券売却収入	投資有価証券売却収入	投資有価証券売却収入			
積立預金取崩収入		積立資産取崩収入			
			退職給付引当資産取崩収入		
			長期預り金積立資産取崩収入		
	○○積立預金取崩収入		○○積立資産取崩収入		
		事業区分間長期借入金収入			会計基準の区分方法に沿って変更
		拠点区分間長期借入金収入			
		事業区分間長期貸付金回収収入			
		拠点区分間長期貸付金回収収入			
		事業区分間繰入金収入			
		拠点区分間繰入金収入			
		サービス区分間繰入金収入			
その他の収入		その他の活動による収入			
	○○収入		○○収入		
借入金元金償還補助金収入					
	借入金元金償還補助金収入				
財務収入計(7)		その他の活動収入計(7)			
＜財務活動による収支＞【支出】		＜その他の活動による収支＞【支出】			
借入金元金償還金支出	長期運営資金借入金償還金支出	長期運営資金借入金元金償還支出			
		長期貸付金支出			
投資有価証券取得支出	投資有価証券取得支出	投資有価証券取得支出			
積立預金積立支出		積立資産支出			
			退職給付引当資産支出		
			長期預り金積立資産支出		
	○○積立預金積立支出		○○積立資産支出		
		事業区分間長期貸付金支出			会計基準の区分方法に沿って変更
		拠点区分間長期貸付金支出			
		事業区分間長期借入金返済支出			
		拠点区分間長期借入金返済支出			
		事業区分間繰入金支出			
		拠点区分間繰入金支出			
		サービス区分間繰入金支出			
その他の支出		その他の活動による支出			
			○○支出		
借入金元金償還金支出					
	設備資金借入金償還金支出				
流動資産評価減等による資金減少額等					
	徴収不能額				
	有価証券売却益				
	有価証券売却損				
	有価証券評価損				
	○○評価損				
財務支出計(8)		その他の活動支出計(8)			
財務活動資金収支差額(9)=(7)－(8)		その他の活動資金収支差額(9)=(7)－(8)			
予備費(10)		予備費支出(10)			
当期資金収支差額合計(11)=(3)+(6)+(9)－(10)		当期資金収支差額合計(11)=(3)+(6)+(9)－(10)			
前期末支払資金残高(12)		前期末支払資金残高(12)			
当期末支払資金残高(11)＋(12)		当期末支払資金残高(11)＋(12)			

旧基準と会計基準の勘定科目比較表

事業活動計算書

※旧基準の事業活動収支計算書では、「収入」「支出」を科目名に使用していたが、会計基準では「収益」「費用」に修正。

【旧基準】		【会計基準】			備考 (A欄の科目に対するB欄の科目等)
勘定科目【A】		勘定科目【B】			
科目区分		科目区分			
大区分	中区分	大区分	中区分	小区分	
<事業活動収支の部> 【収入】		<サービス活動増減の部> 【収益】			
介護保険収入		介護保険事業収益			社会福祉法人が行う事業ごとに大区分を設定
	介護保険収入		施設介護料収益		
				介護報酬収益 利用者負担金収益（公費） 利用者負担金収益（一般）	
			居宅介護料収益 （介護報酬収益）	介護報酬収益 介護予防報酬収益	
			（利用者負担金収益）	介護負担金収益（公費） 介護負担金収益（一般） 介護予防負担金収益（公費） 介護予防負担金収益（一般）	
			地域密着型介護料収益 （介護報酬収益）	介護報酬収益 介護予防報酬収益	
			（利用者負担金収益）	介護負担金収益（公費） 介護負担金収益（一般） 介護予防負担金収益（公費） 介護予防負担金収益（一般）	他の会計の基準の内容を踏まえて追加
			居宅介護支援介護料収益		
				居宅介護支援介護料収益 介護予防支援介護料収益	
			利用者等利用料収益		
				施設サービス利用料収益 居宅介護サービス利用料収益 地域密着型介護サービス利用料収益 食費収益（公費） 食費収益（一般） 居住費収益（公費） 居住費収益（一般） その他の利用料収益	
			その他の事業収益		
経常経費補助金収入	経常経費補助金収入			補助金事業収益 市町村特別事業収益 受託事業収益 その他の事業収益	介護保険収益に係る補助金等を計上。なお他の大区分に係る補助金等はそれぞれの区分ごとに計上。
			（保険等査定減）		
利用料収入					
	利用料収入 利用者負担金収入				
		老人福祉事業収益			
措置費収入			措置事業収益		措置事業収益については、本科目の他、児童福祉事業収益、生活保護事業収益にも設定
	事務費収入 事業費収入			事務費収益 事業費収益 その他の利用料収益 その他の事業収益	
			運営事業収益		
				管理費収益 その他の利用料収益 補助金事業収益 その他の事業収益	
			その他の事業収益		
				管理費収益 その他の利用料収益 その他の事業収益	
		児童福祉事業収益			
			措置費収益		
				事務費収益 事業費収益	
			私的契約利用料収益 その他の事業収益		
				補助金事業収益 受託事業収益 その他の事業収益	
		保育事業収益			
運営費収入	運営費収入		保育所運営費収益		運営費については、保育事業収益の中に保育所運営費収益を設定
私的契約利用料収入	私的契約利用料収入		私的契約利用料収益 私立認定保育所利用料収益 その他の事業収益		
				補助金事業収益 受取事業収益 その他の事業収益	
		就労支援事業収益			
			○○事業収益		
		障害福祉サービス等事業収益			
自立支援費等収入			自立支援給付費収益		
	介護給付費収入			介護給付費収益 特例介護給付費収益	
	訓練等給付費収入			訓練等給付費収益 特例訓練等給付費収益	
	サービス利用計画作成費収入			サービス利用計画作成費収益	
	障害児施設給付費収入		障害児施設給付費収益 利用者負担金収益 補足給付費収益		
	特定障害者特別給付費収入			特定障害者特別給付費収益 特例特定障害者特別給付費収益	
	特定入所障害児食費等給付費収入			特定入所障害児食費等給付費収益	
	利用者負担金収入				
			特定費用収益 その他の事業収益		
				補助金事業収益 受託事業収益 その他の事業収益	
			（保険等査定減）		
		生活保護事業収益			
			措置費収益		
				事務費収益	
			授産事業収益		
				○○事業収益	
			その他の事業収益		
				補助金事業収益	

旧基準と会計基準の勘定科目比較表

【旧基準】		【会計基準】			備考 (A欄の科目に対するB欄の科目等)
勘定科目【A】		勘定科目【B】			
科目区分		科目区分			
大区分	中区分	大区分	中区分	小区分	
				受託事業収益 その他の事業収益	
		医療事業収益			
			入院診療収益 室料差額収益 外来診療収益 保健予防活動収益 受託検査・施設利用収益 訪問看護療養費収益 訪問看護利用料収益		
				訪問看護基本利用料収益 訪問看護その他の利用料収益	
			その他の医療事業収益		
				補助金事業収益 受託事業収益 その他の医療事業収益	
			(保険等査定減)		
○○事業収入		○○事業収益			
	○○事業収入		○○事業収益 その他の事業収益		介護保険事業収益等に係る補助金事業収益は、それぞれの区分ごとに計上。上記の大区分に含まれない事業の補助金事業収益は○○事業収益に計上
				補助金事業収益 受託事業収益 その他の事業収益	
		○○収益			
			○○収益		
寄附金収入 雑収入	寄附金収入	経常経費寄附金収益 その他の収益			
	雑収入				
借入金元金償還補助金収入					特別増減の部の収益へ「設備資金借入金元金償還補助金収益」として計上
	借入金元金償還補助金収入				
引当金戻入					新基準では洗替法ではなく、前年度負担分(引当金戻入分)と当年度負担分(引当金繰入分)の差額を計上する方法を採用するため、基本的に取崩収益は発生しません。ただし、徴収不能引当金を計上していて、対象債権が回収されるなど、徴収不能引当金の計上が不要となった場合には、特別増減の部のその他の特別収益に徴収不能引当金戻入益を計上してください。
	徴収不能引当金戻入 退職給与引当金戻入				
	○○引当金戻入				
国庫補助金等特別積立金取崩額					会計基準ではサービス活動増減の部の費用に控除項目として移動
事業活動収入計(1)		サービス活動収益計(1)			

旧基準と会計基準の勘定科目比較表

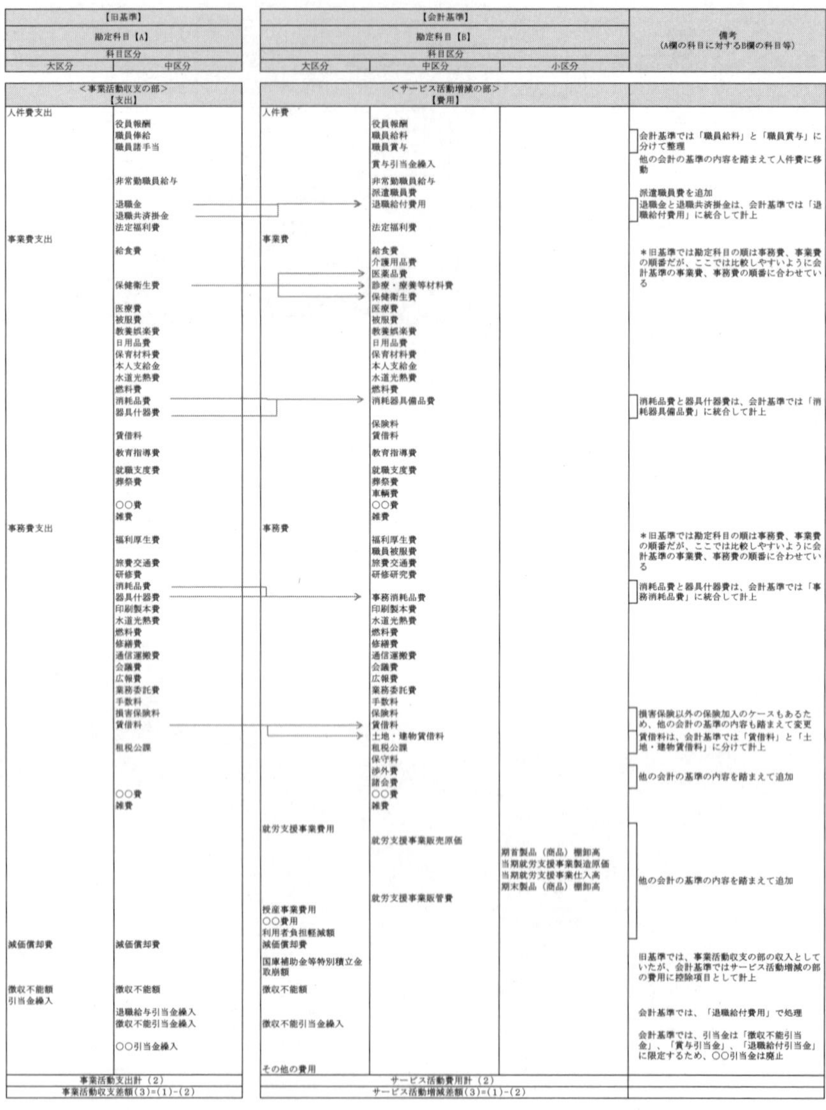

【旧基準】		【会計基準】			備考 (A欄の科目に対するB欄の科目等)
勘定科目【A】		勘定科目【B】			
科目区分		科目区分			
大区分	中区分	大区分	中区分	小区分	
<事業活動収支の部> 【支出】		<サービス活動増減の部> 【費用】			
人件費支出		人件費			
	役員報酬		役員報酬		
	職員俸給		職員給料		会計基準では「職員給料」と「職員賞与」に分けて整理
	職員諸手当		職員賞与		
			賞与引当金繰入		他の会計の基準の内容を踏まえて人件費に移動
	非常勤職員給与		非常勤職員給与		
			派遣職員費		派遣職員費を追加
	退職金		退職給付費用		退職金と退職共済掛金は、会計基準では「退職給付費用」に統合して計上
	退職共済掛金				
	法定福利費		法定福利費		
事業費支出		事業費			
	給食費		給食費		＊旧基準では勘定科目の順は事務費、事業費の順番だが、ここでは比較しやすいように会計基準の事業費、事務費の順番に合わせている
			介護用品費		
			医薬品費		
	保健衛生費		診療・療養等材料費		
			保健衛生費		
	医療費		医療費		
	被服費		被服費		
	教養娯楽費		教養娯楽費		
	日用品費		日用品費		
	保育材料費		保育材料費		
	本人支給金		本人支給金		
	水道光熱費		水道光熱費		
	燃料費		燃料費		
	消耗品費		消耗器具備品費		消耗品費と器具什器費は、会計基準では「消耗器具備品費」に統合して計上
	器具什器費				
			保険料		
	賃借料		賃借料		
	教育指導費		教育指導費		
	就職支度費		就職支度費		
	葬祭費		葬祭費		
			車輌費		
	○○費		○○費		
	雑費		雑費		
事務費支出		事務費			
	福利厚生費		福利厚生費		＊旧基準では勘定科目の順は事務費、事業費の順番だが、ここでは比較しやすいように会計基準の事業費、事務費の順番に合わせている
			職員被服費		
	旅費交通費		旅費交通費		
	研修費		研修研究費		
	消耗品費				消耗品費と器具什器費は、会計基準では「事務消耗品費」に統合して計上
	器具什器費		事務消耗品費		
	印刷製本費		印刷製本費		
	水道光熱費		水道光熱費		
	燃料費		燃料費		
	修繕費		修繕費		
	通信運搬費		通信運搬費		
	会議費		会議費		
	広報費		広報費		
	業務委託費		業務委託費		
	手数料		手数料		
	損害保険料		保険料		損害保険以外の保険加入のケースもあるため、他の会計の基準の内容も踏まえて変更
	賃借料		賃借料		賃借料は、会計基準では「賃借料」と「土地・建物賃借料」に分けて計上
			土地・建物賃借料		
	租税公課		租税公課		
			保守料		他の会計の基準の内容を踏まえて追加
			渉外費		
			諸会費		
	○○費		○○費		
	雑費		雑費		
		就労支援事業費用			他の会計の基準の内容を踏まえて追加
			就労支援事業販売原価		
				期首製品（商品）棚卸高	
				当期就労支援事業製造原価	
				当期就労支援事業仕入高	
				期末製品（商品）棚卸高	
			就労支援事業販管費		
		授産事業費用			
		○○費用			
		利用者負担軽減額			
減価償却費	減価償却費	減価償却費			
		国庫補助金等特別積立金取崩額			旧基準では、事業活動収支の部の収入としていたが、会計基準ではサービス活動増減の部の費用に控除項目として計上
徴収不能額	徴収不能額	徴収不能額			
引当金繰入					
	退職給与引当金繰入				会計基準では、「退職給付費用」で処理
	徴収不能引当金繰入	徴収不能引当金繰入			
	○○引当金繰入				会計基準では、引当金は「徴収不能引当金」、「賞与引当金」、「退職給付引当金」に限定するため、○○引当金は廃止
		その他の費用			
事業活動支出計（2）		サービス活動費用計（2）			
事業活動収支差額(3)=(1)-(2)		サービス活動増減差額(3)=(1)-(2)			

資料3

旧基準と会計基準の勘定科目比較表

【旧基準】勘定科目【A】科目区分 大区分	中区分	【会計基準】勘定科目【B】科目区分 大区分	中区分	小区分	備考（A欄の科目に対するB欄の科目等）
＜事業活動外収支の部＞【収入】		＜サービス活動外増減の部＞【収益】			
借入金利息補助金収入	借入金利息補助金収入	借入金利息補助金収益			
受取利息配当金収入	受取利息配当金収入	受取利息配当金収益			
会計単位間繰入金収入	公益事業会計繰入金収入 収益事業会計繰入金収入				会計基準では特別増減の部の収益に移動し、「事業区分間又は拠点区分間繰入金収益」として計上
経理区分間繰入金収入	経理区分間繰入金収入				
		有価証券評価益			会計基準では有価証券の時価会計の導入に伴い科目を追加
有価証券売却益(売却収入)	投資有価証券売却益(売却収入)	有価証券売却益			会計基準では売却益の差額のみを計上するため（売却収入）を削除
		投資有価証券評価益			会計基準では投資有価証券の時価会計の導入に伴い科目を追加
投資有価証券売却益(売却収入)	投資有価証券売却益(売却収入)	投資有価証券売却益			会計基準では売却益の差額のみを計上するため（売却収入）を削除
		その他のサービス活動外収益	受入研修費収益 利用者等外給食収益 雑収益	為替差益	他の会計の基準の内容を踏まえて追加
事業活動外収入計(4)		サービス活動外収益計(4)			
＜事業活動外収支の部＞【支出】		＜サービス活動外増減の部＞【費用】			
借入金利息支出	借入金利息支出	支払利息			
経理区分間繰入金支出	経理区分間繰入金支出				会計基準では特別増減の部の費用に移動し、「拠点区分間繰入金費用」として計上
資産評価損	有価証券評価損	有価証券評価損			
有価証券売却損(売却原価)	有価証券売却損(売却原価)	有価証券売却損			会計基準では売却損益の差額のみを計上するため（売却原価）を削除
		投資有価証券評価損			会計基準では有価証券の時価会計の導入に伴い科目を追加
投資有価証券売却損(売却原価)	投資有価証券売却損(売却原価)	投資有価証券売却損			会計基準では売却損益の差額のみを計上するため（売却原価）を削除
資産評価損	○○評価損				会計基準では特別増減の部の費用に移動
		その他のサービス活動外費用	利用者等外給食費 雑損失	為替差損	他の会計の基準の内容を踏まえて追加
事業活動外支出計（5）		サービス事業活動外費用計（5）			
事業活動外収支差額（6）=(4)−(5)		サービス活動外増減差額（6）=(4)−(5)			
経常収支差額(7)=(3)+(6)		経常増減額(7)=(3)+(6)			
＜特別収支の部＞【収入】		＜特別増減の部＞【収益】			
施設整備等補助金収入	施設整備補助金収入 設備整備補助金収入	施設整備等補助金収益	施設整備等補助金収益 設備資金借入金元金償還補助金収益		
施設整備等寄附金収入	施設整備等寄附金収入 施設整備等借入金償還寄附金収入	施設整備等寄附金収益	施設整備等寄附金収益 設備資金借入金元金償還寄附金収益		
		長期運営資金借入金元金償還寄附金収益			
		固定資産受贈額	○○受贈額		他の会計の基準の内容を踏まえて追加
固定資産売却益(売却収入)	車輌運搬具売却益(売却収入) 器具及び備品売却益（売却収入） ○○売却益(売却収入)	固定資産売却益	車輌運搬具売却益 器具及び備品売却益 ○○売却益		会計基準では売却益の差額のみを計上するため（売却収入）を削除
国庫補助金等特別積立金取崩額					会計基準では特別増減の部の費用の控除項目として移動
		事業区分間繰入金収益 拠点区分間繰入金収益			旧基準では事業活動外収支の部の収入に計上していたが、会計基準では特別増減の部の収益に計上
		事業区分間固定資産移管収益 拠点区分間固定資産移管収益 その他の特別収益	徴収不能引当金戻入益		他の会計の基準の内容を踏まえて追加
特別収入計(8)		特別収益計(8)			
＜特別収支収支の部＞【支出】		＜特別増減の部＞【費用】			
基本金組入額	1号基本金組入額 2号基本金組入額 3号基本金組入額	基本金組入額			会計基準では基本金組入額へ一本化
		資産評価損			
固定資産売却損・処分損(売却原価)		固定資産売却損・処分損	建物売却損・処分損		
	車輌運搬具売却損・処分損(売却原価) 器具及び備品売却損・処分損(売却原価) ○○売却損・処分損(売却原価)		車輌運搬具売却損・処分損 器具及び備品売却損・処分損 その他の固定資産売却損・処分損		会計基準では売却損益等の差額のみを計上するため（売却原価）を削除
		国庫補助金等特別積立金取崩額（除却等）			
国庫補助金等特別積立金積立額		国庫補助金等特別積立金積立額			
		災害損失			他の会計の基準を踏まえて追加
		事業区分間繰入金費用 拠点区分間繰入金費用			旧基準では事業活動外収支の部の支出に計上していたが、会計基準では特別増減の部の費用に計上

旧基準と会計基準の勘定科目比較表

【旧基準】		【会計基準】			備考 （A欄の科目に対するB欄の科目等）
勘定科目【A】		勘定科目【B】			
科目区分		科目区分			
大区分	中区分	大区分	中区分	小区分	
		事業区分間固定資産移管費用 拠点区分間固定資産移管費用 その他の特別損失			他の会計の基準の内容を踏まえて追加
特別支出計（9）		特別費用計（9）			
特別収支差額（10）=(8)−(9)		特別増減差額（10）=(8)−(9)			
当期活動収支差額(11)=(7)+(10)		当期活動増減差額(11)=(7)+(10)			
<繰越活動収支差額の部>		<繰越活動増減差額の部>			
前期繰越活動収支差額（12）		前期繰越活動増減差額(12)			
当期末繰越活動収支差額（13）=(11)+(12)		当期末繰越活動増減差額（13）=(11)+(12)			
基本金取崩額(14)		基本金取崩額(14)			
基本金組入額（15）	4号基本金組入額				会計基準では4号基本金廃止に伴い削除
その他の積立金取崩額（16）	○○積立金取崩額	その他の積立金取崩額(15)	○○積立金取崩額		
その他の積立金積立額(17)	○○積立金積立額	その他の積立金積立額(16)	○○積立金積立額		
次期繰越活動収支差額（18）＝(13)+(14)−(15)+(16)−(17)		次期繰越活動増減差額(17)=(13)+(14)+(15)−(16)			旧基準の「収支」を会計基準では「増減」に名称変更

旧基準と会計基準の勘定科目比較表

貸借対照表

【旧基準】勘定科目【A】科目区分		【会計基準】勘定科目【B】科目区分			備考（A欄の科目に対するB欄の科目等）
大区分	中区分	大区分	中区分	小区分	
＜資産の部＞		＜資産の部＞			
流動資産		流動資産			
	現金預金		現金預金		
	有価証券		有価証券		
			事業未収金		
	未収金		未収金		
			未収補助金		
			未収収益		他の会計の基準の内容を踏まえて追加
			受取手形		
	貯蔵品		貯蔵品		
			医薬品		
			診療・療養費等材料		
			給食用材料		他の会計の基準の内容を踏まえて追加
			商品・製品		
			仕掛品		
			原材料		
	立替金		立替金		
	前払金		前払金		
			前払費用		他の会計の基準の内容を踏まえて追加
			1年以内回収予定長期貸付金		
			1年以内回収予定事業区分間長期貸付金		会計基準では1年基準の導入により科目を新設
			1年以内回収予定拠点区分間長期貸付金		
	短期貸付金		短期貸付金		
			事業区分間貸付金		会計基準の区分方法に沿って追加
			拠点区分間貸付金		
	仮払金		仮払金		
	その他の流動資産		その他の流動資産		
			徴収不能引当金		
固定資産		固定資産			
基本財産		（基本財産）			
	土地		土地		
	建物		建物		
	基本財産特定預金		定期預金		
			投資有価証券		他の会計の基準の内容を踏まえて追加
その他の固定資産		（その他の固定資産）			
	土地		土地		
	建物		建物		
	構築物		構築物		
	機械及び装置		機械及び装置		
	車輌運搬具		車輌運搬具		
	器具及び備品		器具及び備品		
	建設仮勘定		建設仮勘定		
			有形リース資産		他の会計の基準の内容を踏まえて追加
	権利		権利		
			ソフトウェア		他の会計の基準の内容を踏まえて追加
			無形リース資産		他の会計の基準の内容を踏まえて追加
	投資有価証券		投資有価証券		
	長期貸付金		長期貸付金		
	公益事業会計元入金		事業区分間長期貸付金		会計基準の区分方法に沿って変更
	収益事業会計元入金		拠点区分間長期貸付金		
			退職給付引当資産		
			長期預り金積立資産		
	措置施設繰越特定預金				
	○○積立預金		○○積立資産		
			差入保証金		他の会計の基準の内容を踏まえて追加
			長期前払費用		
	その他の固定資産		その他の固定資産		
資産の部合計		資産の部合計			
＜負債の部＞		＜負債の部＞			
流動負債		流動負債			
	短期運営資金借入金		短期運営資金借入金		
	未払金		事業未払金		会計基準では、「事業未払金」、「その他の未払金」に分けて整理
			その他の未払金		
			支払手形		他の会計の基準の内容を踏まえて追加
			役員等短期借入金		
			1年以内返済予定設備資金借入金		
			1年以内返済予定長期運営資金借入金		
			1年以内返済予定リース債務		会計基準では1年基準の導入により科目を新設
			1年以内返済予定役員等長期借入金		
			1年以内返済予定事業区分間借入金		
			1年以内返済予定拠点区分間借入金		
			1年以内支払予定長期未払金		
			未払費用		他の会計の基準の内容を踏まえて追加
	預り金		預り金		会計基準では、「預り金」、「職員預り金」に分けて整理
			職員預り金		
	前受金		前受金		
			前受収益		他の会計の基準の内容を踏まえて追加
			事業区分間借入金		会計基準の区分方法に沿って追加
			拠点区分間借入金		
	仮受金		仮受金		
	○○引当金		賞与引当金		他の会計の基準の内容を踏まえて追加
	その他の流動負債		その他の流動負債		
固定負債		固定負債			
	設備資金借入金		設備資金借入金		
	長期運営資金借入金		長期運営資金借入金		
			リース債務		会計基準ではリース会計の導入により追加
			役員等長期借入金		他の会計の基準の内容を踏まえて追加
			事業区分間長期借入金		会計基準の区分方法に沿って追加
			拠点区分間長期借入金		
	退職給与引当金		退職給付引当金		
			長期未払金		他の会計の基準の内容を踏まえて追加
			長期預り金		
			その他の固定負債		他の会計の基準の内容を踏まえて追加
負債の部合計		負債の部合計			
＜純資産の部＞		＜純資産の部＞			
基本金	基本金	基本金			
国庫補助金等特別積立金	国庫補助金等特別積立金	国庫補助金等特別積立金			
その他の積立金	○○積立金	その他の積立金	○○積立金		
次期繰越活動収支差額	次期繰越活動収支差額（うち当期活動収支差額）	次期繰越活動増減差額（うち当期活動増減差額）			旧基準の「収支」を会計基準では「増減」に名称変更
純資産の部合計		純資産の部合計			
負債及び純資産の部合計		負債及び純資産の部合計			

指導指針と会計基準の勘定科目比較表

資金収支計算書

別紙③

【指導指針】勘定科目【A】科目区分 大区分	中区分	【会計基準】勘定科目【B】科目区分 大区分	中区分	小区分	備考（A欄の科目に対するB欄の科目等）
＜経常活動による収支＞【収入】		＜事業活動による収支＞【収入】			
介護福祉施設介護料収入		介護保険事業収入			
			施設介護料収入		
	介護報酬収入			介護報酬収入	
	利用者負担金収入			利用者負担金収入（公費）	
				利用者負担金収入（一般）	
居宅介護料収入			居宅介護料収入		
（介護報酬収入）			（介護報酬収入）		
	介護報酬収入			介護報酬収入	
	介護予防報酬収入			介護予防報酬収入	
（利用者負担金収入）			（利用者負担金収入）		
	介護負担金収入			介護負担金収入（公費）	
				介護負担金収入（一般）	
	介護予防負担金収入			介護予防負担金収入（公費）	
				介護予防負担金収入（一般）	
			地域密着型介護料収入		
			（介護報酬収入）		
				介護報酬収入	
				介護予防報酬収入	
			（利用者負担金収入）		
				介護負担金収入（公費）	
				介護負担金収入（一般）	
				介護予防負担金収入（公費）	
				介護予防負担金収入（一般）	
居宅介護支援介護料収入			居宅介護支援介護料収入		
	居宅介護支援介護料収入			居宅介護支援介護料収入	
	介護予防支援介護料収入			介護予防支援介護料収入	
利用者等利用料収入			利用者等利用料収入		
	介護福祉施設利用料収入			施設サービス利用料収入	
	居宅介護サービス利用料収入			居宅介護サービス利用料収入	
				地域密着型介護サービス利用料収入	
	食費収入			食費収入（公費）	
				食費収入（一般）	
	居住費収入			居住費収入（公費）	
				居住費収入（一般）	
	管理費収入				指導指針における管理費収入は老人福祉事業収入の管理費収入に計上
	その他の利用料収入			その他の利用料収入	
その他の事業収入			その他の事業収入		
	補助金収入			補助金事業収入	介護保険事業収入に係る補助金事業収入等を計上。なお他の大区分に係る補助金事業収入等はそれぞれの区分ごとに計上。
	市町村特別事業収入			市町村特別事業収入	
	受託収入			受託事業収入	
	その他の事業収入			その他の事業収入	
			（保険等査定減）		
		老人福祉事業収入			
措置費収入			措置事業収入		措置事業に係る措置事業収入は老人福祉事業収入に計上
	事務費収入			事務費収入	
	事業費収入			事業費収入	
				その他の利用料収入	
				その他の事業収入	
			運営事業収入		
				管理費収入	
				その他の利用料収入	
				補助金事業収入	
				その他の事業収入	
			その他の事業収入		
				管理費収入	
				その他の利用料収入	
				その他の事業収入	
		○○事業収入			
			○○事業収入		
			その他の事業収入		
				補助金事業収入	
				受託事業収入	
				その他の事業収入	
		○○収入			
			○○収入		
借入金利息補助金収入		借入金利息補助金収入			
寄付金収入		経常経費寄附金収入			
受取利息配当金収入		受取利息配当金収入			
事業外収入		その他の収入			
	受入研修費収入		受入研修費収入		
	職員等給食費収入		利用者等外給食費収入		
雑収入			雑収入		
		流動資産評価益等による資金増加額			
			有価証券売却益		
			有価証券評価益		
			為替差益		
経常収入計(1)		事業活動収入計(1)			

指導指針と会計基準の勘定科目比較表

【指導指針】 勘定科目【A】 科目区分		【会計基準】 勘定科目【B】 科目区分			備考（A欄の科目に対するB欄の科目等）
大区分	中区分	大区分	中区分	小区分	
＜経常活動による収支＞【支出】		＜事業活動による収支＞【支出】			
人件費支出		人件費支出			
	役員報酬		役員報酬支出		
	職員俸給		職員給料支出		会計基準では職員給料支出と職員賞与支出に分けて整理
	職員諸手当		職員賞与支出		
	非常勤職員給与		非常勤職員給与支出		
			派遣職員費支出		派遣職員費支出を追加
	退職金				
	退職共済掛金		退職給付支出		退職金と退職共済掛金は、会計基準では「退職給付支出」に統合して計上
	法定福利費		法定福利費支出		
経費支出		事業費支出			
（直接介護支出）	給食材料費		給食費支出		
	介護用品費		介護用品費支出		
	医薬品費		医薬品費支出		
	保健衛生費		診療・療養等材料費支出		他の会計の基準の内容を踏まえて追加
			保健衛生費支出		
			医療費支出		他の会計の基準の内容を踏まえて追加
	被服費		被服費支出		
	教養娯楽費		教養娯楽費支出		
	日用品費		日用品費支出		
			保育材料費支出		他の会計の基準の内容を踏まえて追加
	本人支給金		本人支給金支出		
	光熱水費		水道光熱費支出		
	燃料費		燃料費支出		
	消耗器具備品費		消耗器具備品費支出		
			保険料支出		
			賃借料支出		
			教育指導費支出		他の会計の基準の内容を踏まえて追加
			就職支度費支出		
	葬祭費		葬祭費支出		
	車輌費		車輌費支出		
			管理費返還支出		他の会計の基準の内容を踏まえて追加
			○○費支出		
			雑支出		
		事務費支出			
（一般管理支出）	福利厚生費		福利厚生費支出		
			職員被服費支出		
	旅費交通費		旅費交通費支出		
	研修費		研修研究費支出		
	事務消耗品費		事務消耗品費支出		
	印刷製本費		印刷製本費支出		
			水道光熱費支出		他の会計の基準の内容を踏まえて追加
			燃料費支出		
	修繕費		修繕費支出		
	通信運搬費		通信運搬費支出		
	会議費		会議費支出		
	広報費		広報費支出		
	委託費		業務委託費支出		他の会計の基準の内容を踏まえて追加
			手数料支出		
	保険料		保険料支出		
	賃借料		賃借料支出		賃借料は、会計基準では賃借料支出と土地・建物賃借料支出に分けて計上
			土地・建物賃借料支出		
	租税公課		租税公課支出		
	保守料		保守料支出		
	渉外費		渉外費支出		
	諸会費		諸会費支出		
			○○費支出		他の会計の基準の内容を踏まえて追加
	雑費		雑支出		
		○○支出			
利用者負担軽減額		利用者負担軽減額			
借入金利息支出		支払利息支出			
事業外支出		その他の支出			
	職員等給食費		利用者等外給食費支出		
	その他の事業活動外支出				
雑支出			雑支出		他の会計の基準の内容を踏まえて追加
		流動資産評価損等による資金減少額			
			有価証券売却損		
			資産評価損		
				有価証券評価損	
				○○評価損	
			為替差損		
徴収不能額			徴収不能額		
経常支出計(2)		事業活動支出計(2)			
経常活動資金収支差額(3)=(1)－(2)		事業活動資金収支差額(3)=(1)－(2)			

指導指針と会計基準の勘定科目比較表

【指導指針】		【会計基準】			備考 (A欄の科目に対するB欄の科目等)
勘定科目【A】		勘定科目【B】			
科目区分		科目区分			
大区分	中区分	大区分	中区分	小区分	
<施設整備等による収支> 【収入】		<施設整備等による収支> 【収入】			
施設整備等補助金収入		施設整備等補助金収入	施設整備等補助金収入 設備資金借入金元金償還補助金収入		
施設整備等寄付金収入		施設整備等寄附金収入	施設整備等寄附金収入 設備資金借入金元金償還寄附金収入		
設備資金借入金収入		設備資金借入金収入			
固定資産売却収入	車輌運搬具売却収入 器具及び備品売却収入 ○○売却収入	固定資産売却収入	車輌運搬具売却収入 器具及び備品売却収入 ○○売却収入		
		その他の施設整備等による収入	○○収入		他の会計の基準の内容を踏まえて追加
施設整備等収入計(4)		施設整備等収入計(4)			
<施設整備等による収支> 【支出】		<施設整備等による収支> 【支出】			
		設備資金借入金元金償還支出			
固定資産取得支出	土地取得支出 建物取得支出 車輌運搬具取得支出 器具及び備品取得支出 ○○取得支出	固定資産取得支出	土地取得支出 建物取得支出 車輌運搬具取得支出 器具及び備品取得支出 ○○取得支出		
固定資産除却・廃棄支出	固定資産除却・廃棄支出	固定資産除却・廃棄支出			
		ファイナンス・リース債務の返済支出			
		その他の施設整備等による支出	○○支出		他の会計の基準の内容を踏まえて追加
施設整備等支出計(5)		施設整備等支出計(5)			
施設整備等資金収支差額(6)=(4)−(5)		施設整備等資金収支差額(6)=(4)−(5)			
<財務活動等による収支> 【収入】		<その他の活動による収支> 【収入】			
長期運営資金借入金元金償還寄付金収入		長期運営資金借入金元金償還寄附金収入			
長期運営資金借入金収入		長期運営資金借入金収入			
		長期貸付金回収収入			
投資有価証券売却収入		投資有価証券売却収入			
積立預金取崩収入	移行時特別積立預金取崩収入 ○○積立預金取崩収入	積立資産取崩収入	退職給付引当資産取崩収入 長期預り金積立資産取崩収入 ○○積立資産取崩収入		
他会計区分長期借入金収入		事業区分間長期借入金収入 拠点区分間長期借入金収入			会計基準の区分方法に沿って変更
他会計区分長期貸付金回収金収入		事業区分間長期貸付金回収収入 拠点区分間長期貸付金回収収入			
他会計区分繰入金収入 会計区分外繰入金収入		事業区分間繰入金収入 拠点区分間繰入金収入 サービス区分間繰入金収入			
その他の収入		その他の活動による収入	○○収入		
設備資金借入金元金償還補助金収入 設備資金借入金元金償還寄付金収入					
財務収入計(7)		その他の活動収入計(7)			
<財務活動等による収支> 【支出】		<その他の活動による収支> 【支出】			
設備資金借入金元金償還支出					
長期運営資金借入金元金償還金支出		長期運営資金借入金元金償還支出			
		長期貸付金支出			
投資有価証券取得支出		投資有価証券取得支出			
積立預金支出		積立資産支出	退職給付引当資産支出 長期預り金積立資産支出 ○○積立資産支出		
他会計区分長期貸付金支出		事業区分間長期貸付金支出 拠点区分間長期貸付金支出			会計基準の区分方法に沿って変更
他会計区分長期借入金償還金支出		事業区分間長期借入金返済支出 拠点区分間長期借入金返済支出			
他会計区分繰入金支出 会計区分外繰入金支出		事業区分間繰入金支出 拠点区分間繰入金支出 サービス区分間繰入金支出			
その他の支出		その他の活動による支出	○○支出		
設備資金借入金元金償還金支出					
財務支出計(8)		その他の活動支出計(8)			
財務活動資金収支差額(9)=(7)−(8)		その他の活動資金収支差額(9)=(7)−(8)			
予備費(10)		予備費支出(10)			
当期資金収支差額合計(11)=(3)+(6)+(9)−(10)		当期資金収支差額合計(11)=(3)+(6)+(9)−(10)			
前期末支払資金残高(12)		前期末支払資金残高(12)			
当期末支払資金残高(11)+(12)		当期末支払資金残高(11)+(12)			

資料3

指導指針と会計基準の勘定科目比較表

事業活動計算書

※指導指針の事業活動計算書では、「収入」「支出」を科目名に使用していたが、会計基準では「収益」「費用」に修正。

【指導指針】勘定科目【A】科目区分 大区分	中区分	【会計基準】勘定科目【B】科目区分 大区分	中区分	小区分	備考（A欄の科目に対するB欄の科目等）
＜事業活動収支の部＞【収入】		＜サービス活動増減の部＞【収益】			
		介護保険事業収益			
介護福祉施設介護料収入	介護報酬収入 利用者負担金収入		施設介護料収益	介護報酬収益 利用者負担金収益（公費） 利用者負担金収益（一般）	
居宅介護料収入 （介護報酬収入）	介護報酬収入 介護予防報酬収入		居宅介護料収益 （介護報酬収益）	介護報酬収益 介護予防報酬収益	
（利用者負担金収入）	介護負担金収入 介護予防負担金収入		（利用者負担金収益）	介護負担金収益（公費） 介護負担金収益（一般） 介護予防負担金収益（公費） 介護予防負担金収益（一般）	
			地域密着型介護料収益 （介護報酬収益）	介護報酬収益 介護予防報酬収益	
			（利用者負担金収益）	介護負担金収益（公費） 介護負担金収益（一般） 介護予防負担金収益（公費） 介護予防負担金収益（一般）	
居宅介護支援介護料収入	居宅介護支援介護料収入 介護予防支援介護料収入		居宅介護支援介護料収益	居宅介護支援介護料収益 介護予防支援介護料収益	
利用者等利用料収入	介護福祉施設利用料収入 居宅介護サービス利用料収入 食費収入 居住費収入		利用者等利用料収益	施設サービス利用料収益 居宅介護サービス利用料収益 地域密着型介護サービス利用料収益 食費収益（公費） 食費収益（一般） 居住費収益（公費） 居住費収益（一般）	
	管理費収入				指導指針における管理費収入は老人福祉事業収益の管理費収益に計上
	その他の利用料収入			その他の利用料収益	
その他の事業収入	補助金収入 市町村特別事業収入 受託収入 その他の事業収入		その他の事業収益	補助金事業収益 市町村特別事業収益 受託事業収益 その他の事業収益	介護保険収益に係る補助金事業収益等を計上。なお他の大区分に係る補助金事業収益等はそれぞれの区分ごとに計上。
			（保険等査定減）		
措置費収入	事務費収入 事業費収入	老人福祉事業収益	措置事業収益	事務費収益 事業費収益 その他の利用料収益 その他の事業収益	措置事業に係る措置事業収益は老人福祉事業収益に計上
			運営事業収益	管理費収益 その他利用料収益 補助金事業収益 その他の事業収益	
			その他の事業収益	管理費収益 その他の利用料収益 その他の事業収益	
		○○事業収益	○○事業収益 その他の事業収益	補助金事業収益 受託事業収益 その他の事業収益	
		○○収益	○○収益		
その他の収入		経常経費寄附金収益 その他の収益			
国庫補助金等特別積立金取崩額					会計基準ではサービス活動増減の部の費用に控除項目として移動
(介護報酬査定減)					それぞれの区分ごとに計上
事業活動収入計（1）		サービス活動収益計（1）			

指導指針と会計基準の勘定科目比較表

【指導指針】勘定科目【A】科目区分 大区分	【指導指針】勘定科目【A】科目区分 中区分	【会計基準】勘定科目【B】科目区分 大区分	【会計基準】勘定科目【B】科目区分 中区分	【会計基準】勘定科目【B】科目区分 小区分	備考 (A欄の科目に対するB欄の科目等)
＜事業活動収支の部＞ 【支出】		＜サービス活動増減の部＞ 【費用】			
人件費		人件費			
	役員報酬		役員報酬		
	職員俸給		職員給料		会計基準では職員給料と職員賞与に分けて整理
	職員諸手当		職員賞与		
			賞与引当金繰入		
	非常勤職員給与		非常勤職員給与		
			派遣職員費		派遣職員費を追加
	退職金		退職給付費用		退職金と退職共済掛金は、会計基準では「退職給付費用」に統合して計上
	退職共済掛金				
	法定福利費		法定福利費		
経費 (直接介護費)		事業費			他の会計の基準の内容を踏まえて変更
	給食材料費		給食費		
	介護用品費		介護用品費		
	医薬品費		医薬品費		
	保健衛生費		診療・療養等材料費		
			保健衛生費		
			医療費		
	被服費		被服費		
	教養娯楽費		教養娯楽費		
	日用品費		日用品費		
			保育材料費		他の会計の基準の内容を踏まえて追加
	本人支給金		本人支給金		
	光熱水費		水道光熱費		
	燃料費		燃料費		
	消耗器具備品費		消耗器具備品費		
			保険料		
			賃借料		
			教育指導費		
			就職支度費		
	葬祭費		葬祭費		
	車輌費		車輌費		他の会計の基準の内容を踏まえて追加
			○○費		
			雑費		
(一般管理費)		事務費			
	福利厚生費		福利厚生費		
			職員被服費		
	旅費交通費		旅費交通費		
	研修費		研修研究費		
	通信運搬費		通信運搬費		
	事務消耗品費		事務消耗品費		
	印刷製本費		印刷製本費		
	広報費		広報費		
	会議費		会議費		
	修繕費		修繕費		
	保守料		保守料		
	賃借料		賃借料		賃借料は、会計基準では賃借料と土地・建物賃借料に分けて計上
			土地・建物賃借料		
			水道光熱費		他の会計の基準の内容を踏まえて追加
			燃料費		
			手数料		
	保険料		保険料		
	渉外費		渉外費		
	諸会費		諸会費		
	租税公課		租税公課		
	委託費		業務委託費		
			○○費		
	雑費		雑費		
		○○費用			
利用者負担軽減額		利用者負担軽減額			
減価償却費		減価償却費			
		国庫補助金等特別積立金取崩額			指導指針では、事業活動収支の部の収入としていたが、会計基準ではサービス活動増減の部の費用に控除項目として計上
徴収不能額		徴収不能額			
引当金繰入					
	徴収不能引当金繰入	徴収不能引当金繰入			
	賞与引当金繰入				会計基準では、人件費の賞与引当金繰入に移動
	退職給与引当金繰入				会計基準では、退職給付費用で処理
		その他の費用			
事業活動支出計（2）		サービス活動費用計（2）			
事業活動収支差額(3)=(1)-(2)		サービス活動増減差額(3)=(1)-(2)			

指導指針と会計基準の勘定科目比較表

【指導指針】 勘定科目【A】 科目区分 大区分	中区分	【会計基準】 勘定科目【B】 科目区分 大区分	中区分	小区分	備考（A欄の科目に対するB欄の科目等）
＜事業活動外収支の部＞【収入】		＜サービス活動外増減の部＞【収益】			
借入金利息補助金収入		借入金利息補助金収益			
受取利息配当金		受取利息配当金収益			
		有価証券評価益			会計基準では有価証券の時価会計の導入に伴い追加
有価証券売却益		有価証券売却益			
		投資有価証券評価益			会計基準では有価証券の時価会計の導入に伴い追加
		投資有価証券売却益			他の会計の基準の内容を踏まえて追加
寄付金収入					
その他の事業活動外収入		その他のサービス活動外収益			
	受入研修費収入		受入研修費収益		
	職員等給食費収入		利用者等外給食収益		他の会計の基準の内容を踏まえて変更
			雑収益		
雑収入				為替差益	
事業活動外収入計(4)		サービス活動外収益計(4)			
＜事業外活動収支の部＞【支出】		＜サービス活動外増減の部＞【費用】			
借入金利息		支払利息			
		有価証券評価損			
有価証券売却損		有価証券売却損			
		投資有価証券評価損			会計基準では有価証券の時価会計の導入に伴い追加
		投資有価証券売却損			他の会計の基準の内容を踏まえて追加
資産評価損					
その他の事業活動外支出		その他のサービス活動外費用			
	職員等給食費		利用者等外給食費		他の会計の基準の内容を踏まえて変更
	その他の事業活動外支出		雑損失		
雑損失				為替差損	
事業活動外支出計（5）		サービス事業活動外費用計（5）			
事業活動外収支差額（6）=(4)−(5)		サービス活動外増減差額（6）=(4)−(5)			
経常収支差額(7)=(3)＋(6)		経常増減差額(7)=(3)＋(6)			
＜特別収支の部＞【収入】		＜特別増減の部＞【収益】			
施設整備等補助金収入		施設整備等補助金収益			
	施設整備等補助金収入		施設整備等補助金収益		
	設備資金借入金元金償還補助金収入		設備資金借入金元金償還補助金収益		
施設整備等寄付金収入		施設整備等寄附金収益			
	施設整備等寄付金収入		施設整備等寄附金収益		
	設備資金借入金元金償還寄附金収入		設備資金借入金元金償還寄附金収益		
	長期運営資金借入金元金償還寄附金収入	長期運営資金借入金元金償還寄附金収益			
固定資産受贈額		固定資産受贈額			
			○○受贈額		
固定資産売却益		固定資産売却益			
	車輌運搬具売却益		車輌運搬具売却益		
	器具及び備品売却益		器具及び備品売却益		
	○○売却益		○○売却益		
国庫補助金等特別積立金取崩額					指導指針では、特別収支の部の収入としていたが、会計基準では特別増減の部の費用に控除項目として計上
他会計区分繰入金収入		事業区分間繰入金収益			会計基準の区分方法に沿って変更
会計区分外繰入金収入		拠点区分間繰入金収益			
		事業区分間固定資産移管収益			
		拠点区分間固定資産移管収益			
その他の特別収入		その他の特別収益			
	徴収不能引当金戻入		徴収不能引当金戻入益		
	その他の特別収入				
特別収入計(8)		特別収益計(8)			
＜特別収支の部＞【支出】		＜特別増減の部＞【費用】			
基本金組入額		基本金組入額			
		資産評価損			
固定資産除売却損		固定資産売却損・処分損			
	建物売却損・処分損		建物売却損・処分損		
	車輌運搬器具売却損・処分損		車輌運搬具売却損・処分損		
	器具及び備品売却損・処分損		器具及び備品売却損・処分損		
	その他の固定資産売却損・処分損		その他の固定資産売却損・処分損		
		国庫補助金等特別積立金取崩額（除却等）			
国庫補助金等特別積立金繰入額		国庫補助金等特別積立金積立額			
		災害損失			
他会計区分繰入金支出		事業区分間繰入金費用			会計基準の区分方法に沿って変更
会計区分外繰入金支出		拠点区分間繰入金費用			
		事業区分間固定資産移管費用			
		拠点区分間固定資産移管費用			
その他の特別損失		その他の特別損失			
特別支出計（9）		特別費用計（9）			
特別収支差額（10）=(8)−(9)		特別増減差額（10）=(8)−(9)			
当期活動収支差額(11)=(7)＋(10)		当期活動増減差額(11)=(7)+(10)			
＜繰越活動増減の部＞		＜繰越活動増減差額の部＞			
前期繰越活動収支差額（12）		前期繰越活動増減差額(12)			
当期末繰越活動収支差額（13）=(11)+(12)		当期末繰越活動増減差額(13)=(11)+(12)			
基本金取崩額(13)		基本金取崩額(14)			
基本金組入額（14）					会計基準では４号基本金廃止に伴い削除
	４号基本金組入額				
その他の積立金取崩額（15）		その他の積立金取崩額(15)			
	○○積立金取崩額		○○積立金取崩額		
その他の積立金積立額(16)		その他の積立金積立額(16)			
	○○積立金積立額		○○積立金積立額		
次期繰越活動収支差額（17）＝(11)+(12)+(13)−(14)+(15)−(16)		次期繰越活動増減差額(17)=(13)+(14)+(15)−(16)			

指導指針と会計基準の勘定科目比較表

貸借対照表

【指導指針】勘定科目【A】科目区分		【会計基準】勘定科目【B】科目区分			備考（A欄の科目に対するB欄の科目等）
大区分	中区分	大区分	中区分	小区分	
＜資産の部＞		＜資産の部＞			
流動資産		流動資産			
	現金預金		現金預金		
	有価証券		有価証券		
			事業未収金		
	未収金		未収金		
	未収補助金		未収補助金		
			未収収益		他の会計の基準の内容を踏まえて追加
			受取手形		
	貯蔵品		貯蔵品		
			医薬品		他の会計の基準の内容を踏まえて追加
			診療・療養費等材料		
			給食用材料		
			商品・製品		
			仕掛品		
			原材料		
	立替金		立替金		
	前払金		前払金		
			前払費用		他の会計の基準の内容を踏まえて追加
			１年以内回収予定長期貸付金		会計基準では１年基準の導入に伴い追加
			１年以内回収予定事業区分間長期貸付金		
			１年以内回収予定拠点区分間長期貸付金		
			短期貸付金		他の会計の基準の内容を踏まえて追加
	他会計区分貸付金		事業区分間貸付金		会計基準の区分方法に沿って変更
	会計区分外貸付金		拠点区分間貸付金		
	仮払金		仮払金		
	その他の流動資産		その他の流動資産		
			徴収不能引当金		他の会計の基準の内容を踏まえて追加
固定資産		固定資産			
基本財産		（基本財産）			
	土地		土地		
	建物		建物		
	基本財産特定預金		定期預金		
			投資有価証券		
その他の固定資産		（その他の固定資産）			
	土地		土地		
	建物		建物		
	構築物		構築物		
	機械及び装置		機械及び装置		
	車輌運搬具		車輌運搬具		
	器具及び備品		器具及び備品		
	建設仮勘定		建設仮勘定		
			有形リース資産		他の会計の基準の内容を踏まえて追加
	権利		権利		
			ソフトウェア		他の会計の基準の内容を踏まえて追加
			無形リース資産		他の会計の基準の内容を踏まえて追加
	投資有価証券		投資有価証券		
			長期貸付金		他の会計の基準の内容を踏まえて追加
	他会計区分長期貸付金		事業区分間長期貸付金		会計基準の区分方法に沿って変更
			拠点区分間長期貸付金		
			退職給付引当資産		
			長期預り金積立資産		
	移行時特別積立預金				
	移行時減価償却特別積立預金				
	○○積立預金		○○積立資産		
			差入保証金		他の会計の基準の内容を踏まえて追加
			長期前払費用		
	その他の固定資産		その他の固定資産		
資産の部合計		資産の部合計			
＜負債の部＞		＜負債の部＞			
流動負債		流動負債			
	短期運営資金借入金		短期運営資金借入金		
	未払金		事業未払金		会計基準では、「事業未払金」、「その他の未払金」に分けて計上
	施設整備等未払金		その他の未払金		
			支払手形		他の会計の基準の内容を踏まえて追加
			役員等短期借入金		
			１年以内返済予定設備資金借入金		会計基準では１年基準の導入に伴い追加
			１年以内返済予定長期運営資金借入金		
			１年以内返済予定リース債務		
			１年以内返済予定役員等長期借入金		
			１年以内返済予定事業区分間借入金		
			１年以内返済予定拠点区分間借入金		
			1年以内支払予定長期未払金		
			未払費用		他の会計の基準の内容を踏まえて追加
	預り金		預り金		会計基準では、「預り金」、「職員預り金」に分けて計上
			職員預り金		
	前受金		前受金		
			前受収益		他の会計の基準の内容を踏まえて追加
	他会計区分借入金		事業区分間借入金		会計基準の区分方法に沿って変更
	会計区分外借入金		拠点区分間借入金		
	仮受金		仮受金		
			賞与引当金		他の会計の基準の内容を踏まえて追加
	その他の流動負債		その他の流動負債		
固定負債		固定負債			
	設備資金借入金		設備資金借入金		
	長期運営資金借入金		長期運営資金借入金		
			リース債務		会計基準では、リース会計の導入に伴い追加
			役員等長期借入金		他の会計の基準の内容を踏まえて追加
	他会計区分長期借入金		事業区分間長期借入金		会計基準の区分方法に沿って変更
			拠点区分間長期借入金		
	退職給与引当金		退職給付引当金		他の会計の基準の内容を踏まえて追加
			長期未払金		
	長期預り金		長期預り金		
	その他の固定負債		その他の固定負債		
負債の部合計		負債の部合計			
＜純資産の部＞		＜純資産の部＞			
基本金		基本金			
国庫補助金等特別積立金		国庫補助金等特別積立金			
その他の積立金		その他の積立金			
	移行時特別積立金				
	○○積立金		○○積立金		
次期繰越活動収支差額（うち当期活動収支差額）		次期繰越活動増減差額（うち当期活動増減差額）			旧基準の「収支差」を会計基準では「増減」に名称変更
純資産の部合計		純資産の部合計			
負債及び純資産の部合計		負債及び純資産の部合計			

資料3

老健準則と会計基準の勘定科目比較表

資金収支計算書

※老健準則には資金収支計算書がないため、旧社会福祉法人基準又は指導指針からの変更を示す。

別紙④

【旧基準】		【会計基準】			備考 （A欄の科目に対するB欄の科目等）
勘定科目【A】		勘定科目【B】			
科目区分		科目区分			
大区分	中区分	大区分	中区分	小区分	
＜経常活動による収支＞ 【収入】		＜事業活動による収支＞ 【収入】			
介護保険収入		介護保険事業収入			社会福祉法人が行う事業ごとに大区分を設定
	介護保険収入		施設介護料収入		
				介護報酬収入	
				利用者負担金収入（公費）	
				利用者負担金収入（一般）	
			居宅介護料収入		
			（介護報酬収入）	介護報酬収入	
				介護予防報酬収入	
			（利用者負担金収入）	介護負担金収入（公費）	
				介護負担金収入（一般）	
				介護予防負担金収入（公費）	
				介護予防負担金収入（一般）	
			地域密着型介護料収入		
			（介護報酬収入）	介護報酬収入	
				介護予防報酬収入	
			（利用者負担金収入）	介護負担金収入（公費）	他の会計の基準の内容を踏まえ追加
				介護負担金収入（一般）	
				介護予防負担金収入（公費）	
				介護予防負担金収入（一般）	
			居宅介護支援介護料収入		
				居宅介護支援介護料収入	
				介護予防支援介護料収入	
			利用者等利用料収入		
				施設サービス利用料収入	
				居宅介護サービス利用料収入	
				地域密着型介護サービス利用料収入	
				食費収入（公費）	
				食費収入（一般）	
				居住費収入（公費）	
				居住費収入（一般）	
				その他の利用料収入	
			その他の事業収入		
経常経費補助金収入	経常経費補助金収入			補助金事業収入	介護保険事業収入に係る補助金事業収入等を計上。なお他の大区分に係る補助金事業収入等はそれぞれの区分ごとに計上。
				市町村特別事業収入	
				受託事業収入	
				その他の事業収入	
			（保険等査定減）		
利用料収入					
	利用料収入				
	利用料負担金収入				
		老人福祉事業収入			
措置費収入			措置事業収入		本科目の他、児童福祉事業収入、生活保護事業収入にも設定
	事務費収入			事務費収入	
	事業費収入			事業費収入	
				その他の利用料収入	
				その他の事業収入	
			運営事業収入		
				管理費収入	
				その他の利用料収入	
				補助金事業収入	
				その他の事業収入	
			その他の事業収入		
				管理費収入	
				その他の利用料収入	
				その他の事業収入	
		児童福祉事業収入			
			措置費収入		
				事務費収入	
				事業費収入	
			私的契約利用料収入		
			その他の事業収入		
				補助金事業収入	
				受託事業収入	
				その他の事業収入	
		保育事業収入			
運営費収入	運営費収入		保育所運営費収入		運営費については、保育事業収入の中に保育所運営費収入を設定
私的契約利用料収入	私的契約利用料収入		私的契約利用料収入		
			私立認定保育所利用料収入		
			その他の事業収入		
				補助金事業収入	
				受取事業収入	
				その他の事業収入	
		就労支援事業収入			
			○○事業収入		
		障害福祉サービス等事業収入			
自立支援費等収入			自立支援給付費収入		
	介護給付費収入			介護給付費収入	
				特例介護給付費収入	
	訓練等給付費収入			訓練等給付費収入	
	障害児施設給付費収入			特例訓練等給付費収入	
	サービス利用計画作成費収入			サービス利用計画作成費収入	
			障害児施設給付費収入		
			利用者負担金収入		
			補足給付費収入		
	特定障害者特別給付費収入			特定障害者特別給付費収入	
				特例特定障害者特別給付費収入	
	特定入所障害児食費等給付費収入			特定入所障害児食費等給付費収入	
	利用者負担金収入				
			特定費用収入		
			その他の事業収入		
				補助金事業収入	
				受託事業収入	
				その他の事業収入	
			（保険等査定減）		
		生活保護事業収入			
			措置費収入		
				事務費収入	
			授産事業収入		
				○○事業収入	
			その他の事業収入		
				補助金事業収入	
				受託事業収入	
				その他の事業収入	
		医療事業収入			
			入院診療収入		
			室料差額収入		
			外来診療収入		

老健準則と会計基準の勘定科目比較表

【旧基準】		【会計基準】			備考 (A欄の科目に対するB欄の科目等)
勘定科目【A】		勘定科目【B】			
科目区分		科目区分			
大区分	中区分	大区分	中区分	小区分	
			保健予防活動収入 受託検査・施設利用収入 訪問看護療養費収入 訪問看護利用料収入		
				訪問看護基本利用料収入 訪問看護その他の利用料収入	
			その他の医療事業収入	補助金事業収入 受託事業収入 その他の医療事業収入	
			(保険等査定減)		
○○事業収入	○○事業収入	○○事業収入	○○事業収入 その他の事業収入	補助金事業収入 受託事業収入 その他の事業収入	介護保険事業収入等に係る補助金事業収入等は、それぞれの区分ごとに計上。上記の大区分に含まれない事業の補助金事業収入は○○事業収入に計上
		○○収入	○○収入		
借入金利息補助金収入 寄附金収入 受取利息配当金収入	借入金利息補助金収入 寄附金収入 受取利息配当金収入	借入金利息補助金収入 経常経費寄附金収入 受取利息配当金収入 その他の収入			
雑収入	雑収入		受入研修費収入 利用者等外給食費収入 雑収入		
		流動資産評価益等による資金増加額	有価証券売却益 有価証券評価益 為替差益		
会計単位間繰入金収入	公益事業会計繰入金収入 収益事業会計繰入金収入				
経理区分間繰入金収入	経理区分間繰入金収入				
経常収入計(1)		事業活動収入計(1)			

老健準則と会計基準の勘定科目比較表

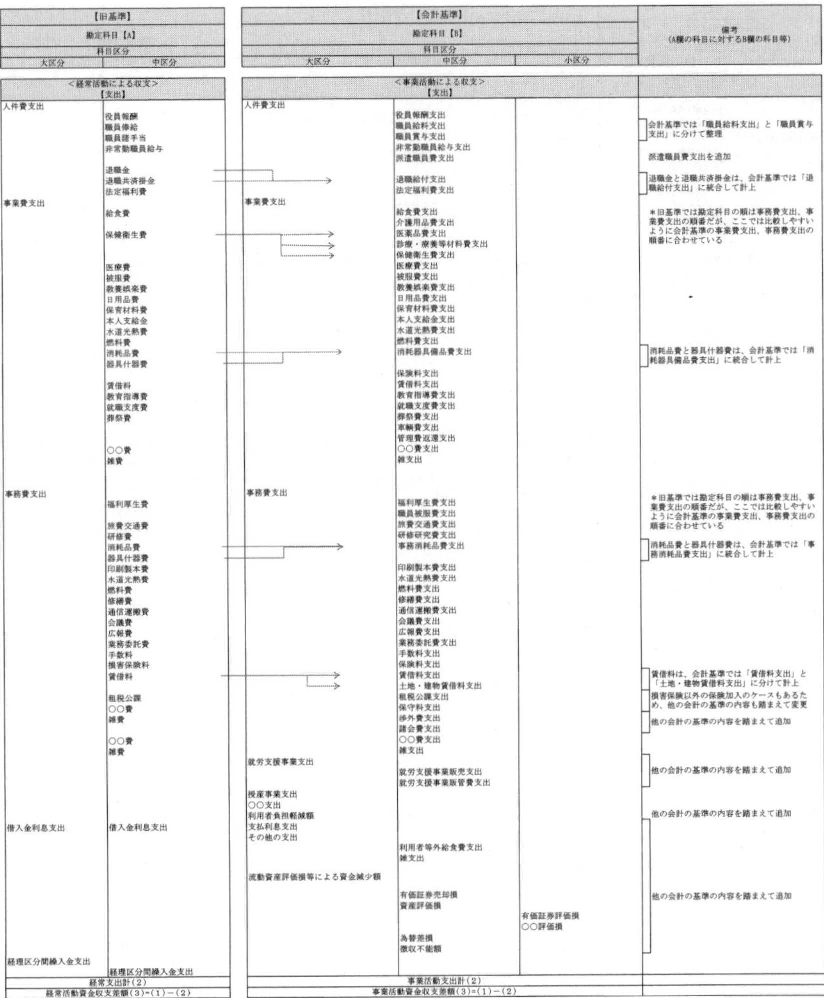

【旧基準】勘定科目【A】科目区分		【会計基準】勘定科目【B】科目区分			備考（A欄の科目に対するB欄の科目等）
大区分	中区分	大区分	中区分	小区分	
＜経常活動による収支＞【支出】		＜事業活動による収支＞【支出】			
人件費支出		人件費支出			
	役員報酬		役員報酬支出		
	職員俸給		職員給料支出		会計基準では「職員給料支出」と「職員賞与支出」に分けて整理
	職員諸手当		職員賞与支出		
	非常勤職員給与		非常勤職員給与支出		
			派遣職員費支出		派遣職員費支出を追加
	退職金				
	退職共済掛金		退職給付支出		退職金と退職共済掛金は、会計基準では「退職給付支出」に統合して計上
	法定福利費		法定福利費支出		
事業費支出		事業費支出			
	給食費		給食費支出		＊旧基準では勘定科目の順は事務費支出、事業費支出の順番だが、ここでは比較しやすいように会計基準の事業費支出、事務費支出の順番に合わせている
			介護用品費支出		
	保健衛生費		医薬品費支出		
			診療・療養等材料費支出		
			保健衛生費支出		
	医療費		医療費支出		
	被服費		被服費支出		
	教養娯楽費		教養娯楽費支出		
	日用品費		日用品費支出		
	保育材料費		保育材料費支出		
	本人支給金		本人支給金支出		
	水道光熱費		水道光熱費支出		
	燃料費		燃料費支出		
	消耗品費		消耗器具備品費支出		消耗品費と器具什器費は、会計基準では「消耗器具備品費支出」に統合して計上
	器具什器費				
			保険料支出		
	賃借料		賃借料支出		
	教育指導費		教育指導費支出		
	就職支度費		就職支度費支出		
	葬祭費		葬祭費支出		
			車輌費支出		
			管理費返還支出		
	○○費		○○費支出		
	雑費		雑支出		
事務費支出		事務費支出			＊旧基準では勘定科目の順は事務費支出、事業費支出の順番だが、ここでは比較しやすいように会計基準の事業費支出、事務費支出の順番に合わせている
	福利厚生費		福利厚生費支出		
			職員被服費支出		
	旅費交通費		旅費交通費支出		
	研修費		研修研究費支出		
	消耗品費		事務消耗品費支出		消耗品費と器具什器費は、会計基準では「事務消耗品費支出」に統合して計上
	器具什器費				
	印刷製本費		印刷製本費支出		
	水道光熱費		水道光熱費支出		
	燃料費		燃料費支出		
	修繕費		修繕費支出		
	通信運搬費		通信運搬費支出		
	会議費		会議費支出		
	広報費		広報費支出		
	業務委託費		業務委託費支出		
	手数料		手数料支出		
	損害保険料		保険料支出		
	賃借料		賃借料支出		賃借料は、会計基準では「賃借料支出」と「土地・建物賃借料支出」に分けて計上
			土地・建物賃借料支出		
	租税公課		租税公課支出		損害保険以外の保険加入のケースもあるため、他の会計の基準の内容も踏まえて変更
	○○費		保守料支出		
	雑費		渉外費支出		他の会計の基準の内容を踏まえて追加
			諸会費支出		
	○○費		○○費支出		
	雑費		雑支出		
		就労支援事業支出			
			就労支援事業販売支出		他の会計の基準の内容を踏まえて追加
			就労支援事業販管費支出		
		授産事業支出			
		○○支出			
		利用者負担軽減額			他の会計の基準の内容を踏まえて追加
借入金利息支出	借入金利息支出	支払利息支出			
		その他の支出			
			利用者等外給食費支出		
			雑支出		
		流動資産評価損等による資金減少額			
			有価証券売却損		他の会計の基準の内容を踏まえて追加
			資産評価損		
				有価証券評価損	
				○○評価損	
			為替差損		
			徴収不能額		
経理区分間繰入金支出	経理区分間繰入金支出				
経常支出計(2)		事業活動支出計(2)			
経常活動資金収支差額(3)=(1)−(2)		事業活動資金収支差額(3)=(1)−(2)			

老健準則と会計基準の勘定科目比較表

【旧基準】勘定科目【A】科目区分 大区分	【旧基準】勘定科目【A】科目区分 中区分	【会計基準】勘定科目【B】科目区分 大区分	【会計基準】勘定科目【B】科目区分 中区分	【会計基準】勘定科目【B】科目区分 小区分	備考（A欄の科目に対するB欄の科目等）
＜施設整備等による収支＞【収入】		＜施設整備等による収支＞【収入】			
施設整備等補助金収入		施設整備等補助金収入			
	施設整備補助金収入		施設整備等補助金収入		
	設備整備補助金収入		設備資金借入金元金償還補助金収入		
施設整備等寄附金収入		施設整備等寄附金収入			
	施設整備等寄附金収入		施設整備等寄附金収入		
	施設整備等借入金償還寄附金収入		設備資金借入金元金償還寄附金収入		
		設備資金借入金収入			
固定資産売却収入		固定資産売却収入			
	車輌運搬具売却収入		車輌運搬具売却収入		
	器具及び備品売却収入		器具及び備品売却収入		
	○○売却収入		○○売却収入		
		その他の施設整備等による収入			他の会計の基準の内容を踏まえて追加
			○○収入		
施設整備等収入計(4)		施設整備等収入計(4)			
＜施設整備等による収支＞【支出】		＜施設整備等による収支＞【支出】			
		設備資金借入金元金償還支出			
固定資産取得支出		固定資産取得支出			
			土地取得支出		
	建物取得支出		建物取得支出		
	車輌運搬具取得支出		車輌運搬具取得支出		
			器具及び備品取得支出		他の会計の基準の内容を踏まえて追加
	○○取得支出		○○取得支出		
		固定資産除却・廃棄支出			
		ファイナンス・リース債務の返済支出			
		その他の施設整備等による支出			他の会計の基準の内容を踏まえて追加
			○○支出		
元入金支出					
	公益事業会計元入金支出				会計基準ではその他の活動による収支の部の支出に移動し、「事業・拠点区分間貸付金支出」として計上
	収益事業会計元入金支出				
施設整備等支出計(5)		施設整備等支出計(5)			
施設整備等資金収支差額(6)=(4)－(5)		施設整備当資金収支差額(6)=(4)－(5)			
＜財務活動による収支＞【収入】		＜その他の活動による収支＞【収入】			
借入金収入					
	設備資金借入金収入				
		長期運営資金借入金元金償還寄附金収入			
	長期運営資金借入金収入	長期運営資金借入金収入			
その他の収入	長期貸付金回収収入	長期貸付金回収収入			
投資有価証券売却収入	投資有価証券売却収入	投資有価証券売却収入			
積立預金取崩収入		積立資産取崩収入			
			退職給付引当資産取崩収入		
			長期預り金積立資産取崩収入		
	○○積立預金取崩収入		○○積立資産取崩収入		
		事業区分間長期借入金収入			
		拠点区分間長期借入金収入			
		事業区分間長期貸付金回収収入			
		拠点区分間長期貸付金回収収入			会計基準の区分方法に沿って変更
		事業区分間繰入金収入			
		拠点区分間繰入金収入			
		サービス区分間繰入金収入			
その他の収入		その他の活動による収入			
	○○収入		○○収入		
借入金元金償還補助金収入					
	借入金元金償還補助金収入				
財務収入計(7)		その他の活動収入計(7)			
＜財務活動による収支＞【支出】		＜その他の活動による収支＞【支出】			
借入金元金償還金支出	長期運営資金借入金償還金支出	長期運営資金借入金元金償還支出			
		長期貸付金支出			
投資有価証券取得支出	投資有価証券取得支出	投資有価証券取得支出			
積立預金積立支出		積立資産支出			
			退職給付引当資産支出		
			長期預り金積立資産支出		
	○○積立預金積立支出		○○積立資産支出		
		事業区分間長期貸付金支出			
		拠点区分間長期貸付金支出			
		事業区分間長期借入金返済支出			
		拠点区分間長期借入金返済支出			会計基準の区分方法に沿って変更
		事業区分間繰入金支出			
		拠点区分間繰入金支出			
		サービス区分間繰入金支出			
その他の支出		その他の活動による支出			
			○○支出		
借入金元金償還金支出					
	設備資金借入金償還金支出				
流動資産評価減等による資金減少額等					
	徴収不能額				
	有価証券売却益				
	有価証券売却損				
	有価証券評価損				
	○○評価損				
財務支出計(8)		その他の活動支出計(8)			
財務活動資金収支差額(9)=(7)－(8)		その他の活動資金収支差額(9)=(7)－(8)			
予備費(10)		予備費支出(10)			
当期資金収支差額合計(11)=(3)+(6)+(9)－(10)		当期資金収支差額合計(11)=(3)+(6)+(9)－(10)			
前期末支払資金残高(12)		前期末支払資金残高(12)			
当期末支払資金残高(11)＋(12)		当期末支払資金残高(11)＋(12)			

老健準則と会計基準の勘定科目比較表

資金収支計算書

※老健準則には資金収支計算書がないため、旧社会福祉法人基準又は指導指針からの変更を示す。

【指導指針】		【会計基準】			備考
勘定科目【A】		勘定科目【B】			（A欄の科目に対するB欄の科目等）
科目区分		科目区分			
大区分	中区分	大区分	中区分	小区分	
＜経常活動による収支＞【収入】		＜事業活動による収支＞【収入】			
介護福祉施設介護料収入		介護保険事業収入			
	介護報酬収入		施設介護料収入		
	利用者負担金収入			介護報酬収入	
				利用者負担金収入（公費）	
				利用者負担金収入（一般）	
居宅介護料収入			居宅介護料収入		
（介護報酬収入）			（介護報酬収入）		
	介護報酬収入			介護報酬収入	
	介護予防報酬収入			介護予防報酬収入	
	（利用者負担金収入）		（利用者負担金収入）		
	介護負担金収入			介護負担金収入（公費）	
	介護予防負担金収入			介護負担金収入（一般）	
				介護予防負担金収入（公費）	
				介護予防負担金収入（一般）	
			地域密着型介護料収入		
			（介護報酬収入）		
				介護報酬収入	
				介護予防報酬収入	
			（利用者負担金収入）		
				介護負担金収入（公費）	
				介護負担金収入（一般）	
				介護予防負担金収入（公費）	
				介護予防負担金収入（一般）	
居宅介護支援介護料収入			居宅介護支援介護料収入		
	居宅介護支援介護料収入			居宅介護支援介護料収入	
	介護予防支援介護料収入			介護予防支援介護料収入	
利用者等利用料収入			利用者等利用料収入		
	介護福祉施設利用料収入			施設サービス利用料収入	
	居宅介護サービス利用料収入			居宅介護サービス利用料収入	
				地域密着型介護サービス利用料収入	
	食費収入			食費収入（公費）	
				食費収入（一般）	
	居住費収入			居住費収入（公費）	
				居住費収入（一般）	
	管理費収入				指導指針における管理費収入は老人福祉事業収入の管理費収入に計上
	その他の利用料収入			その他の利用料収入	
その他の事業収入			その他の事業収入		
	補助金収入			補助金事業収入	介護保険事業収入に係る補助金事業収入等を計上。なお他の大区分に係る補助金事業収入等はそれぞれの区分ごとに計上。
	市町村特別事業収入			市町村特別事業収入	
	受託収入			受託事業収入	
	その他の事業収入			その他の事業収入	
			（保険等査定減）		
		老人福祉事業収入			
措置費収入			措置事業収入		
	事務費収入			事務費収入	措置事業に係る措置事業収入は老人福祉事業収入に計上
	事業費収入			事業費収入	
				その他の利用料収入	
				その他の事業収入	
			運営事業収入		
				管理費収入	
				その他の利用料収入	
				補助金事業収入	
				その他の事業収入	
			その他の事業収入		
				管理費収入	
				その他の利用料収入	
				その他の事業収入	
		○○事業収入			
			○○事業収入		
			その他の事業収入		
				補助金事業収入	
				受託事業収入	
				その他の事業収入	
		○○収入			
			○○収入		
借入金利息補助金収入		借入金利息補助金収入			
寄付金収入		経常経費寄附金収入			
受取利息配当金収入		受取利息配当金収入			
事業外収入		その他の収入			
	受入研修費収入		受入研修費収入		
	職員等給食費収入		利用者等外給食費収入		
雑収入			雑収入		
		流動資産評価益等による資金増加額			
			有価証券売却益		
			有価証券評価益		
			為替差益		
経常収入計（1）		事業活動収入計（1）			

老健準則と会計基準の勘定科目比較表

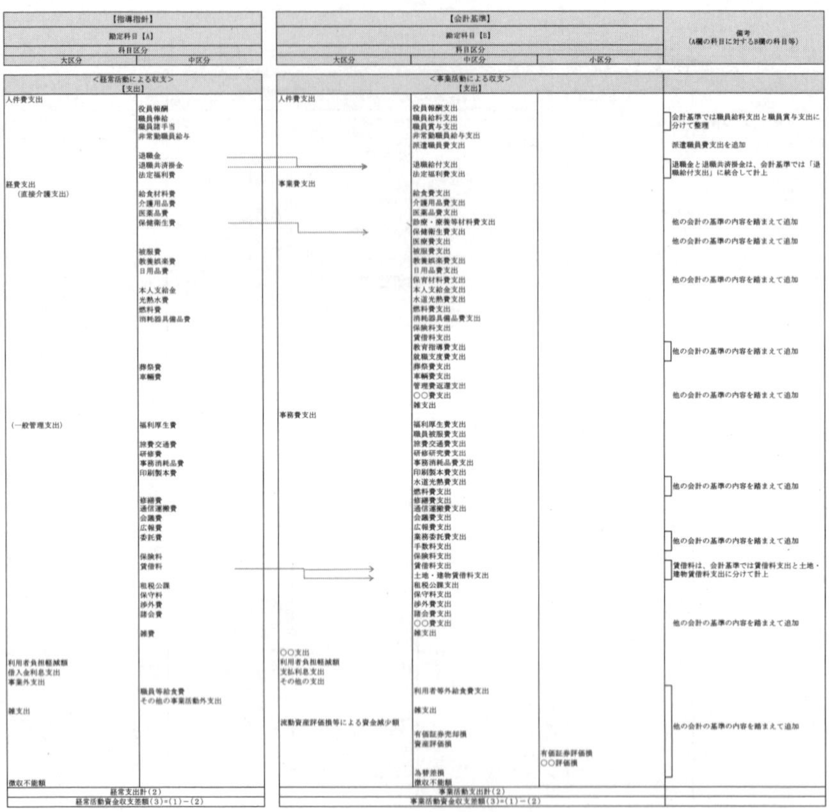

【指導指針】勘定科目【A】科目区分 大区分	中区分	【会計基準】勘定科目【B】科目区分 大区分	中区分	小区分	備考（A欄の科目に対するB欄の科目等）
＜経常活動による収支＞【支出】		＜事業活動による収支＞【支出】			
人件費支出		人件費支出			
	役員報酬		役員報酬支出		
	職員俸給		職員給料支出		会計基準では職員給料支出と職員賞与支出に分けて整理
	職員諸手当		職員賞与支出		
	非常勤職員給与		非常勤職員給与支出		
			派遣職員費支出		派遣職員費支出を追加
	退職金				
	退職共済掛金		退職給付支出		退職金と退職共済掛金は、会計基準では「退職給付支出」に統合して計上
	法定福利費		法定福利費支出		
経費支出		事業費支出			
（直接介護支出）	給食材料費		給食費支出		
	介護用品費		介護用品費支出		
	医薬品費		医薬品費支出		
	保健衛生費		診療・療養等材料費支出		他の会計の基準の内容を踏まえて追加
			保健衛生費支出		
			医療費支出		他の会計の基準の内容を踏まえて追加
	被服費		被服費支出		
	教養娯楽費		教養娯楽費支出		
	日用品費		日用品費支出		
			保育材料費支出		他の会計の基準の内容を踏まえて追加
	本人支給金		本人支給金支出		
	光熱水費		水道光熱費支出		
	燃料費		燃料費支出		
	消耗器具備品費		消耗器具備品費支出		
			保険料支出		
			賃借料支出		
			教育指導費支出		他の会計の基準の内容を踏まえて追加
			就職支度費支出		
	葬祭費		葬祭費支出		
	車輌費		車輌費支出		
			管理費返還支出		
			○○費支出		他の会計の基準の内容を踏まえて追加
			雑支出		
		事務費支出			
（一般管理支出）	福利厚生費		福利厚生費支出		
			職員被服費支出		
	旅費交通費		旅費交通費支出		
	研修費		研修研究費支出		
	事務消耗品費		事務消耗品費支出		
	印刷製本費		印刷製本費支出		
			水道光熱費支出		他の会計の基準の内容を踏まえて追加
			燃料費支出		
	修繕費		修繕費支出		
	通信運搬費		通信運搬費支出		
	会議費		会議費支出		
	広報費		広報費支出		
	委託費		業務委託費支出		他の会計の基準の内容を踏まえて追加
			手数料支出		
	保険料		保険料支出		
	賃借料		賃借料支出		賃借料は、会計基準では賃借料支出と土地・建物賃借料支出に分けて計上
			土地・建物賃借料支出		
	租税公課		租税公課支出		
	保守料		保守料支出		
	渉外費		渉外費支出		
	諸会費		諸会費支出		
			○○費支出		他の会計の基準の内容を踏まえて追加
	雑費		雑支出		
		○○支出			
利用者負担軽減額		利用者負担軽減額			
借入金利息支出		支払利息支出			
事業外支出		その他の支出			
	職員等給食費		利用者等外給食費支出		
	その他の事業活動外支出				
雑支出			雑支出		
		流動資産評価損等による資金減少額			他の会計の基準の内容を踏まえて追加
			有価証券売却損		
			資産評価損		
				有価証券評価損	
				○○評価損	
			為替差損		
徴収不能額			徴収不能額		
経常支出計（2）		事業活動支出計（2）			
経常活動資金収支差額（3）=（1）−（2）		事業活動資金収支差額（3）=（1）−（2）			

老健準則と会計基準の勘定科目比較表

【指導指針】		【会計基準】			備考 (A欄の科目に対するB欄の科目等)
勘定科目【A】		勘定科目【B】			
科目区分		科目区分			
大区分	中区分	大区分	中区分	小区分	
<施設整備等による収支> 【収入】		<施設整備等による収支> 【収入】			
施設整備等補助金収入		施設整備等補助金収入	施設整備等補助金収入		
			設備資金借入金元金償還補助金収入		
施設整備等寄付金収入		施設整備等寄附金収入	施設整備等寄附金収入		
			設備資金借入金元金償還寄附金収入		
設備資金借入金収入		設備資金借入金収入			
固定資産売却収入		固定資産売却収入			
	車輌運搬具売却収入		車輌運搬具売却収入		
	器具及び備品売却収入		器具及び備品売却収入		
	○○売却収入		○○売却収入		
		その他の施設整備等による収入	○○収入		他の会計の基準の内容を踏まえて追加
施設整備等収入計(4)		施設整備等収入計(4)			
<施設整備等による収支> 【支出】		<施設整備等による収支> 【支出】			
		設備資金借入金元金償還支出			
固定資産取得支出		固定資産取得支出			
	土地取得支出		土地取得支出		
	建物取得支出		建物取得支出		
	車輌運搬具取得支出		車輌運搬具取得支出		
	器具及び備品取得支出		器具及び備品取得支出		
	○○取得支出		○○取得支出		
固定資産除却・廃棄支出	固定資産除却・廃棄支出	固定資産除却・廃棄支出			
		ファイナンス・リース債務の返済支出			
		その他の施設整備等による支出	○○支出		他の会計の基準の内容を踏まえて追加
施設整備等支出計(5)		施設整備等支出計(5)			
施設整備等資金収支差額(6)=(4)－(5)		施設整備等資金収支差額(6)=(4)－(5)			
<財務活動等による収支> 【収入】		<その他の活動による収支> 【収入】			
長期運営資金借入金元金償還寄付金収入		長期運営資金借入金元金償還寄附金収入			
長期運営資金借入金収入		長期運営資金借入金収入			
		長期貸付金回収収入			
投資有価証券売却収入		投資有価証券売却収入			
積立預金取崩収入		積立資産取崩収入			
	移行時特別積立預金取崩収入				
			退職給付引当資産取崩収入		
			長期預り金積立資産取崩収入		
	○○積立預金取崩収入		○○積立資産取崩収入		
他会計区分長期借入金収入		事業区分間長期借入金収入			会計基準の区分方法に沿って変更
		拠点区分間長期借入金収入			
他会計区分長期貸付金回収金収入		事業区分間長期貸付金回収収入			
		拠点区分間長期貸付金回収収入			
他会計区分繰入金収入		事業区分間繰入金収入			
会計区分外繰入金収入		拠点区分間繰入金収入			
		サービス区分間繰入金収入			
その他の収入		その他の活動による収入			
			○○収入		
設備資金借入金元金償還補助金収入					
設備資金借入金元金償還寄付金収入					
財務収入計(7)		その他の活動収入計(7)			
<財務活動等による収支> 【支出】		<その他の活動による収支> 【支出】			
設備資金借入金元金償還支出					
長期運営資金借入金元金償還金支出		長期運営資金借入金元金償還支出			
		長期貸付金支出			
投資有価証券取得支出		投資有価証券取得支出			
積立預金支出		積立資産支出			
			退職給付引当資産支出		
			長期預り金積立資産支出		
			○○積立資産支出		
他会計区分長期貸付金支出		事業区分間長期貸付金支出			
		拠点区分間長期貸付金支出			
他会計区分長期借入金償還金支出		事業区分間長期借入金返済支出			会計基準の区分方法に沿って変更
		拠点区分間長期借入金返済支出			
他会計区分繰入金支出		事業区分間繰入金支出			
会計区分外繰入金支出		拠点区分間繰入金支出			
		サービス区分間繰入金支出			
その他の支出		その他の活動による支出			
			○○支出		
設備資金借入金元金償還金支出					
財務支出計(8)		その他の活動支出計(8)			
財務活動資金収支差額(9)=(7)－(8)		その他の活動資金収支差額(9)=(7)－(8)			
予備費(10)		予備費支出(10)			
当期資金収支差額合計(11)=(3)+(6)+(9)－(10)		当期資金収支差額合計(11)=(3)+(6)+(9)－(10)			
前期末支払資金残高(12)		前期末支払資金残高(12)			
当期末支払資金残高(11)＋(12)		当期末支払資金残高(11)＋(12)			

老健準則と会計基準の勘定科目比較表

事業活動計算書

【老健準則】			【会計基準】			備考 (A欄の科目に対するB欄の科目等)
勘定科目【A】			勘定科目【B】			
科目区分			科目区分			
大区分	中区分	小区分	大区分	中区分	小区分	
<施設運営事業損益計算の部> 【施設運営事業収益】			<サービス活動増減の部> 【収益】			
			介護保険事業収益			
介護保健施設介護料収益				施設介護料収益		
	介護報酬収益				介護報酬収益	
	利用者負担金収益				利用者負担金収益（公費）	
					利用者負担金収益（一般）	
	基本食事サービス料収益					会計基準の「利用者等利用料収益」の「食費収益」へ計上
居宅介護料収益				居宅介護料収益 （介護報酬収益）		
	介護報酬収益				介護報酬収益 介護予防報酬収益	他の会計の基準の内容を踏まえて追加
				（利用者負担金収益）		
	利用者負担金収益				介護負担金収益（公費） 介護負担金収益（一般）	
					介護予防負担金収益（公費） 介護予防負担金収益（一般）	他の会計の基準の内容を踏まえて追加
				地域密着型介護料収益 （介護報酬収益）		
					介護報酬収益 介護予防報酬収益	
				（利用者負担金収益）	介護負担金収益（公費） 介護負担金収益（一般） 介護予防負担金収益（公費） 介護予防負担金収益（一般）	会計基準で追加
居宅介護支援介護料収益				居宅介護支援介護料収益		
	居宅介護支援介護料収益				居宅介護支援介護料収益 介護予防支援介護料収益	他の会計の基準の内容を踏まえて追加
利用者等利用料収益				利用者等利用料収益		
	介護保健施設利用料収益				施設サービス利用料収益	特別な食事費は「食費収益」、特別な室料は「居住費収益」へ計上
	居宅介護サービス利用料				居宅介護サービス利用料収益	
					地域密着型介護サービス利用料収益	
	食費収益				食費収益（公費） 食費収益（一般）	
	居住費収益				居住費収益（公費） 居住費収益（一般）	
	その他利用料収益				その他の利用料収益	
その他の事業収益				その他の事業収益		
					補助金事業収益 市町村特別事業収益 受託事業収益 その他の事業収益	介護保険収益に係る補助金等を計上。なお、○○事業収益など他の大区分に係る補助金収益等はそれぞれの区分ごとに計上。
	（介護報酬査定減）			（保険等査定減）		
			老人福祉事業収益			
				措置事業収益		
					事務費収益 事業費収益 その他の利用料収益 その他の事業収益	
				運営事業収益		
					管理費収益 その他の利用料収益 補助金事業収益 その他の事業収益	
				その他の事業収益		
					管理費収益 その他の利用料収益 その他の事業収益	
			○○事業収益			
				○○事業収益 その他の事業収益		
					補助金事業収益 受託事業収益 その他の事業収益	上記の大区分に含まれない事業の補助金等は○○事業収益に計上
			○○収益			
				○○収益		
			経常経費寄附金収益 その他の収益			
施設運営事業収益計(1)			サービス活動収益計(1)			
<施設運営事業損益計算の部> 【施設運営事業費用】			<サービス活動増減の部> 【費用】			
			人件費			
役員報酬				役員報酬		
	役員報酬					
給与費						
	常勤職員給与			職員給料		
		医師給 看護師給 介護職員給 支援相談員給 理学療法士又は作業療法士給 医療技術員給 事務員給 技能労務員給				
				職員賞与		他の会計の基準の内容を踏まえて職員給料と別に計上
				賞与引当金繰入		他の会計の基準の内容を踏まえて追加

老健準則と会計基準の勘定科目比較表

【老健準則】 勘定科目【A】 科目区分 大区分	中区分	小区分	【会計基準】 勘定科目【B】 科目区分 大区分	中区分	小区分	備考 (A欄の科目に対するB欄の科目等)
	非常勤職員給与			非常勤職員給与		
		医師給				
		看護師給				
		介護職員給				
		支援相談員給				
		理学療法士又は作業療法士給				
		医療技術員給				
		事務員給				
		技能労務員給				
				派遣職員費		
	退職給与引当金繰入			退職給付費用		退職給付会計の導入により変更
	法定福利費			法定福利費		
材料費						
			事業費			
	給食用材料費			給食費		会計基準では「給食費」に変更
				介護用品費		
	医薬品費			医薬品費		
	施設療養材料費			診療・療養等材料費		
	施設療養消耗器具備品費			保健衛生費		
	その他の材料費			医療費		
				被服費		
				教養娯楽費		
				日用品費		
				保育材料費		
				本人支給金費		
				水道光熱費		
				燃料費		他の会計の基準の内容を踏まえて追加
				消耗器具備品費		
				保険料		
				賃借料		
				教育指導費		
				就職支度費		
				葬祭費		
				車輌費		
				雑費		
				○○費		
経費			事務費			
	福利厚生費			福利厚生費	福利厚生費	
	職員被服費			職員被服費		
	旅費交通費			旅費交通費		
	消耗品費			事務消耗品費		消耗品費と消耗器具備品費は、会計基準では「消耗器具備品費」に統合して計上
	消耗器具備品費					
				印刷製本費		
	光熱水費			水道光熱費		会計基準では「水道光熱費」へ変更
				燃料費		
	修繕費			修繕費		
	通信費			通信運搬費		
	会議費			会議費		
				広報費		
				手数料		
	保険料			保険料		
	賃借料			賃借料		賃借料は、会計基準では「賃借料」と「土地建物賃借料」に分けて計上
				土地建物賃借料		
	租税公課			租税公課		
				保守料		
	交際費			渉外費		会計基準では「渉外費」へ変更
	諸会費			諸会費		
	車両費			○○費		
	雑費			雑費		
	徴収不能損失					
研修費	謝金			研修研究費		
	図書費					
	旅費交通費					
	研修雑費					
委託費	委託費			業務委託費		
			○○費用			
			利用者負担軽減額			
減価償却費			減価償却費			
	建物減価償却費					
	建物付属設備減価償却費					
	構築物設備減価償却費					
	医療用器械備品減価償却費					
	車両船舶減価償却費					
	その他の器械備品減価償却費					
	その他の有形固定資産減価償却費					
	無形固定資産減価償却費					
本部費						「拠点区分間繰入費用」等へ計上
	本部費					
			国庫補助金等特別積立金取崩額			
			徴収不能額			
			徴収不能引当金繰入額			他の会計の基準の内容を踏まえて追加
			その他の費用			
施設運営事業費用計（2）			サービス活動費用計（2）			
施設運営事業利益(3)=(1)-(2)			サービス活動増減差額(3)=(1)-(2)			

<経常損益計算の部> 【施設運営事業外収益】			<サービス活動外増減の部> 【収益】			
			借入金利息補助金収益			他の会計の基準の内容を踏まえて追加
受取利息配当金			受取利息配当金収益			
			有価証券評価益			会計基準では有価証券の時価会計の導入に伴い追加
有価証券売却益			有価証券売却益			
			投資有価証券評価益			会計基準では有価証券の時価会計の導入に伴い追加
			投資有価証券売却益			他の会計の基準の内容を踏まえて追加
			その他のサービス活動外収益			他の会計の基準の内容を踏まえて追加
				受入研修費収益		
利用者等外給食収益				利用者等外給食収益		他の会計の基準の内容を踏まえて「利用者等外給食収益」に変更
その他の施設運営事業外収益				雑収益		他の会計の基準の内容を踏まえて「雑収益」に変更
					為替差益	
施設運営事業活動外収益計(4)			サービス活動外収益計(4)			

老健準則と会計基準の勘定科目比較表

【老健準則】 勘定科目【A】 科目区分			【会計基準】 勘定科目【B】 科目区分			備考 (A欄の科目に対するB欄の科目等)
大区分	中区分	小区分	大区分	中区分	小区分	
<経常損益計算の部>【施設運営事業外費用】			<サービス活動外増減の部>【費用】			
支払利息			支払利息			
			有価証券評価損			会計基準では有価証券の時価会計の導入に伴い追加
有価証券売却損			有価証券売却損			
			投資有価証券評価損			会計基準では有価証券の時価会計の導入に伴い追加
			投資有価証券売却損			他の会計の基準の内容を踏まえて追加
			その他のサービス活動外費用			他の会計の基準の内容を踏まえて追加
利用者等外給食用材料費				利用者等外給食費用		他の会計の基準の内容を踏まえて「利用者等外給食費用」に変更
貸倒損失						会計基準では「徴収不能額」へ計上
雑損失				雑損失		
					為替差損	
施設運営事業外費用計（5）			サービス事業活動外費用計（5）			
施設運営事業外損益（6）＝（4）－（5）			サービス活動外増減差額（6）＝(4)－(5)			
経常利益(7)=(3)＋(6)			経常増減額(7)=(3)＋(6)			
<純損益計算の部>【特別利益】			<特別増減の部>【収益】			
			施設整備等補助金収益			他の会計の基準の内容を踏まえて追加
				施設整備等補助金収益		
				設備資金借入金元金償還補助金収益		
			施設整備等寄附金収益			
				施設整備等寄附金収益		
				設備資金借入金元金償還寄附金収益		
			長期運営資金借入金元金償還寄附金収益			
			固定資産受贈額			
				○○受贈額		
固定資産売却益			固定資産売却益			
				車輌運搬具売却益		他の会計の基準の内容を踏まえて追加
				器具及び備品売却益		
				○○売却益		
			事業区分間繰入金収益			
			拠点区分間繰入金収益			
			事業区分間固定資産移管収益			
			拠点区分間固定資産移管収益			
その他の特別収益			その他の特別収益			
				徴収不能引当金戻入益		
特別利益計(8)			特別収益計(8)			
<純損益計算の部>【特別損失】			<特別増減の部>【費用】			
			基本金組入額			他の会計の基準の内容を踏まえ追加
			資産評価損			
固定資産売却損			固定資産売却損・処分損			
				建物売却損・処分損		他の会計の基準の内容を踏まえ追加
				車輌運搬具売却損・処分損		
				器具及び備品売却損・処分損		
				その他の固定資産売却損・処分損		
			国庫補助金等特別積立金取崩額（除却等）			
			国庫補助金等特別積立金積立額			
			災害損失			
			事業区分間繰入金費用			
			拠点区分間繰入金費用			
			事業区分間固定資産移管費用			
			拠点区分間固定資産移管費用			
その他の特別損失			その他の特別損失			
特別損失計（9）			特別費用計（9）			
純損益（10）＝(8)－(9)			特別増減差額（10）＝(8)－(9)			
			税引前当期活動増減差額(11)=(7)+(10)			
法人税等			法人税、住民税及び事業税(12)			
			法人税等調整額(13)			
当期純利益			当期活動増減差額(14)=(11)-(12)-(13)			
			<繰越活動増減差額の部>			
			前期繰越活動増減差額(15)			
			当期末繰越活動増減差額(16)=(14)+(15)			
			基本金取崩額(17)			
			その他の積立金取崩額			
				○○積立金取崩額		
			その他の積立金積立額			
				○○積立金積立額		
			次期繰越活動増減差額(20)=(16)+(17)+(18)-(19)			旧基準の「収支」を会計基準では「増減」に名称変更

資料3

老健準則と会計基準の勘定科目比較表

貸借対照表

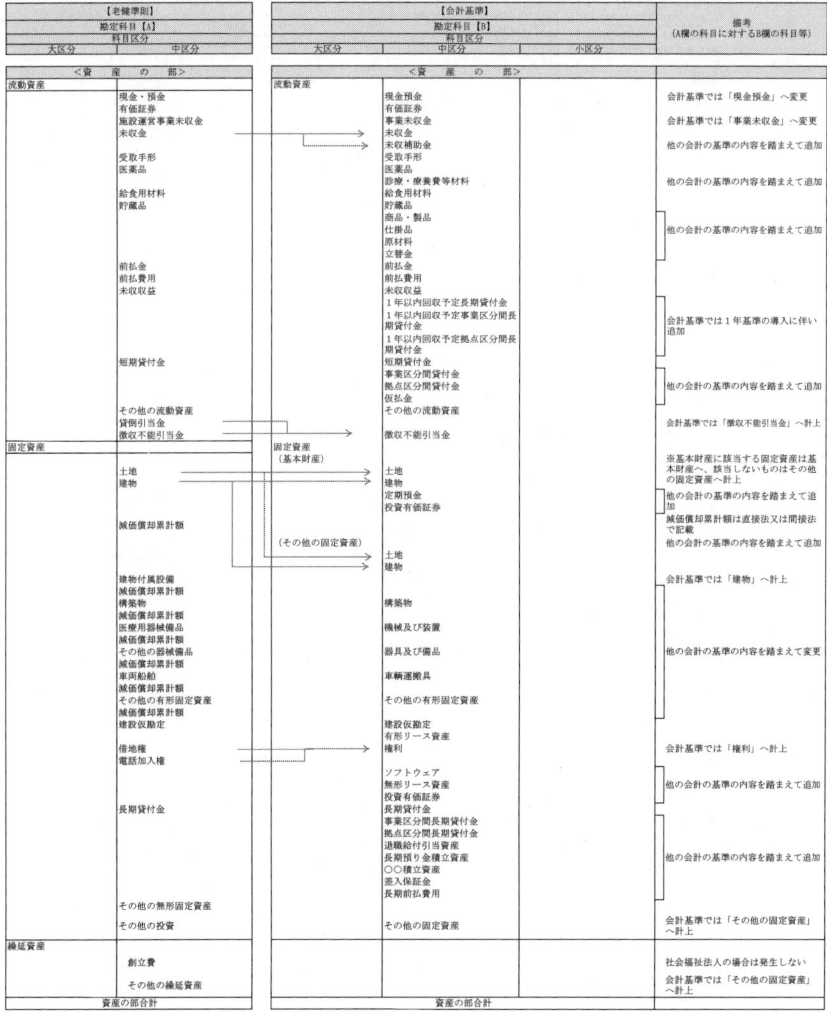

【老健準則】 勘定科目【A】 科目区分 大区分	中区分	【会計基準】 勘定科目【B】 科目区分 大区分	中区分	小区分	備考（A欄の科目に対するB欄の科目等）
＜資　産　の　部＞		＜資　産　の　部＞			
流動資産		流動資産			
	現金・預金		現金預金		会計基準では「現金預金」へ変更
	有価証券		有価証券		
	施設運営事業未収金		事業未収金		会計基準では「事業未収金」へ変更
	未収金		未収金		
			未収補助金		他の会計の基準の内容を踏まえて追加
	受取手形		受取手形		
	医薬品		医薬品		
			診療・療養費等材料		他の会計の基準の内容を踏まえて追加
	給食用材料		給食用材料		
	貯蔵品		貯蔵品		
			商品・製品		
			仕掛品		他の会計の基準の内容を踏まえて追加
			原材料		
			立替金		
	前払金		前払金		
	前払費用		前払費用		
	未収収益		未収収益		
			１年以内回収予定長期貸付金		
			１年以内回収予定事業区分間長期貸付金		会計基準では１年基準の導入に伴い追加
			１年以内回収予定拠点区分間長期貸付金		
	短期貸付金		短期貸付金		
			事業区分間貸付金		
			拠点区分間貸付金		他の会計の基準の内容を踏まえて追加
			仮払金		
	その他の流動資産		その他の流動資産		
	貸倒引当金				会計基準では「徴収不能引当金」へ計上
	徴収不能引当金		徴収不能引当金		
固定資産		固定資産（基本財産）			※基本財産に該当する固定資産は基本財産へ、該当しないものはその他の固定資産へ計上
	土地		土地		
	建物		建物		
			定期預金		他の会計の基準の内容を踏まえて追加
			投資有価証券		
	減価償却累計額				減価償却累計額は直接法又は間接法で記載
		（その他の固定資産）			他の会計の基準の内容を踏まえて追加
			土地		
			建物		
	建物付属設備				会計基準では「建物」へ計上
	減価償却累計額				
	構築物		構築物		
	減価償却累計額				
	医療用器械備品		機械及び装置		
	減価償却累計額				
	その他の器械備品		器具及び備品		他の会計の基準の内容を踏まえて変更
	減価償却累計額				
	車両船舶		車輌運搬具		
	減価償却累計額				
	その他の有形固定資産		その他の有形固定資産		
	減価償却累計額				
	建設仮勘定		建設仮勘定		
			有形リース資産		
	借地権		権利		会計基準では「権利」へ計上
	電話加入権				
			ソフトウェア		
			無形リース資産		他の会計の基準の内容を踏まえて追加
			投資有価証券		
	長期貸付金		長期貸付金		
			事業区分間長期貸付金		
			拠点区分間長期貸付金		
			退職給付引当資産		
			長期預り金積立資産		他の会計の基準の内容を踏まえて追加
			○○積立資産		
			差入保証金		
			長期前払費用		
	その他の無形固定資産				
	その他の投資		その他の固定資産		会計基準では「その他の固定資産」へ計上
繰延資産					
	創立費				社会福祉法人の場合は発生しない
	その他の繰延資産				会計基準では「その他の固定資産」へ計上
資産の部合計		資産の部合計			

老健準則と会計基準の勘定科目比較表

【老健準則】勘定科目【A】科目区分 大区分	中区分	【会計基準】勘定科目【B】科目区分 大区分	中区分	小区分	備考（A欄の科目に対するB欄の科目等）
<負　債　の　部>		<負　債　の　部>			
流動負債		流動負債			
	買掛金				会計基準では「事業未払金」へ計上
	短期借入金		短期運営資金借入金		会計基準では「短期運営資金借入金」に変更
	未払金		事業未払金		会計基準では「事業未払金」、「その他の未払金」に分けて計上
			その他の未払金		
	支払手形		支払手形		
			役員等短期借入金		他の会計の基準の内容を踏まえて追加
			１年以内返済予定設備資金借入金		
			１年以内返済予定長期運営資金借入金		
			１年以内返済予定リース債務		
			１年以内返済予定役員等長期借入金		会計基準では１年基準の導入に伴い追加
			１年以内返済予定事業区分間借入金		
			１年以内返済予定拠点区分間借入金		
			1年以内支払予定長期未払金		
	未払費用		未払費用		
	預り金		預り金		
	職員預り金		職員預り金		
			前受金		他の会計の基準の内容を踏まえて追加
	前受収益		前受収益		
			事業区分間借入金		他の会計の基準の内容を踏まえて追加
			拠点区分間借入金		
			仮受金		
	賞与引当金		賞与引当金		
	修繕引当金				会計基準では廃止。取り崩す
	その他の引当金				
	その他の流動負債		その他の流動負債		
固定負債		固定負債			
			設備資金借入金		他の会計の基準の内容を踏まえて追加
			長期運営資金借入金		
			リース債務		会計基準ではリース会計の導入により追加
	長期借入金		役員等長期借入金		他の会計の基準の内容を踏まえて追加
			事業区分間長期借入金		
			拠点区分間長期借入金		
	退職給与引当金		退職給付引当金		
	長期未払金		長期未払金		
			長期預り金		他の会計の基準の内容を踏まえて追
	その他の固定負債		その他の固定負債		
負債の部合計		負債の部合計			
<資　本　の　部>		<純　資　産　の　部>			
		基本金			他の会計の基準の内容を踏まえて追加
資本金					
資本剰余金					
	国庫等補助金	国庫補助金等特別積立金			他の会計の基準の内容を踏まえて追加
	指定寄付金				
	その他の資本剰余金				
利益剰余金					
	任意積立金	その他の積立金			
			○○積立金		他の会計の基準の内容を踏まえて追加
	当期未処分利益	次期繰越活動増減差額（うち当期活動増減差額）			
資本の部合計		純資産の部合計			
負債及び純資産の部合計		負債及び純資産の部合計			

別紙⑮

4号基本金取崩調整表

(単位:円)

	調整前貸借対照表		調整		調整後貸借対照表	
	借方	貸方	借方	貸方	借方	貸方
純資産の部						
基本金						
1号〜3号基本金		3,000				3,000
4号基本金		1,000	1,000			0
国庫補助金等特別積立金		2,000				2,000
その他積立金						
○○積立金		1,000				1,000
△△積立金				300		300
次期繰越活動収支差額		10,000		700		10,700
純資産の部合計		17,000				17,000

資産の部						
	借方	貸方	借方	貸方	借方	貸方
流動資産						
固定資産						
基本財産						
基本財産特定預金	1,000			300	700	
基本財産△△積立資産			300		300	
その他固定資産						
○○積立資産						
資産の部合計						

(上記の事例)
移行前:第4号基本金、基本財産特定預金に1,000円計上。
↓
移行時:第4号基本金を取崩し、次期繰越活動増減差額に700円、△△積立金に300円積立。

＜執筆者紹介＞

秋山　修一郎（あきやま　しゅういちろう）

公認会計士

新日本有限責任監査法人　公会計部　医療福祉部　パートナー

主に公的分野（独立行政法人，国立大学法人），医療福祉分野（社会福祉法人，医療法人），学校法人，公益法人等の会計監査，コンサルティング業務に従事。日本公認会計士協会非営利法人委員会専門委員・社会福祉法人専門部会専門委員。

<新日本有限責任監査法人について>

新日本有限責任監査法人は，アーンスト・アンド・ヤングのメンバーファームです。全国に拠点を持ち，日本最大規模の人員を擁する監査法人業界のリーダーです。品質を最優先に，監査および保証業務をはじめ，各種財務関連アドバイザリーサービスなどを提供しています。アーンスト・アンド・ヤングのグローバル・ネットワークを通じて，日本を取り巻く世界経済，社会における資本市場への信任を確保し，その機能を向上するため，可能性の実現を追求します。詳しくは，www.shinnihon.or.jp にて紹介しています。

<アーンスト・アンド・ヤングについて>

アーンスト・アンド・ヤングは，アシュアランス，税務，トランザクションおよびアドバイザリーサービスの分野における世界的なリーダーです。全世界の14万１千人の構成員は，共通のバリュー（価値観）に基づいて，品質において徹底した責任を果たします。私どもは，クライアント，構成員，そして社会の可能性の実現に向けて，プラスの変化をもたらすよう支援します。

「アーンスト・アンド・ヤング」とは，アーンスト・アンド・ヤング・グローバル・リミテッドのメンバーファームで構成されるグローバル・ネットワークを指し，各メンバーファームは法的に独立した組織です。アーンスト・アンド・ヤング・グローバル・リミテッドは，英国の保証有限責任会社であり，顧客サービスは提供していません。詳しくは，www.ey.com にて紹介しています。

編者との契約により検印省略

平成23年11月１日　初版第１刷発行

老人福祉施設のための
新社会福祉法人会計基準詳解

編　　者　新日本有限責任監査法人
発 行 者　大　坪　嘉　春
印 刷 所　税経印刷株式会社
製 本 所　株式会社　三森製本所

発 行 所　〒161-0033　東京都新宿区下落合２丁目５番13号　株式会社 **税務経理協会**
振　替　00190-2-187408　電話（03）3953-3301（編集部）
ＦＡＸ（03）3565-3391　（03）3953-3325（営業部）
URL　http://www.zeikei.co.jp/
乱丁・落丁の場合は，お取替えいたします。

Printed in Japan

ISBN978-4-419-05688-9　C2063